行业物流管理研究

温卫娟　编著

中国财富出版社

图书在版编目（CIP）数据

行业物流管理研究／温卫娟编著．—北京：中国财富出版社，2018.7

ISBN 978-7-5047-6666-3

Ⅰ. ①行…　Ⅱ. ①温…　Ⅲ. ①物流-物资管理　Ⅳ. ①F252

中国版本图书馆 CIP 数据核字（2018）第 110273 号

策划编辑　王伟莹　　**责任编辑**　邢有涛　王伟莹

责任印制　石　雷　尚立业　　**责任校对**　杨小静　　**责任发行**　敬　东

出版发行　中国财富出版社

社　　址　北京市丰台区南四环西路 188 号 5 区 20 楼　　**邮政编码**　100070

电　　话　010-52227588 转 2048/2028（发行部）　010-52227588 转 321（总编室）

010-68589540（读者服务部）　010-52227588 转 305（质检部）

网　　址　http://www.cfpress.com.cn

经　　销　新华书店

印　　刷　北京九州迅驰传媒文化有限公司

书　　号　ISBN 978-7-5047-6666-3/F·2888

开　　本　710mm×1000mm　1/16　　**版　　次**　2018 年 7 月第 1 版

印　　张　17　　**印　　次**　2018 年 7 月第 1 次印刷

字　　数　323 千字　　**定　　价**　68.00 元

前 言

物流是流通的命脉，也是国家经济建设的重要支撑，已成为我国经济发展新的增长点，物流产业化进程在我国国民经济发展中占有重要的位置。随着经济的发展，企业竞争越来越激烈，企业的利润空间越来越小，物流作为第三利润源泉越来越受到人们重视，物流理论和实践也有了很大的发展。物流作为存在于各行各业之中管理理论和服务实践，研究好其服务对象行业的运作特点对于了解服务需求，制订服务方案，根据行业特性进行个性化的物流服务管理有非常重要的作用。本书共分为十章，主要围绕汽车、医药、家电、服装、图书、农产品、电子商务及快递等行业物流管理展开，摒弃了过去主要从功能角度对物流的研究，从另一新颖角度——物流需求的行业来研究物流，对深化研究物流服务需求、扩展物流专业知识体系、培养更具专业性实践性人才具有深远的意义。

本书在编写过程中主要有以下一些特点。

第一，采用资料和内容成果尽量最新。物流管理领域发展很快，与时俱进借鉴新的和成熟的理论成果，更有利于对各行业物流管理内容的把握。

第二，各章体例基本一致。本书研究的八大行业物流管理中，每章都是分三节介绍，第一节是行业基本情况概述，第二节是行业物流内涵及发展，第三节是行业物流的运作与管理。尽量保障对每章内容按照统一思路和体例进行贯穿，具有较强的逻辑性和系统性。

第三，理论与实践相辅相成。本书除了应有的理论知识分析外，在每一章还增加导入案例和案例分析，以增加对知识的理解和掌握。同时专门开辟一章内容承载行业物流经典及新鲜案例，使学员在对知识能力进一步训练的基础上更加了解行业实际。

本书由温卫娟编写，王磊、熊浪、张永乐、栾媛等协助收集资料。在写作过程中，我们直接或间接参考、借鉴了国内外大量有关行业、物流的文献资料，在此向这些作者表示衷心的感谢。

由于时间仓促、编者水平有限，书中难免有疏漏和不足，恳请同行和读者批评指正。

作　者

2018 年 1 月

目　录

第一章　行业物流划分 …… 1
导入案例 …… 1
第一节　行业的概念及划分 …… 2
一、行业的概念 …… 2
二、行业在我国的划分 …… 2
第二节　我国物流业发展格局及对行业的影响 …… 6
一、现代物流的概念及发展历程 …… 6
二、我国物流市场发展现状、布局及对各行业的影响 …… 9
第三节　行业物流管理的概念及本书研究思路 …… 16
一、行业物流管理的概念 …… 16
二、本书行业物流管理研究思路 …… 17
本章小结 …… 18
案例分析 …… 18
第二章　汽车行业物流管理 …… 22
导入案例 …… 22
第一节　汽车行业基本情况概述 …… 22
一、汽车的概念及分类 …… 22
二、汽车的基本构造和生产工艺 …… 24
三、汽车行业的概念和作用 …… 26
四、世界其他地区及我国汽车产业的分布 …… 26
五、中国汽车行业发展历程及现状 …… 30
六、汽车行业未来发展趋势 …… 31
第二节　汽车物流的内涵及发展 …… 34
一、汽车物流的概念和特点 …… 34

二、汽车物流发展的历史 …… 35
三、我国汽车物流的现状 …… 36
四、汽车物流发展的趋势 …… 37
第三节 汽车物流的运作与管理 …… 39
一、汽车商品流通模式 …… 39
二、汽车物流运输方式 …… 42
三、汽车物流运作模式 …… 43
四、汽车物流配送模式 …… 44
五、汽车物流作业管理 …… 46
六、物流中心运作管理 …… 48
本章小结 …… 49
案例分析 …… 50
第三章 医药行业物流管理 …… 52
导入案例 …… 52
第一节 医药行业基本情况概述 …… 52
一、医药行业的概念及特征 …… 52
二、医药行业整体发展情况 …… 56
三、医药制造业发展情况及趋势 …… 57
四、医药流通业发展情况及趋势 …… 62
第二节 医药物流的内涵及发展 …… 67
一、医药物流的概念和特点 …… 67
二、我国医药物流的现状特点 …… 68
三、医药物流市场发展前景及趋势 …… 70
第三节 医药物流运作与管理 …… 72
一、医药物流运作模式 …… 72
二、医药物流作业管理 …… 76
三、医药物流成本管理 …… 78
本章小结 …… 79
案例分析 …… 79
第四章 家电行业物流管理 …… 81
导入案例 …… 81

第一节 家电行业基本情况概述 …… 82
一、家电的概念及分类 …… 82
二、家电行业空间布局 …… 83
三、我国家电行业现状特点 …… 84
四、我国家电行业发展趋势 …… 86
第二节 家电物流的内涵及发展 …… 88
一、家电物流的概念及特点 …… 88
二、我国家电物流的现状特征 …… 89
第三节 家电物流的运作与管理 …… 90
一、家电产品流通模式 …… 90
二、家电物流运作模式 …… 91
三、家电物流作业流程管理 …… 95
四、家电物流的配送管理 …… 96
五、家电逆向物流模式管理 …… 97
本章小结 …… 98
案例分析 …… 99
第五章 服装行业物流管理 …… 101
导入案例 …… 101
第一节 服装行业基本情况概述 …… 101
一、服装的概念和分类 …… 101
二、服装行业管理特点 …… 104
三、我国服装行业现状特点 …… 104
四、我国服装行业竞争趋势 …… 106
第二节 服装物流的内涵及发展 …… 108
一、服装物流的概念及特点 …… 108
二、我国服装物流的现状 …… 109
三、服装物流面临的挑战 …… 110
第三节 服装物流的运作与管理 …… 111
一、服装供应链的流程形态 …… 111
二、服装物流的实现模式 …… 111
三、服装物流管理主要内容 …… 113

四、服装物流系统规划策略 …… 115
本章小结 …… 117
案例分析 …… 117
第六章 图书行业物流管理 …… 119
导入案例 …… 119
第一节 图书行业基本情况概述 …… 119
一、图书的概念及分类 …… 119
二、图书行业的概念 …… 123
三、我国图书行业发展现状及趋势 …… 123
第二节 图书物流的内涵及发展 …… 130
一、图书物流的含义 …… 130
二、图书物流的特点 …… 131
三、我国图书物流的现状 …… 131
四、图书物流的发展趋势 …… 133
第三节 图书物流的运作与管理 …… 134
一、图书物流配送模式 …… 134
二、物流中心的组织管理 …… 136
三、物流作业管理 …… 137
四、图书电商物流管理 …… 139
五、图书物流设备系统选择 …… 140
本章小结 …… 140
案例分析 …… 141
第七章 农产品行业物流管理 …… 145
导入案例 …… 145
第一节 农产品基本行业情况概述 …… 145
一、农产品的概念和分类 …… 145
二、农产品的特征 …… 148
三、我国农产品流通产业发展现状 …… 148
第二节 农产品物流的内涵及发展 …… 150
一、农产品物流的概念及特点 …… 150
二、我国农产品物流的发展现状 …… 151

第三节 农产品物流的运作与管理 …… 152
一、农产品物流运作模式 …… 152
二、农产品物流组织模式 …… 153
三、冷链物流作业管理 …… 155
本章小结 …… 157
案例分析 …… 158
第八章 电子商务行业物流管理 …… 160
导入案例 …… 160
第一节 电子商务行业基本情况概述 …… 160
一、电子商务的概念及类型 …… 160
二、我国电子商务的发展阶段及特征 …… 164
三、全球电子商务发展特点 …… 165
四、我国电子商务发展的特点和趋势 …… 167
第二节 电子商务物流的内涵与发展 …… 171
一、电子商务物流的概念及特点 …… 171
二、我国电商物流的发展现状 …… 172
三、电商物流行业面临的形势 …… 173
第三节 电子商务物流的运作与管理 …… 173
一、电子商务物流运作模式 …… 173
二、采购管理 …… 175
三、库存管理 …… 176
四、加工管理 …… 177
五、配送管理 …… 178
六、物流绩效评价 …… 179
本章小结 …… 180
案例分析 …… 180
第九章 快递业物流管理 …… 183
导入案例 …… 183
第一节 快递业内涵及与电商物流的关系 …… 183
一、快递的概念及分类 …… 183
二、快递业的基本特征 …… 184

三、快递与物流的区别 …… 185
四、快递与电商物流的关系 …… 186
第二节 快递业的发展历程及趋势 …… 187
一、快递业产生背景及发展历程 …… 187
二、快递行业发展现状 …… 189
三、快递行业发展趋势 …… 193
第三节 快递企业的运作与管理 …… 195
一、我国快递企业基本格局 …… 195
二、快递企业经营模式 …… 197
三、快递企业网点的布局 …… 199
四、快递企业业务流程管理 …… 201
本章小结 …… 202
案例分析 …… 202
第十章 行业物流精选案例分析 …… 206
案例 1 东风日产：大连国产零部件海运调达模式 …… 206
案例 2 韩都衣舍供应链管理 …… 214
案例 3 浙江新华书店供应链管理 …… 217
案例 4 江中药业一体化物流营销案例 …… 229
案例 5 海尔物流管理分析 …… 232
案例 6 “双 11”后看菜鸟：生态型物流平台对快递集群升级价值 …… 236
案例 7 刘强东：中国大量的企业利润，被物流吞噬掉了 …… 242
案例 8 互联网推动下智能物流将走向何方 …… 246
案例 9 看生鲜电商 Grub Market 如何解决物流难题 …… 253
案例 10 联通与圆通合推“圆卡”，运营商频繁跨界背后原因何在 …… 256

参考文献 …… 259

第一章　行业物流划分

导入案例

中国有句古谚云：人尽其才，物尽其流。这很好地道出了快捷高效的物资流动对国计民生的重要性。在众多行业中，无论是从货物流动及相伴的信息流动的规模还是速度来讲，零售业都是当之无愧的龙头老大。零售业的物流成本在其总成本的构成中，高达20%以上。全球著名的零售商，如沃尔玛（Wal－Mart）、麦德龙（Metro），无一例外地借助于卓越的物流管理，取得了令人侧目的市场地位。然而，零售行业在中国以至全球范围内正在发生翻天覆地的变化，消费者前所未有的广泛选择机会使零售商们倍感市场压力重重。在如此剧烈的市场竞争中，零售商必须严格控制其运行成本，这就要求其拥有一流的物流管理体系，使货物能及时而经济地到达最终消费者手中。如沃尔玛认为，它和Kmart（凯马特）经销的商品结构颇为相近，但沃尔玛的运行成本比凯马特低25%，沃尔玛的单位面积销售额是凯马特的2倍。如此悬殊的差别从何而来？其中一个重要的原因，就是沃尔玛得益于其先进的物流信息系统。

其实，不仅仅只有连锁零售企业注重物流管理。我们来观察一下与之完全不同的服装行业，欧洲的时装商家往往在销售旺季前，大规模低成本地批量生产。但是有些款式会成为热销品而断货，而一些款式则可能滞销而不得不打折清货。为了降低库存及断货成本，更多的盈利，围绕库存等一系列物流的管理对于商家就非常重要。企业的高层主管在制定相应的物流战略时，应针对行业特点甚至针对企业的特定情况量身定做，方能做出明智的决策。

问题：

1. 连锁零售业和服装行业产品特点有什么异同？
2. 试思考两种行业物流管理的内容有何区别？

第一节　行业的概念及划分

一、行业的概念

（一）行业的定义

根据《国民经济行业分类》（GB/T 4754—2011）国家标准，行业是指从事相同性质的经济活动的所有单位的集合。行业的发展必然遵循由低级的自然资源掠夺性开采利用和低级的人工劳务输出，逐步转向规模经济、科技密集型、金融密集型、人才密集型、知识经济型，从输出自然资源，逐步转向输出工业产品、知识产权、高科技人才等。

行业的英文解释是 walks of life，简而言之，就是职业的类别。解释行业本身所处的发展阶段及其在国民经济中的地位，分析影响行业发展的各种因素以及判断对行业的影响力度，预测并引导行业的未来发展趋势，判断行业投资价值，揭示行业风向，为各组织机构提供投资决策或投资依据。

（二）行业与企业、产业的关系

行业一般是指其按生产同类产品或具有相同工艺过程或提供同类劳动服务划分的经济活动类别，如汽车行业、服装行业、机械行业、医药行业、家电行业、快递行业等，是反映以生产要素组合为特征的各类经济活动。

企业一般是指以营利为目的，运用各种生产要素（土地、劳动力、资本、技术和企业家才能等），向市场提供商品或服务，实行自主经营、自负盈亏、独立核算的法人或其他社会经济组织。

产业是指具有某种同类属性的经济活动的集合或系统，是对各类行业在社会生产力布局中发挥不同作用的称谓。1985 年，我国国家统计局明确把产业划分为三大产业。把农业（包括林业、牧业、渔业等）定为第一产业，把工业（包括采掘业、制造业、自来水、电力、蒸汽、煤气）和建筑业定为第二产业。把第一、第二产业以外的各行业定为第三产业。这是我国政府关于经济结构改革的一项重大决策与举措。

总体来说，企业是市场经济活动的主要参与者，是基础单位，由提供同类型的产品和服务的企业共同组成行业，多种行业形成了产业。

二、行业在我国的划分

国内外比较权威的行业分类标准，主要有 6 种。总的来说，这 6 种分类标准可划分为两种类型：管理型和投资型。联合国国际标准产业分类（ISIC）、北美行业分类系统（NAICS）和国家统计局的行业分类标准属于典型的管理型，而北美行业分类系统（Global Industry Classification Standard，GICS）、富时全球分类系统（FTSE）则属于投资型。

而在我国主要分为管理型和投资型两类。

（一）管理型行业分类

根据“国民经济行业分类与代码（GB/T 4754—2011）”，在我国现阶段的管理型行业分类，如表1－1所示。

表1－1　　国民经济行业分类与代码（GB/T 4754—2011）

A 农、林、牧、渔业 A01 农业 A03 林业	A05 畜牧业 A07 渔业 A09 农、林、牧、渔服务业
B 采掘业 B01 煤炭采选业 B03 石油和天然气开采业 B05 黑色金属矿采选业	B07 有色金属矿采选业 B09 非金属矿采选业 B49 其他矿采选业 B50 采掘服务业
C 制造业 C0 食品、饮料 C01 食品加工业 C03 食品制造业 C05 饮料制造业 C1 纺织、服装、皮毛 C11 纺织业 C13 服装及其他纤维制品制造业 C14 皮革、毛皮、羽绒及制品制造业 C2 木材、家具 C21 木材加工及竹、藤、棕、草制品 C25 家具制造业 C3 造纸、印刷 C31 造纸及纸制品业 C35 印刷业 C37 文教体育用品制造业 C4 石油、化学、塑胶、塑料 C41 石油加工及炼焦业 C43 化学原料及化学制品制造业 C47 化学纤维制造业 C48 橡胶制造业 C49 塑料制造业	C5 电子 C51 电子元器件制造业 C55 日用电子器具制造业 C57 其他电子设备制造业 C59 电子设备修理业 C6 金属、非金属 C61 非金属矿物制品业 C65 黑色金属冶炼及压延加工业 C67 有色金属冶炼及压延加工业 C69 金属制品业 C7 机械、设备、仪表 C71 普通机械制造业 C73 专用设备制造业 C75 交通运输设备制造业 C76 电器机械及器材制造业 C78 仪器仪表及文化、办公用机械制造业 C8 医药、生物制品 C81 医药制造业 C85 生物制品业 C99 其他制造业

续 表

D 电力、煤气及水的生产和供应业 D01 电力、蒸汽、热水的生产和供应业	D03 煤气生产和供应业 D05 自来水的生产和供应业
E 建筑业 E01 土木工程建筑业	E05 装修装饰业
F 交通运输、仓储业 F01 铁路运输业 F03 公路运输业 F05 管道运输业 F07 水上运输业	F09 航空运输业 F11 交通运输辅助业 F19 其他交通运输业 F21 仓储业
G 信息技术业 G81 通信及相关设备制造业 G83 计算机及相关设备制造业	G85 通信服务业 G87 计算机应用服务业
H 批发和零售贸易 H01 食品、饮料、烟草和家庭用品批发业 H03 能源、材料和机械电子设备批发业	H09 其他批发业 H11 零售业 H21 商业经纪与代理业
I 金融、保险业 I01 银行业 I11 保险业 I21 证券、期货业	I31 金融信托业 I41 基金业 I99 其他金融业
J 房地产业 J01 房地产开发与经营业	J05 房地产管理业 J09 房地产中介服务业
K 社会服务业 K01 公共设施服务业 K10 邮政服务业 K20 专业、科研服务业 K30 餐饮业 K32 旅馆业	K34 旅游业 K36 娱乐服务业 K37 卫生、保健、护理服务业 K39 租赁服务业 K99 其他社会服务业
L 传播与文化业 L01 出版业 L05 声像业 L10 广播电影电视业	L15 艺术业 L20 信息传播服务业 L99 其他传播、文化产业
M 综合类	

（二）投资型行业分类

除上面所述的管理型行业分类，还存在按照投资目的的分类方法。这类方法主要应用于投资领域，例如，证券交易所的板块设置。上海证券交易所和深圳证券交易所的分类是参照摩根斯坦利和标准普尔共同发布的全球行业分类标准（GICS），结合我国上市公司的实际情况而确定的。根据最新全球行业分类标准主要类别进行说明，如表1－2所示。

表1－2　　全球行业分类标准（GICS）主要类别

行业名称	行业主要类别
能 源	能源设备与服务，石油、天然气与消费用燃料
原材料	化学制品、建筑材料、容器与包装、金属与采矿、纸类与林业产品
工业	航空航天与国防、建筑产品、建筑与工程、电气设备、工业集团企业、贸易公司与经销商、商业服务与商业用品、航空货运与物流、航空公路与铁路、交通基本设施
可选消费	汽车零配件、汽车、家庭耐用消费品、休闲设备与用品、纺织品、服务酒店、餐馆与休闲、综合消费者服务、媒体、经销商、互联网与售货日元化零售、专营零售
主要消费	食品与主要用品零售、饮料、食品、烟草、家常用品、个人用品
医药卫生	医疗保健设备与用品、医疗保健提供商与服务、医疗保健技术、生物、生命科学工具和服务
金融地产	商业银行、互助储蓄银行与抵押信贷、综合金融服务、消费信贷、资本房地产投资信托、房地产管理和开发
信息技术	互联网软件与服务、信息科技服务、软件、通信设备、计算机与外围设备及仪器、办公电子设备、半导体产品与半导体设备
电信业务	综合电信业务、无线电信业务
公用事业	电力公用事业、燃气公用事业、复合型公用事业、水公用事业、独立电力生产商与能源贸易商

（三）两种分类方法比较

1. 行业分类目的不同

管理型分类标准的目的是反映国民经济内部的结构和发展状况，而GICS、FTSE均明确说明分类目的是为投资者的投资分析、业绩评价、资产配置或指数跟踪基金服务以及在银行或经纪人的衍生工具活动中应用。

2. 行业分类原则不同

管理型是产品导向，投资型以产品导向为基础，结合消费者的市场需求分类，因此，两种分类的结构、层次划分都有很大区别。两种分类标准在细类的划分上，都以产品同质性为基础，但在大类的划分、内容与结构方面差别很大，管理型基本上是站在生产者的立场进行分类；投资型则考虑行业的投资价值同一性，从生产者立场向消费者立场转移。从结构层次上看，管理型基本上以三类产业的划分为依据，而投资型将消费特征作为分类的主要依据，淡化了商品和服务的区别，也淡化了三类产业的概念。

3. 分类的数量不同

在分类的数量上，管理型也比投资型详细得多，如 GICS 最细一级子行业仅有 123 个，而 NAICS（北美产业分类体系）中一共有 1170 个行业，中国国家统计局标准中行业小类有 913 个。从管理的角度看，详细的分类有利于统计和管理的方便，因为分类的对象是数以十万计的产业活动单位；但从投资的角度看，过细的分类会造成行业内公司数太少，从而对经济状况的波动以及个别公司不同业务的波动过于敏感，公司子行业归属易变，行业缺乏稳定性，同时增加投资者使用的成本和复杂性。

第二节　我国物流业发展格局及对行业的影响

一、现代物流的概念及发展历程

（一）现代物流的概念

物流是一门新兴的学科，“物流”一词起源于第二次世界大战期间美国的军事应用。当时所研究的主要内容是企业为了把产品顺利销售出去而进行的一系列运输、仓储、包装等活动，使用的是“Physical Distribution”一词，直译为“物资分配”“物资调运”“配送”，日本将其译为“物流”。

第二次世界大战期间，美国后勤组织运用了一套科学方法，成功地将各种战略物资及时准确地送至全球各地，为美军实施全球化战略提供了保障，这套方法在军事上被称为“Logistics”（后勤）。第二次世界大战后，这套后勤补给的方法经发展，运用在企业的采购、生产与销售的业务流程中，取得了巨大的经济效益。

20 世纪 50 年代到 70 年代，人们研究的对象主要是狭义的物流，是与商品销售有关的物流活动，是流通过程中的商品实体运动。因此通常采用的仍是“Physical Distribution”一词。1986 年，美国物流管理协会将 Physical Dis-

tribution 改为 Logistics，其理由是因为 Physical Distribution 的领域较狭窄，Logistics 的概念则较宽广、连贯、整体，Logistics 最终成为物流的代名词。其含义是：现代物流企业的经营战略应像军队中的后勤部那样，为用户提供百分之百的物流服务，服务水平要达到军队中后勤部的管理水平。

现代物流（Modern Times Logistics）指的是将信息、运输、仓储、库存、装卸搬运以及包装等物流活动综合起来的一种新型的集成式管理，其任务是尽可能降低物流的总成本，为顾客提供最好的服务。现代物流与传统物流最重要的区别在于内涵不同。现代物流不仅仅包含传统物流的储存、运输等活动，还代表着各种物流活动的集成和协调。

（二）我国物流业的发展历程

物流的产生和发展是社会再生产的需要，是流通的主要因素，在国民经济中占有重要地位。我国物流业的发展主要经历了以下四个阶段。

1. 传统储运阶段（中华人民共和国成立后—20 世纪 80 年代以前）

20 世纪 80 年代以前，我国长期对生产资料和主要消费品实行计划生产、计划分配和计划供应。商业、粮食等流通部门自成系统，分别建起了本部门的供销公司、批发零售网点和仓储、运输队伍，按计划储存和运输；铁路、航空等专业运输部门也各自拥有储运企业。部门经济和条块分割造成的物流不合理现象普遍存在，生产、流通、销售等环节相互分离，社会库存量大，物资周转缓慢，资金占用较多，给社会资源造成极大的浪费。

这一阶段我国物流发展的主要特点是以传统储运业态为主，物流只是作为生产与流通的附属环节，绝大多数物流业务由工商企业自营，不进行独立管理与核算，国家也没有建立有关物流的专门统计制度。物流产业在经济体制转轨的大环境中刚刚起步，自身的发展前景和它对经济社会的重要作用还没有被充分认识。

2. 概念引入阶段（20 世纪 80 年代初—20 世纪 90 年代末）

20 世纪 80 年代初，随着我国对外改革开放的发展，物流概念与物流意识传入国内，受到政府和部分学者的重视。国家的物资分配体制、商品流通体制、交通运输体制发生了重大变化。

国家全面改革了流通领域的企业体制、批发体制、价格制度、经营制度，扩大了企业的经营自主权。企业开始摆脱传统计划经济的束缚，自主决定其原材料的采购和产品的生产与销售；交通运输企业突破传统的经营观念，把业务范围向运输前后的两头延伸；铁路、公路、港口、机场、货运枢纽等物流基础设施建设投入加大。

但受计划经济的影响，我国物流在这一阶段的发展整体上存在四大缺陷，即物流社会化程度低、物流管理体制混乱、物流机构多元化、物流观念落后。原物质部、原商业部、对外经贸部、交通部以及中央各部在发展物流上均各自为政，缺乏统一规划和领导。这种分散的多元化物流格局，导致社会化大生产、专业化流通的集约化经营优势难以发挥，规模经营、规模效应难以实现，设施利用率低，布局不合理，重复建设、资金浪费严重，等等。由于利益冲突及信息不畅等原因，造成余缺物质不能及时调配，大量物资滞留在流通领域，造成资金沉淀，从而产生了大量库存费用。另外，由于物流观念引入国内的时间较晚，社会和个人对“物流”这一新名词接触不多，都不太重视，使得我国物流企业的规模较小、设备陈旧、技术落后、作业效率低、运输能力严重不足，形成“瓶颈”制约了物流的发展。这一阶段，是中国物流概念引进、启蒙和宣传普及的时期，对物流概念的内涵、运作物流的关键，以及如何发展我国物流产业等问题的认识和探讨都很不够，在物流实践上发展也较为缓慢，物流在我国还没有形成产业化规模。

3. 初步发展阶段（20 世纪 90 年代初—20 世纪末）

1993 年，中国共产党十四届三中全会后，我国经历了改革开放后的又一个经济建设高潮。生产规模和产量迅猛扩大，导致生产和消费严重失衡，库存商品的积压浪费创下了空前纪录。流通问题，特别是物流发展滞后的矛盾再度凸显，经济的持续健康发展迫切需要物流水平的提高。

针对国内经济的快速发展及物流业发展十分落后这一极不协调的现状，我国从 20 世纪 90 年代初开始，积极借鉴发达国家物流发展的成功经验，大力推动物流在国内的发展。1992 年，原国内贸易部提出了《关于商品物流（配送）中心发展建设的意见》，并在上海、广东确定了试点企业。1996 年，原国内贸易部草拟了《物流配送中心发展建设规划》，提出了发展建设物流配送中心的指导思想和原则，确定商业储运企业向现代物流配送中心转变，建设社会化的物流配送中心，发展现代物流网络为主要的发展方向；并对物流配送中心的发展建设提出了总体构想，即：到 2010 年，以大型物流（配送）中心为网络主体，形成一个大型物流配送中心与专业性物流配送中心相结合、以社会化物流中心为主体、配套完善的物流配送中心网络体系。在这个阶段，物流基础设施建设步伐加快，社会产品供应日益丰富，综合运输体系初步形成，大部分产品供求关系由“卖方市场”转向“买方市场”，整个生产、流通和消费领域发生了深刻变革，国内市场上开始出现了不同类型的物流服务企业。我国物流产业初具雏形。

4. 快速发展阶段（21 世纪初至今）

21 世纪，世界经济迈入网络化、信息化和经济全球化的新时代。20 世纪

90 年代兴起的电子商务，让人转而聚焦物流这个“瓶颈”，意识到网络经济发展的基础是物流产业的发展壮大；互联网信息平台、电子数据交换（Electronic Data Interchange，EDI）、全球卫星定位系统（Global Positioning System，GPS）、无线射频识别技术（Radio FrequencyIdentification，RFID）和条码等现代信息技术手段在物流管理和物流技术中的广泛应用，使物流现代化达到了新的水平；生产、流通和消费的全球化格局的形成，促进了国际贸易和国际物流的大发展。

物流产业的发展开始引起国家和各级政府的充分重视。2001 年，国家标准《物流术语》正式实施；中国物流与采购联合会成立；各省、市、自治区和直辖市纷纷制定物流发展规划，物流园区、物流中心、配送中心纷纷涌现。在产业政策的引导和政府推动下，我国物流业在这一时期获得了较快速的发展。大量物流仓储、运输、配送企业发展壮大，物流供给能力显著增强，物流社会化、专业化的发展速度较快，物流观念也正被越来越多的企业所了解和接受。我国物流发展逐渐与世界经济接轨，物流产业初具规模。

尽管我国当前物流行业整体上尚显粗放且系统化不够，但多样化的业态已经形成。基础物流设施已不再成为制约行业发展的瓶颈。国内物流行业中已经出现了现代物流先进业态的代表，物流技术和管理理念已向全面的供应链管理发展。综合国外物流行业发展规律及我国物流行业现状，可以预见我国物流行业在产业升级、行业整合等方面存在诸多机遇，行业发展空间广阔。

二、我国物流市场发展现状、布局及对各行业的影响

（一）我国物流业市场现状及趋势

中国物流产业目前正处在“物流硬件升级阶段”末期和“物流成本管理时代”初期的发展阶段。具体来说，随着全国产业结构日益走向规模化和专业化的格局，伴随信息技术的大量应用、电子商务的兴起以及对成本控制要求的提升，物流行业进入整合阶段，从无序走向有序，各种新的业态也开始涌现，例如供应链管理、整车零担运输等，涌现出很多具有很强竞争力和成长能力的公司。

1. 社会物流总额逐年递增

2005—2014 年全国社会物流总额逐年递增。其中 2014 年全国社会物流总额 213.5 万亿元，按可比价格计算，同比增长 7.90%，增幅比 2013 年回落 1.6 个百分点。2015 年 1—10 月，全国社会物流总额为 181.9 万亿元，按可比价格计算，同比增长 5.7%，增速较 1—9 月回落 0.1 个百分点，增速比 2014

年同期回落 2. 6 个百分点，如图 1 - 1 所示。

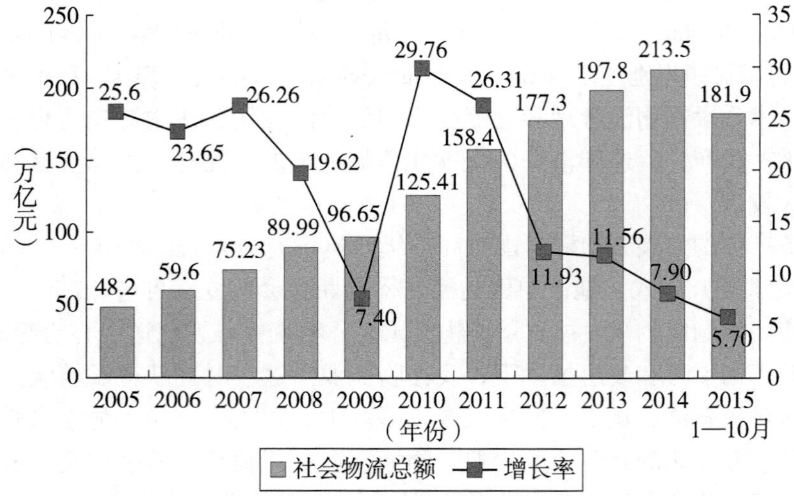

图 1 - 1　2005—2015 年 1—10 月中国社会物流总额及增长率

2014 年社会物流总费用 10. 6 万亿元，同比增长 6. 9%。社会物流总费用与 GDP 的比率为 16. 6%，比 2013 年下降 0. 3 个百分点。其中，运输费用 5. 6 万亿元，同比增长 6. 6%，占社会物流总费用的比重为 52. 9%；保管费用 3. 7 万亿元，同比增长 7. 0%，占社会物流总费用的比重为 34. 9%；管理费用 1. 3 万亿元，同比增长 7. 9%，占社会物流总费用的比重为 12. 2%，如图 1 - 2 所示。

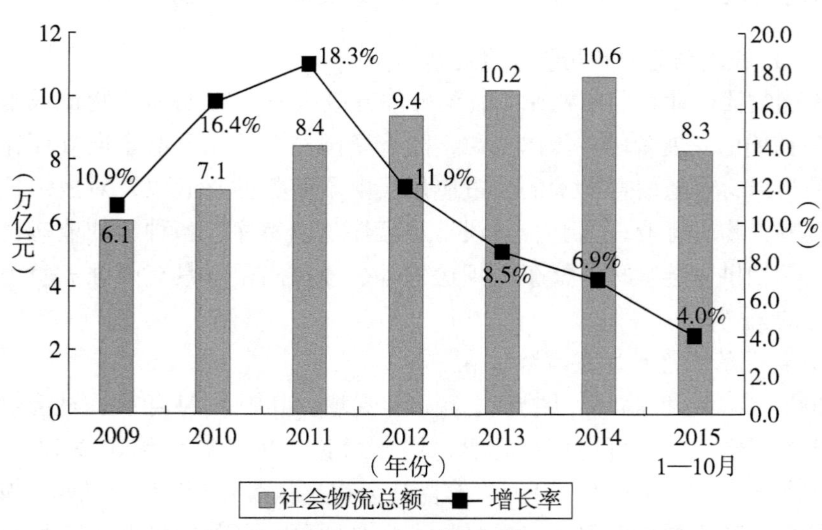

图 1 - 2　2009—2015 年 10 月中国社会物流总费用及增长情况

2. 物流园区发展迅速

由于物流园区在经济开发、促进多种运输方式的整合、改善城市环境等方面的明显作用，政府及企业在近几年中不约而同地将其作为推动区域和城市物流发展的重点工程，给予大力的支持。目前，全国基本形成了从南到北、从东到西的物流园区建设发展局面。物流园区的收入来源主要是土地增值、办公楼租金、库房货场租金、配套设施租金、设备租金、物业管理费、各种增值服务费等。从全国总体看，库房/货场租金、办公楼租金仍然是目前物流园区的主要收入来源，排在前两位；也有部分园区依靠土地增值、税收优惠、国家扶持资金等。可喜的是，各种增值服务收入已经开始成为园区重要的收入来源，如图 1－3 所示。

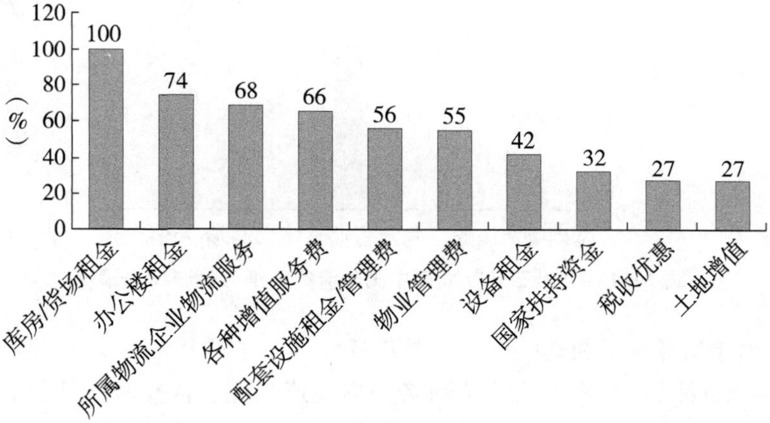

图 1－3　全国物流园区主要收入来源调查情况

3. 物流服务不断向高端发展

目前，中国的工业结构仍以粗放式生产和简单加工为主，出于成本的压力和效率的考虑，物流活动已经从销售环节向生产环节和采购环节发展，第三方物流正在迎来全面增长期。从发展阶段来看，基本处于发达国家 20 世纪 80 年代同期的水平。社会物流总费用占 GDP 比例是国际通行的用于衡量一国物流行业效率的指标。对比发达国家，中国社会物流总费用占 GDP 比例过高，约为美国、日本的两倍，反映出中国物流行业效率较低。中国的产业已经由第一阶段的产能为主、第二阶段的注重销售和产品差异化，进入了目前供给相对过剩、需求有所不足，亟须通过降低成本、提高经营效率得以继续发展的阶段。未来物流技术创新将反映安全、快速、大型化、信息化、智能化、个性化、人性化、精细化、绿色化和节能化等时代性特点。

在经济全球化和电子商务的双重推动下，物流业正在从传统物流向现代物流迅速转型并成为当前物流业发展的必然趋势。在系统工程思想的指导下，以信息技术为核心，强化资源整合和物流全过程优化是现代物流的最本质特征。预计“十三五”期间中国第三产业年复合增长率将达到16%。其中，基础物流服务（仓储和运输）增速将达到10%左右的水平。而高端物流服务增速将达到30%以上。供应链管理、专业第三方物流和冷链服务等高端业态将迎来快速发展期，考虑到物流行业整体增速可以达到20%以及基础物流服务增速仅在10%左右，预计“十三五”期间高端物流服务将迎来年均30%左右的持续增长，如图1－4所示。

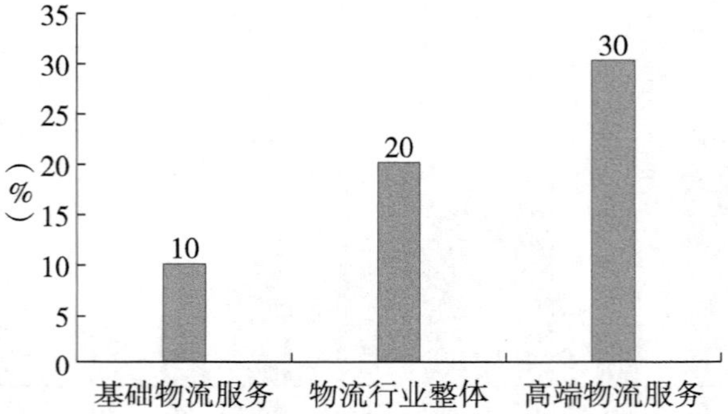

图1－4　“十三五”期间中国物流行业细分领域增速预测

4. 电子商务发展快速，快递发展迅猛

近年来我国电子商务尤其是网络购物快速兴起，根据数据统计，我国网络购物市场规模从2007年的520亿元，增长到2015年的3.8万亿元，复合增速达71%，网购规模占全社会商品零售总额的比例已超过10%。激增的市场需求使得快递业爆发式增长，快递业60%的业务量来自电商。根据国家邮政局数据，快递业务量规模从2007年的12亿件增长到2015年的207亿件，复合增速达43%，快递业务收入也从343亿元增长到近2800亿元，复合增速达30%。预计到2018年，我国网络购物规模将达到7.8万亿元，2015—2018年仍将保持27%的复合增速，预计到2018年快递业收入约5000亿元，2015—2018年复合增速为22%，如图1－5、图1－6所示。

5. 供应链、一体化已成为未来物流发展趋势

电子商务的迅猛发展正倒逼着传统物流企业转型升级，信息流、资金流和物流是电子商务的三个重要环节，物流环节则是其中发展最为薄弱的一环（与国内整体物流体系的落后有关）。我们认为，现代物流需要加强包括电子采购、订单处理、流程可视化、虚拟库存管理、信息系统集成等多方面能力的提升，进而极大地改善物流服务水平。第三方物流企业的核

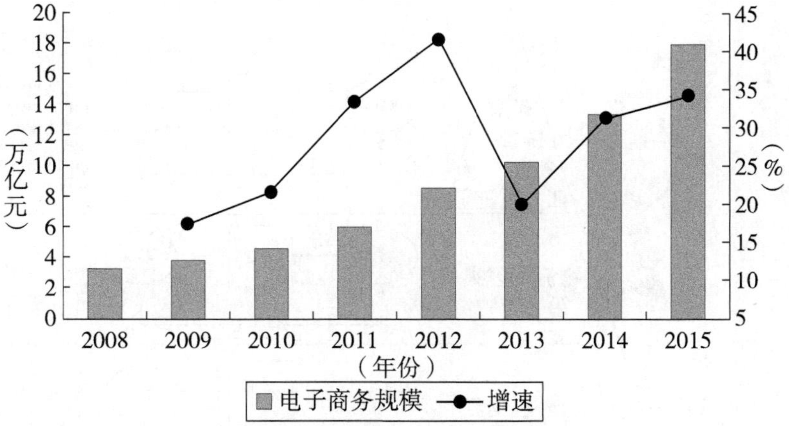

图 1－5　2008—2015 年我国电商规模

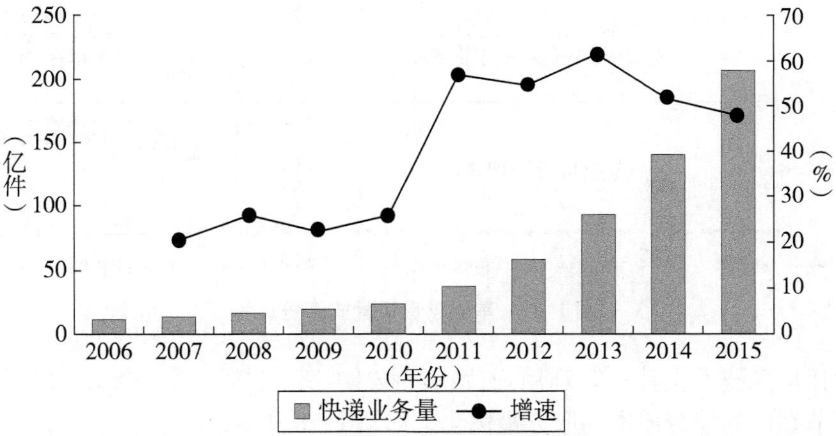

图 1－6　2006—2015 年快递业务量

心业务是物流业务（包括仓储、运输、配送等各个环节）的整合和运作，而当前企业的竞争已经从物流提高到供应链整体解决方案的竞争，参考国外物流发展路径，供应链将成为未来物流发展的趋势，图 1－7 是美国供应链模式演讲历程。

一体化供应链至少包含三个特征：①柔性化：以顾客为中心，准确把握需求变化、以最小成本和最短时间完成对需求的快速反应；②专业化：产业链各环节企业专注于核心业务，非核心业务外包；③协同化：供应链的各企业紧密合作、共担风险、共享利益。

实施供应链一体化至少需要三个必备条件：①对企业内部和企业之间的工作流、实物流、信息流和资金流进行完整详细的规划；②供应链具有强大

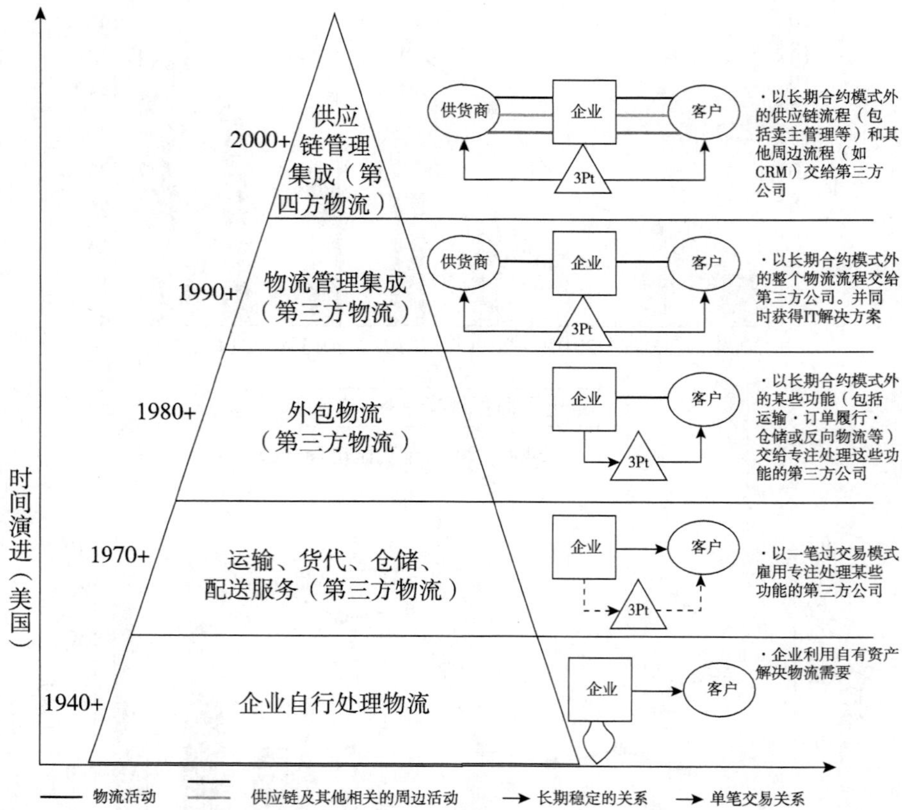

图 1－7　美国供应链模式演进历程

的现代信息技术支持；③利用现代物流技术实现包括运输、仓储、配送等各个环节在内的综合成本和服务最优化，如图 1－8 所示。

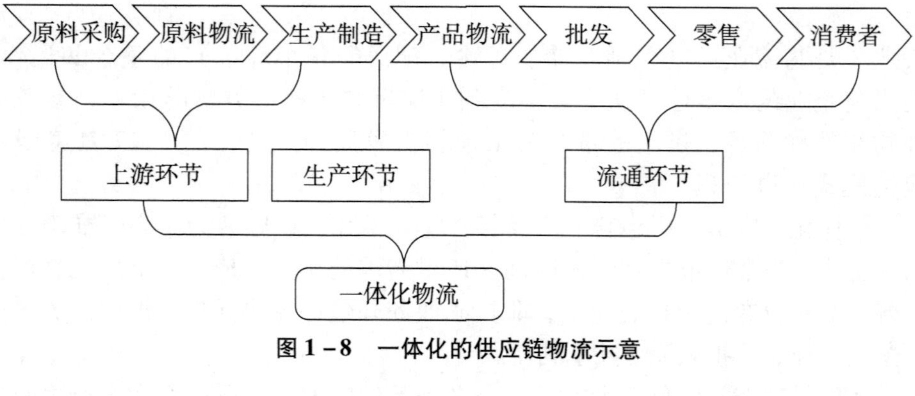

图 1－8　一体化的供应链物流示意

（二）我国物流业布局

我国从20世纪80年代中期开始对现代物流业进行探索。经过20多年的发展，中国物流业已经取得了很大的成绩，在东部地区已经形成了以沿海大城市群为中心的四大区域性物流圈格局。

①以北京、天津、沈阳、大连和青岛为中心的环渤海物流圈；

②以上海、南京、杭州和宁波为中心的长江三角洲物流圈；

③以厦门和福州为中心的环台湾海峡物流圈；

④以广州和深圳为中心的珠江三角洲物流圈。

这四大物流圈以滚动式、递进式的扇面辐射，带动中部和西部地区的发展，这种辐射功能包含着巨大的物流辐射和集散功能，以激活和融通全国范围的物流、人流、信息流。四大物流圈的形成使中国物流业的发展呈现出“区域引力场”的现象，周围地区包括中西部地区都处于物流圈的引力场的吸引范围内。同时部分大城市和特大城市已经成为区域性物流产业发展中心，而且全国范围内以基本交通运输干线为基础形成若干物流通道，使我国物流业发展的点—轴—面系统已略呈雏形。

中国内陆腹地的物流布局，以大城市为中心，以铁路为纽带，形成物流节点，具体来讲，我国物流业的布局呈现以下特点。

1. 东中西部物流业发展的不平衡

由于我国地域辽阔，地区经济发展不平衡，东部沿海地区历史上经济发达且改革开放较早，经济发展快，基础设施完善，物流需求比较旺盛，提供物流服务的企业和机会较多，物流发展水平高。中、西部地区由于经济水平、区位条件、历史因素、国家经济政策等原因，物流业发展水平低，发展物流业的难度大，使我国在全国范围内出现物流业的东、中、西差异。

2. 南北物流产业的发展存在差距

由于我国南北方地区的经济基础不同，尤其是我国改革开放以来，在经济开放政策倾向于闽粤地区和长江三角洲地区等各种影响因素作用下，南北方地区经济发展差距越来越大。南北物流产值从1992年的1.22：1扩大到1999年的1.38：1。物流产业作为流通领域中最重要的产业，是整个国民经济发展的衔接地带，经济发展的差距问题深刻影响了物流经济活动的发展。

3. 城乡物流业发展的不平衡

在我国，落后的农业和农村经济与现代工业、发达的城市经济并存，以文盲、半文盲、文化水平低的群众为基础的落后科学与世界先进科学技术并存，不发达地区、贫困地区和经济发达、比较发达地区并存，而且我国正处于实现工业化、现代化双重任务下，这种国情决定了城乡在经济、消费、观念等诸多方面存在着很大的差距，物流企业、物流设施、物流活动高度集中在交通极为发达的大城市中，形成辐射功能极强的物流中心城市，而在乡村地区物流业的发展比较缓慢，使城市物流与乡村物流在过程上相脱节，甚至少数乡村物流几乎为零，造成物流市场的地域化、畸形化。

无论在我国的东部地区还是中西部地区都是在城市首先发展物流业，然后沿交通运输线，如铁路、水路、公路等为纽带形成物流节点，向周围地区主要包括乡村地区辐射。

（三）物流对各行业的影响

物流的产生和发展是社会再生产的需要，是流通的主要因素。物流在国民经济中占有重要地位，它联结社会生产各个部分使之成为一个有机整体。它们之间相互供应其产品用于对方的生产性消费和职工的生活消费，它们互相依赖而又互相竞争，形成极其错综复杂的关系。物流就是维系这些复杂关系的纽带和血管。“商流”和“物流”一起，把各个生产部门变成社会总生产中互相依赖的部门。

物流业与制造业之间具有密切的关系，即制造业的发展会产生巨大的物流需求，从而拉动物流业的发展，完善的物流支撑体系又会对制造业的健康发展起到一定的推动作用。

物流业的发展对农业的推动作用较强。农产品的储存、运输具有独特的特点，既与地区有特色的物流支撑体系有关，也与整个目标市场的适应或建立紧密联系。农产品流通渠道进一步拓宽，多元化市场体系框架初显端倪。改革开放以来，以市场为取向的农产品流通途径和方式逐步拓展，带动广大农村的农产品物流，特别是农产品加工、配送增值物流服务，发展完善农业社会化服务体系。

物流业的发展对商业的促进作用。商业连锁企业的发展，商品流通量大，对物流的需求增大，物流为商业连锁企业多点进货、多点分送的配送系统提供服务；为批发市场和电子商务市场等提供第三方物流服务。这些正符合大型商业企业、生产企业与专业物流服务企业形成一体化的现代物流发展趋势。

第三节　行业物流管理的概念及本书研究思路

一、行业物流管理的概念

物流与供应链管理是学术上的热点问题，特别是 2009 年物流产业振兴政策出台以后。近年来，行业物流管理成为物流管理方面的研究热点。行业物流不同于企业物流研究，企业物流涉及的是企业角度的微观问题，而行业物流反映的是整个行业，包括上下游产业链的整体物流问题。行业物流也不同于城市物流，城市物流研究的是一个经济个体内的各种行业综合在一起，构成一个物流体系，考察这个物流体系的宏观运作。

因此，行业物流可以说是一个中观问题。以行业作为一个物流问题研究的切入点，可以从观察整个行业特点入手，有针对性。可以从行业的上下游产业供应链发现降低物流成本、进行供应链整合的方法。因此，行业物流研究是一种科学的研究方法。行业物流管理，即针对不同行业的运行规律和物流特点来分析与研究行业管理方式。

二、本书行业物流管理研究思路

（一）从物流需求入手研究

物流需求是社会经济活动特别是制造与经营活动所派生的一种次生需求。物资的流动是由于社会生产与社会消费的需要，它是受生产力、生产资源分布、生产制造过程、消费分布、运输仓储布局等因素的影响的，可以说物流是社会经济活动及其发展派生出来的一种经济活动，因此，我们应该从整个行业的经济运行特点入手，研究物流问题。

这些经济特点包括生产、流通、销售部门的企业特点与相互关系、资源分布、企业分布、相关的国家政策法规与行业体制沿袭等。不同的行业之间有很大的差别，而这些差别又导致了不同行业的物流差异及不同的管理方法。物流的数量、方向、构成、始发点等都受这些社会经济活动影响。

（二）涉及行业物流现状及发展战略

每章的第二部分，我们会探讨该行业的物流现状及发展战略。总结现有经济背景下的物流现状，是分析行业物流管理的基础。物流现状包括产品的流通模式、运输方式、物流总成本、物流政策法规及发展战略。

第一，流通模式。一般分为企业自营与外包两种，我们还会详细探讨该种流通模式下的具体流通渠道及流通环节。

第二，运输方式。从不同的角度有不同的分类方法，从运输距离上看，可以分为近距离运输与远距离运输；从运输工具上看，可以分为铁路运输、公路运输、轮船运输、航空运输与管道运输等；从运输技术上看，可以分为一般运输与冷链运输等。

第三，物流总成本。是衡量物流效率的主要指标。物流总成本中的一个常用参数是物流成本费用率。不同的行业，物流成本费用率有很大的差异。

第四，物流相关政策法规。物流方面的政策倾斜一般都是针对物流企业而言的，对于行业物流，特别是生产或销售企业自营物流占有很大比例的行业来说，针对性不是很强，相对地，该行业的支持政策具有较大的影响力。

第五，行业物流发展战略。总体来说，各个行业都面临着物流资源整合、信息化等发展的必然趋势。

（三）重点分析行业企业物流特点及运作管理

这部分是我们探讨的核心部分。企业是经济运行的主体，在描述了行业经济发展背景、物流发展背景以后，下面就应该从企业的角度上分析如何运行行业的物流管理。这里所说的企业，是指与该行业物流行为相关的企业。我们会在每章做具体的描述。

本章小结

物流作为创造空间价值和时间价值的一项经济活动，存在于各个不同的产业和行业之中，并各有其不同特点。因此，必须针对每个行业的特点才能对物流进行行之有效的管理。本章首先介绍了行业的概念、分类，行业与企业和产业的区别、联系；其次从物流入手分析了物流的概念及发展历程，物流发展现状、趋势、布局对各行业的影响；最后分析了行业物流管理概念，并提出了本书的写作思路，形成本书的系统和基本思路规则。

案例分析

生鲜 O2O 五大“死亡”案例：“致命”的物流用户习惯

对于 Online 到 Offline，生鲜 O2O（线上到线下）要解决的不光是线上的浏览、订购、支付等问题，更重要的是线下的物流配送，也就是 O2O 的核心：去中介化，这是生鲜 O2O 需要解决的根本问题。但对于蓝海市场的生鲜 O2O，目前鲜有优秀的项目涌现，其主要的问题多种多样，比如物流配送、目标群体太小、用户习惯难以培养等，都会令生鲜 O2O 创业者面临“死亡”的危险。

1. 最后一公里的物流配送

“死亡”指数：★★★★★

实际案例：优菜网、谊万家等所有消失的生鲜 O2O 企业

物流配送的问题，对于所有生鲜 O2O 企业都是一个关乎生死的问题，甚至是整个 O2O 领域所面临的困境。O2O 行业真正能够从大家口头上的概念变成现实中的成功模式，物流配送商的作用是第一位的。目前所谓最好的解决

方式是不断地扩充店面或是线下自提点，但这除了提高生鲜 O2O 企业的运营成本，令创业者很难与电商网站、传统企业在竞争中占有优势，还会拖慢自己的成长速度，并不会从根本上解决物流问题。

优菜网创始人丁景涛此前称，生鲜电商最核心的思路是解决生鲜的物流问题，希望通过“像送牛奶一样送菜”让低成本生鲜物流成为可能。但是恰巧是在物流等环节上，因为其没有社区渠道，不能解决物流成本高的问题，使得像优菜网、谊万家等先行者们在这个环节上耗费了太多的资本，而最终走向了“死亡”，谊万家甚至仅成立了半年就夭折了。

目前几乎所有的生鲜 O2O 创业者依然没有解决好物流配送和成本等的综合性问题。相对于普通商品来说，生鲜食品对于配送的要求极高，要保证食品干净新鲜，对配送时间，配送中保鲜盒、配送车等都是有严格要求的。生鲜 O2O 的创业者，面对这个不可逃避的现实，也都在无奈地通过自己的方式来解决这个问题。

青年菜君选择在地铁站附近用户自提，这种半途配送算是一种“曲线救国”的方式，在一定程度上解决了宅配带来的高额成本支出，也能令用户获得不错的配送方式，但相对于电商发达的配送，这种方式确实不能令人满意。洋葱达人生鲜切称自己努力做宅配，每天仅限于在下午 4～6 点配送，这种限时的宅配，会面临高额成本的问题，也是生鲜 O2O 面临“死亡”最有可能的原因之一。

2. 找不到足够大的目标人群

“死亡”指数：★★★☆

实际案例：小农女

2013 年 4 月上线，但经过 6 个月的时间就宣布了“死亡”。虽然 2015 年小农女又以线下店铺的方式重打鼓另开张，但依然改变不了此前遇到的问题。小农女此前将自己的目标人群定位在那些非常繁忙、想自己做饭吃又没时间买菜的城市白领。

为白领提供代买菜和半成品菜品的选购服务，但其实喜欢或者说经常买菜做饭的白领用户并不多，这主要因为城市白领的工作都非常忙，平时下班并不愿意做饭，偶尔周末做饭，逛超市买菜和别人帮其买菜，对于其区别不大。另外做饭对于白领来说，还要面临各项准备工作，以及饭后洗碗、收拾等问题，所以想做饭没时间买菜的白领不像想象的那么多。

很多生鲜 O2O 创业者找不到足够大的目标群体，这是很现实的问题，因为包括生鲜在内的整个 O2O 行业，其目标人群并没有想象的那么大，一旦定位出现问题，就会面临“死亡”的危险。当创业者不能保证这个目标人群足够大时，就要改变模式了。

3. 用户习惯难以培养

“死亡”指数：★★☆

实际案例：济南买菜网

“关停（济南买菜网）也是迫不得已，订单太少，利润太低。”这是济南买菜网创始人的心得。网站自 2010 年成立至关停三年多，这家济南的生鲜电商充分印证了“不做生鲜等死，做了生鲜找死”的戏言。如果把济南买菜网失败的最大问题归结于用户习惯没有培养到位，那么其罪魁祸首应该是整个生鲜电商市场的不成熟。

不仅仅是几年前的生鲜电商市场，就是今天整个生鲜 O2O 领域，都在为培养用户习惯而埋单。用户对生鲜 O2O 既爱又怕，担心价格，关心质量，忧虑配送，害怕安全。因此，懒惰而挑剔的用户，在生鲜电商网站上每次消费的时间成本都很高。这个问题确实短时间内无法解决，是每一个生鲜 O2O 企业为了行业都需要做的过程。

但很多用户的要求也并非高不可攀，比如让他们在上班前选购了生鲜食品，下班后就可以拿到，不论是去线下门店自提，还是配送到家里或者办公室，那么用户的满意度就会大大提高，也更有意愿采用这样的方式来选购生鲜食品。一旦这样的习惯养成了，生鲜 O2O 也会慢慢形成规模和趋势，成为用户生活的一部分了。

4. 供应链问题难以保证

“死亡”指数：★★★★

实际案例：上海天鲜配

供应链对于生鲜 O2O 企业是非常关键的问题，它包括货源、品质等多方面内容。2012 年，上海一家提供有机农场生鲜蔬菜的电商“天鲜配”宣布关闭。这是一家从事高端生鲜农产品到户配送的营销公司，但因为其货源不能保证，蔬菜经常从不同地方调配，无法满足用户的即时需求，再加上其本身遇到的物流配送，以及蔬菜品质难以保证等问题，有消费者甚至投诉“天鲜配”的蔬菜并非有机生鲜蔬菜，而是普通农贸市场的蔬菜，面临重重困境，导致关闭。

对于生鲜 O2O 的用户来说，供应链问题决定库存损耗，好的食品保质期长，能够极大地减少库存积压时间，另外也会降低用户退换货的比例。

另外，供应链问题还决定了消费者的信任、口碑和回头率等。消费者对于生鲜食品期待明显要更高一些，因此很多生鲜 O2O 企业也打出了有机或者绿色的概念，但因为生鲜类本身对于货源的非标准化需求，以及品质上的苛刻，令很多生鲜电商的货源不能充分保证。消费者一旦遇到一两次问题，就会丧失对生鲜O2O企业的信任，而媒体也会加入到扩大曝光的阵营，将生鲜O2O企业本来并不大的问题演变成行业性灾难。

5. 标准化模式无法实现

“死亡”指数：★★★

实际案例：福州家百福

2011年，被誉为二代网超的代表企业——福州家百福线下旗舰店关门。作为实行线上线下双渠道销售模式的生鲜电商，家百福最大的问题是，标准化的模式一直没办法解决，导致其售卖的生鲜食品价格几乎等于其他地方的两倍左右，造成成本过高，消费者望而却步。这是电商的大忌之一，因此关闭也就在情理之中了。

家百福此前销售各种有机或无公害生鲜食品，包括戴云德化黑鸡、无公害蔬菜、土猪肉等。不过其售价过高，比如家百福农家鲜五花肉售价为21元/500g，而市场上售卖的普通五花肉仅需13.5元/500g。这样大的差异令消费者无法接受。

对于生鲜电商而言，标准化模式是立于不败之地的保证，电商的标准化包含很多内容，如货源充足、价格透明、配送统一、品质保证、退换简单，等等。但目前来说，因为生鲜电商还主要是创业型公司，面对的用户消费频率不高、对价格比较敏感、品质很苛求等，这样双方就会产生很大的供需矛盾，因此标准化问题很难在短时间内实现。

作为生鲜O2O企业，可以先从价格、品质和配送这几个最主要的方面着手来解决，在一个并不成熟的市场，如果将消费者的主要矛盾解决了，其次要矛盾并不会成为其再次购买的主要因素，当然这是抓大放小的无奈的解决办法，生鲜O2O的标准化模式中，每一个因素还是都需要充分重视的。

（资料来源：http：//www.chinawuliu.com.cn/xsyj/201501/15/297582.shtml）

问题：

1. 从案例中可以看出，造成生鲜O2O“死亡”原因都有哪些？

2. 你认为生鲜物流最大的特点是什么？如何建立高效低成本的配送体系？

第二章　汽车行业物流管理

导入案例

2010 年，中国远洋旗下的中远物流有限公司（中远物流）挂牌出让其控股的北京中远汽车物流有限公司，正式完成从中国汽车物流行业的全线退出。此前，公司已经陆续出让控股的专业汽车物流公司股份。其中包括中远物流与戴姆勒·克莱斯勒成立的合资物流公司，还关闭了从事公路整车运输的专业公司。

而在中远物流前几年的发展规划中，汽车物流被列为第三方物流业务重点业务之一。2008 年，中远物流曾对外界坚定表示：公司将努力开拓汽车物流业务。然而短短两年时间中远物流却决定退出原本重点发展的业务板块。

纵观全局，中远物流退出汽车物流市场除了中远物流整体战略上调整的需要，还有中远的管理方式不符合汽车运作要求，以及国内汽车物流政策环境比较复杂等因素。由此可见，做好汽车物流是一件不容易的事情。

问题：

1. 你认为汽车物流难在何处？
2. 试思考中远为何放弃汽车物流板块？

第一节　汽车行业基本情况概述

一、汽车的概念及分类

（一）汽车的概念

汽车是指以汽油发动机作动力的运输车辆。《汽车和挂车类型的术语和定义》（GB/T 3730.1—2001）中对汽车的定义为：由动力驱动，具有四个或四个以上车轮的非轨道承载的车辆，主要用于载运人员和（或）货物、牵引载运人员和（或）货物及其他特殊用途。本术语还包括：①与电力线相连的车辆，如无轨电车；②整车整备质量超过400kg的三轮车。

（美国）汽车工程师学会标准（SAEJ 687C）中对汽车的定义是：由本身动力驱动，装有驾驶装置，能在固定轨道以外的道路或地域上运送客货或牵引车辆的车辆。

（日本）工业标准（JISK 0101）中对汽车的定义是：自身装有发动机和操纵装置，不依靠固定轨道和架线仍能在陆上行驶的车辆。

（二）汽车的分类

1. 按国标大类分

按照我国国家最新标准（GB/T 3730.1—2001），汽车主要分为乘用车和商用车。

乘用车是指主要用于载运乘客及其随身行李和/或临时物品的汽车，包括驾驶员座位在内最多不超过九个座位，它也可以牵引一辆挂车。根据我国汽车工业发展特点，乘用车分为基本乘用车、多功能车（MPV）、运动型多用途车（SUV）和交叉型乘用车四类。

商用车主要指用于运送人员和货物的汽车，并且可以牵引挂车，主要分为客车、货车、半挂牵引车、客车非完整车辆和货车非完整车辆五类。

2. 按总体结构分

汽车按总体结构分为单车和列车。

单车是基本形式。常用4×2、6×4、4×4和6×6等符号表示驱动特点，前一个数字代表车轮总数（双胎并装仍算一个车轮），后一个数字表示驱动轮数。如所有车轮均为驱动轮即称为全轮驱动汽车。列车由牵引车或单车拖带挂车或半挂车组成。

3. 按用途分

汽车按用途一般可分为轿车、客车、货运车（俗称卡车）、越野汽车、牵引汽车、自卸汽车、专用汽车、半挂车和专用半挂车。

轿车（Saloon Car）是指用于载送人员及其随身物品，且座位布置在两轴之间的汽车。包括驾驶者在内，座位数最多不超过九个。在中国内地的行驶证管理方面，轿车特指区别于货车、皮卡、SUV、大巴、中巴的小型汽车，俗称为“小轿车”。在中国香港，轿车又称私家车。根据GB 9417—89标准，中国轿车依发动机排量划分为微型轿车、普通轿车、中级轿车、中高级轿车和高级轿车。微型轿车：排量小于1L；普通轿车：排量介于1L和1.6L之间；中级轿车：排量介于1.6L和2.5L之间；中高级轿车：排量介于2.5L和4L之间；高级轿车：排量大于4L。

客车是装有箱式车身，设有九个以上座位，运载较多乘客的汽车，又称大客车。客车按总体结构可分为单车和列车。单车是基本车型，按客车总重或设置座位数常分为大、中、小型。中国规定单体客车的长度一般不超过 12 米。客车列车的车厢和车架分为前后两节。两节车架用铰接盘连接，两节车厢用活动褶篷连接，使车厢前后相通，故又称为铰接式或通道式客车。中国规定客车列车的长度一般不超过 18 米。

载货汽车，一般称作货车，又称作卡车，指主要用于运送货物的汽车，有时也指可以牵引其他车辆的汽车，属于商用车辆类别。一般可按照车的重量分为重型和轻型两种。绝大部分货车都以柴油引擎作为动力来源，但有部分轻型货车使用汽油、石油气或者天然气。主要类型有普通货车、厢式货车、封闭货车、罐式货车、平板货车、集装箱车、自卸货车和特殊结构货车等。

越野汽车（Cross Country Vehicle），国际上简称 G 型车，是指能够适应恶劣道路环境及野外行驶的车辆，适合爬坡、涉水等恶劣环境。越野车通常采用四轮驱动，底盘和悬挂的设计与普通轿车有明显区别。如北京吉普、切诺基等。

牵引汽车：专门用于牵引挂车或半挂车的汽车。通常无载货车厢，轴距较短，有两根驱动轴。

半挂车是车轴置于车辆重心（当车辆均匀受载时）后面，并且装有可将水平或垂直力传递到牵引车的联结装置的挂车。半挂车主要运输体积大且不易拆分的大件货物，比如挖掘机等；栅栏式比较适合拉鲜活类的货物，比如蔬菜、水果等；厢式比较适合拉散货以及需要防湿的较贵重的货物。

二、汽车的基本构造和生产工艺

（一）汽车的基本构造

汽车是借助于自身的动力装置驱动，且具有 4 个或 4 个以上的车轮的非轨道无架线车辆。汽车的主要用途是运输，亦即载送人和货物的车辆。汽车区别于沿敷设的轨道或电力架行的火车、有轨电车和无轨电车、进行农田作业的拖拉机，以及自走式工程机械。汽车一般由发动机、底盘、车身、电气设备四个基本部分组成，如图 2－1 所示。

发动机是汽车的动力装置。由两大机构五大系组成：分别为曲柄连杆机构、凸轮配气机构、燃料汽车构造供给系、冷却系、润滑系、点火系（汽油机）和启动系。

底盘作用是支撑、安装汽车发动机及其各部件、总成，形成汽车的整体造型，并接受汽车构造发动机的动力，使汽车产生运动，保证正常行驶。底

图 2－1 汽车基本构成

盘由传动系、行驶系、转向系和制动系四部分组成。

车身安装在底盘的车架上，用于驾驶员、旅客乘坐或装载货物。轿车、客车的车身一般是整体结构，货车车身一般是由驾驶室和货箱两部分组成。汽车车身结构主要包括：车身壳体（白车身）、车门、车窗、车前钣制件、车身内外装饰件和车身附件、座椅以及通风、暖气、冷气、空气调节装置等。在货车和专用汽车上还包括车厢和其他装备。

电气设备由电源和用电设备两大部分组成。电源包括蓄电池和发电机；用电设备包括发动机的启动系、汽油机的点火系和其他用电装置。

汽车总成拆分平面图如图 2－2 所示。

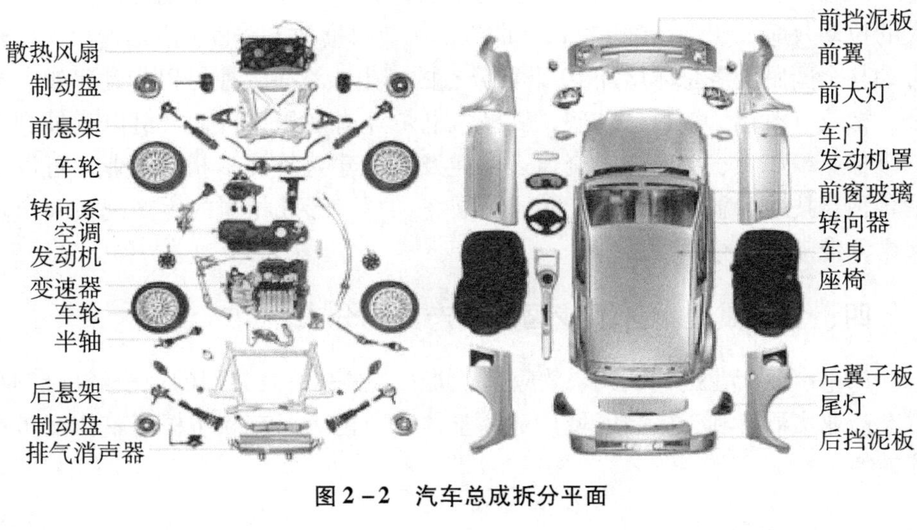

图 2－2 汽车总成拆分平面

（二）汽车的生产工艺

汽车制造的四大工艺：冲压、焊接、涂装、总装。

冲压工艺是指对材料施加压力，使其产生分离或塑性变形，将钢板冲压成车身钣件，从而获得所需零件。

焊接工艺是指通过加压或加热，使分离的金属表面原子间结合，将冲压成形的车身钣件焊接在一起，焊接成一个车身主体及车门、发动机盖、行李箱盖等，形成永久性连接。

涂装工艺是指将涂料涂覆于车身面，对车身钣件进行防锈处理、喷涂漆等，经过干燥成膜的工艺。

总装工艺是指将涂装后的车身与底盘总装成整车，并将汽车零部件安装并固定到车身上。

三、汽车行业的概念和作用

汽车行业为所有生产和销售各类汽车如乘用车、商用车及其零部件等汽车产品的企业总和。汽车行业是国民经济重要的支柱产业，产业链条长、关联效应大、就业面广、消费拉动力大，一直被当成工业发达国家的经济指标，在国家实力成长和社会发展中发挥着极为重要的作用。汽车工业是综合性工业，反映了一个国家的综合工业水平。

汽车产品的特点：零件多、产量大、保有量大、售价高、科技含量高。汽车行业是世界上唯一一个零件以万计、产量以千万计、保有量以亿计、售价以万计的商品。

汽车工业在国民经济中具有重要地位，对一国经济和一地经济能产生巨大的拉动效应，比例达到1∶10，即汽车工业每增加1个百分点的产出，能够带动整个国民经济总体增加10个百分点的产出。汽车工业可以带动钢铁、冶金、橡胶、石化、塑料、玻璃、机械、电子等诸多相关行业，可以延伸到维修服务业、商业、保险业、交通运输业及路桥建筑等许多相关行业，可以吸纳各种新技术、新材料、新工艺、新装备，可以形成相当的生产规模和市场规模，带动多个行业发展。

四、世界其他地区及我国汽车产业的分布

汽车产业产业链长、关联效应大、进入壁垒高，是典型的规模经济产业。汽车产业集群有利于提高区域产业的整体竞争能力，有利于提高整体汽车物流效率。

（一）世界汽车产业分布

1. 美国底特律

底特律（Detroit）位于密歇根州东南部的底特律河畔，是世界最大的汽车工业中心，号称“世界汽车之都”。面积359平方千米，其中黑人占63%。种族矛盾尖锐，在1943年和1967年都曾爆发过大规模“种族骚乱”。“底特律”在法语里是“海峡的地方”之意。最初为印第安人的毛皮市场和木材集散地。1701年法国人在此设立了一个贸易站，并建筑碉堡同印第安人作战，1763年英国人乘虚而入。1796年归属美国。1815年设市。

19世纪上半叶，由于兴修铁路，欧洲德国、英国、荷兰移民大量涌入。造船业及航运业迅速发展，钢铁工业及机械工业等也随之发展。这座城市依靠附近有铁矿砂和炼钢厂的有利条件，逐步形成庞大的汽车工业。与汽车制造业有关的钢铁、仪表、塑料、玻璃以及轮胎、发动机等零部件生产也相当发达，全美1/4的汽车产于这里，全城442万人口中约有91%的人靠汽车工业为生。美国通用汽车公司、福特汽车公司和克莱斯勒汽车公司总部都在此地。

2. 日本丰田市

丰田市原名爱知县，因丰田公司建于此而闻名于世，有“东洋底特律”之称。全城从业人员均服务于丰田公司，年满20岁的职工即可分到1辆丰田汽车。丰田市的出口港是名古屋，建有世界最高容量为5万辆的丰田汽车专用码头。丰田市总人口695.5万，其中丰田汽车公司及其子公司的人员、家属占62%。丰田公司有10座汽车厂，生产几十个系列的轻重型汽车。此外，它还有1240家协作厂。全公司每个职工平均年产值13万美元，居世界之首。

3. 德国斯图加特

斯图加特是德国西南重镇，位于内卡河中游河谷地带，是巴登－符腾堡州首府，面积207平方千米，全城人口60万。斯图加特每年要接待14万来自世界各地的汽车用户和汽车商以及参观者。著名的奔驰和保时捷公司的总部都设在这里。奔驰汽车制造业是斯图加特的主体工业，几乎家家都有奔驰车。

4. 意大利都灵

意大利都灵是意大利最大的汽车集团菲亚特公司总部所在地，全城有120万人口，其中30多万人从事汽车工业，每年生产的汽车占意大利总产量的75%。1899年，菲亚特公司在都灵创立，成为意大利第一个汽车公司，现发展为世界第七、欧洲第二大汽车厂商，年产量达到200多万辆。大量从事汽车相关产业，分担了风险。

5. 德国沃尔夫斯堡

沃尔夫斯堡市也称狼堡，位于德国下萨克森州，总面积310平方千米，人口约 13 万。欧洲最大的制造厂商——大众集团总部就坐落于此。1934 年成立以来，1938 年，该市作为德国当时现代化的汽车城而兴建起来，狼堡市民中的 40% 都在大众汽车厂上班，大众集团在狼堡的员工达 5 万人。

6. 日本东京

东京是日本的首都，也是世界最大的城市之一。著名的汽车公司日产、本田、三菱、五十铃公司总部均设在此地。日产公司在东京的雇员总数近 13 万人，可年产汽车 320 万辆。本田公司雇员总数达 11 万人左右，汽车产量已高达约 300 万辆。

7. 法国巴黎

巴黎，法国最大汽车集团公司——标致－雪铁龙公司总部设在此地。标致汽车公司创立于 1890 年，创始人是阿尔芒·标致。1976 年标致公司吞并了法国历史悠久的雪铁龙公司，从而成为世界上一家以生产汽车为主，兼营机械加工、运输、金融和服务业的跨国工业集团。标致汽车公司总部在法国巴黎，汽车厂多在弗南修·昆蒂省，雇员总数为 11 万人左右，年产汽车 220 万辆。

8. 英国伯明翰

伯明翰是仅次于伦敦的英国第二大城市。该市市区面积 256 平方千米，人口 26.5 万。如今的伯明翰是英国的汽车城，世界各大汽车生产厂商在这里都设立了公司，使它的工业产值占全国工业产值的 1/5，并享有“世界车间”之美称，是利兰汽车（Leyland）公司总部所在地。

9. 德国吕塞尔海姆

吕塞尔海姆是美国通用汽车公司最大的海外子公司——亚当·欧宝汽车公司总部所在地，欧宝是通用在欧洲最大的子公司。欧宝汽车公司有雇员 5.9 万人，年产汽车 100 多万辆。

10. 法国比古扬

比古扬，雷诺汽车公司总部所在地，人口约 10.3 万人。第二次世界大战期间，雷诺为德国法西斯生产武器和军火，1944 年 9 月被法国政府接管，路易·雷诺被惩处，1945 年收归国有。从 1970 年起，公司允许雇员购买公司股票，但最高不能超过 25%，此后，公司迅速恢复和发展，逐步实现了经营多样化。

（二）中国汽车产业分布

中国汽车产业也呈现了一定的集群分布特点，主要集中在长江三角洲、珠江三角洲、东北地区、京津地区等地。

1. 长三角汽车产业集群

长三角汽车产业集群地处由上海市、江苏省、浙江省组成的长三角经济区内。长三角汽车产业是我国汽车产业重要的组成部分，同时也是长三角经济区的支柱产业之一。上海市拥有目前我国最大的轿车生产基地和全国三大汽车集团之一的上汽集团，众多世界一流的汽车零部件合资企业和全国种类最全、规模最大的轿车零部件工业基地；浙江省拥有一大批实力雄厚的汽车零部件公司和中小零部件生产企业；江苏省的南京市和盐城市也有众多汽车生产企业。这一地区已形成了密集的汽车工业基地。

长江三角洲代表企业：上海大众、上海通用、上海华普、吉利、南京依维柯等。优势：制造业水平极高，便于出口。

2. 珠江三角洲汽车产业集群

珠江三角洲汽车产业集群位于广东省中南部，是中国人口、城镇密集，经济最发达的地区之一，也是中国对外开放的前缘地带。随着日本本田、日产、丰田等汽车集团先后入驻广州，带动众多零部件配套企业相继进入，使该地区基本形成与各地区位内整车制造厂较固定的配套关系和规模化的零部件配套板块。

珠江三角洲代表企业：广州丰田、广州本田、东风日产、比亚迪等。优势：政府适当参与，完整的产业链。

3. 东北地区汽车产业集群

辽宁、吉林、黑龙江三省都有各自的核心汽车企业。吉林长春有一汽集团，黑龙江哈尔滨有哈飞汽车集团，辽宁沈阳有华晨汽车公司和金杯通用汽车公司。东北地区汽车零部件企业也具有一定实力。此外，东北地区还有多所国家重点高等院校，为周边汽车工业输送优秀人才。

东北地区代表企业：一汽集团、一汽大众、一汽马自达、哈飞集团、华晨集团等。优势：工业基础雄厚，政府支持。

4. 京津地区汽车产业集群

北京汽车工业已形成北京现代、北京吉普和北汽福田各具特色的三大汽车板块；天津有天津丰田、天津一汽、一汽华利等核心整车企业。京津地区还有众多有实力的汽车零部件企业，这些零部件企业也促进了京津地区汽车产业的进一步发展。不仅如此，京津地区还有便捷的交通运输网络。

京津地区代表企业：北京现代、一汽丰田、天津一汽、北京奔驰－戴克等。优势：政治经济中心。

5. 华中地区汽车产业集群

武汉占据重要的地理位置，有极强的市场集散功能和广泛的经济辐射作用。华中地区汽车产业集群拥有众多有实力的零部件企业和多所高等院校。

华中地区代表企业：东风汽车、东风标致－雪铁龙、东风本田等。优势：

国家扶植，交通便利。

6. 西南地区汽车产业集群

重庆拥有颇具特色的汽车生产企业，代表性的企业中，长安汽车集团是我国主要的微车生产企业，重庆庆铃汽车股份有限公司是重要的商务用车生产企业；这里还有一大批汽车零部件生产企业。截至2010年，重庆有以生产客车为主的重庆宇通客车厂，也有以比亚迪有限公司为代表的民营汽车企业，还有由原四川汽车制造厂为主体改制组建的重庆重型汽车集团。在重庆北部新区，规划建设以福特轿车为主体，集生产、研发、贸易、博览、文化、教育、旅游等综合功能于一体的“十里汽车城”。

重庆代表企业：长安集团、长安福特马自达、长安铃木、力帆汽车等。优势：机械制造业发达，地形特殊。

中国现阶段已形成的汽车产业布局，其发展初期都是以政府规划建设为主，后期则由市场力量为主导，其特点是以整车企业、合资企业为主，辅以自主开放型结合，分区位多中心，以沿海地区发展为主脉，逐渐向中西部、东北部延伸。

五、中国汽车行业发展历程及现状

自2002年之后，中国汽车行业开始进入爆发式增长阶段，特别是随着私人消费的兴起，轿车需求量开始迅速攀升，并成为推动中国汽车发展的一股重要力量。与此同时，中国在全球汽车产业中的地位也逐渐上升。

到2009年，中国取代美国成为世界上最大的汽车销售市场，结束了由福特公司开始的美国长达一个多世纪的汽车统治地位。不仅如此，2009年，中国的汽车产量超过了日本和美国的总和，自2006年以来，由日本汽车工业保持的世界第一的位置，在2009年也被中国取代。2009年中国汽车工业产销总量分别达到1379.1万辆和1364.48万辆，同比增长48.30%和46.15%。

2010年，在国家“扩内需、调结构、促转变”等一系列政策措施的积极作用下，中国汽车工业延续2009年发展态势，保持平稳较快发展。汽车产销快速增长，自主品牌市场份额提升，汽车出口逐步恢复，大企业集团产销规模整体提升，市场需求结构进一步优化，汽车工业产业结构调整加快。2010年，汽车产销分别为1826.47万辆和1806.19万辆，同比增长32.44%和32.37%，保持了世界第一的地位。

但自2011年起，整体增速放缓。2011—2014年，由于受到汽车产销基数及宏观经济的影响，中国汽车产销量增速放缓，汽车产销量复合增长率分别为 8.80% 和 8.28%。

2015 年以来，汽车行业整体运行稳中有降，结构性产能过剩犹存，行业经营效益放缓，行业进入深度改革期。另外，进口车市场也一路走低。

2016 年中国汽车市场相对 2015 年面临的压力更大，处在由成长期向成熟期转变阶段，在经济下行、环境、能源、交通压力加剧以及产能过剩等多因素共振下，市场下滑的趋势将更加明显，微增长将成为汽车行业阶段性常态，产能浪费问题更加凸显。

综上所述，可以说，2001—2011 年，是中国汽车产业快速发展的阶段，2009 年整体增速达到顶峰，奠定了中国汽车国际产销量的领先地位。但自从 2015 年以来，中国汽车行业逐渐从整体高速增长转向低速增长，并且在未来也难以复制昔日的辉煌。长期以来，在中国市场，外国品牌把持着中高端市场，而中国本土品牌则集中在中低端市场。如何在激烈的市场竞争中脱颖而出？这是所有中国品牌汽车企业面临的重大课题。

六、汽车行业未来发展趋势

目前，随着技术不断的革新以及环境和消费者对汽车越来越高的要求，汽车行业将在下一个十年经历本质性的转变。据高盛《汽车 2025》报告分析，彼时汽车、车厂、车主均较目前发生很大变化，汽车发展将围绕四大主题，发展七大趋势。

（一）汽车行业未来发展四大主题

1. 环保

对气候变化的关注，将使公众和有关法规给汽车厂商带来更多的二氧化碳减排压力。据日本产业省统计，全球温室气体排放量的 22% 来自交通运输产业。预计 1999—2035 年，二氧化碳排放增加 1.75 倍。环境的压力和人们对环境的关注与重视，将使汽车行业更加向环保化发展。

2. 便捷

据日本总务省、经济合作与发展组织统计，2010—2025 年，世界城市人口增幅将达 50%。随着城市的发展和人口的增长，城市交通问题日益严重，如日本市民目前交通拥堵耗时年平均为 30 小时；但是，汽车保有成本增加，汽车的闲置时间则高达 95%。如何有效配置人、车资源，在提供便捷的同时减少交通拥堵就显得非常重要。

3. 安全

减少事故一直是汽车产业优先要务，随着人口的增长，更安全的公共运输显得更为重要。据日本总务省、经济合作与发展组织统计，全世界交通事故已造成50万人死亡，700万人受伤。因此，如何通过技术提升汽车的安全性能，减少人员伤亡，也是汽车行业发展的重中之重。

4. 实惠

伴随着基础资本的积累，汽车保有量将在发展中国家呈井喷式增长。据高盛全球投资研究院统计，预计2025年中国汽车销量将达到3500万辆、印度740万辆、全球1.2亿辆。而这些新晋的消费人群会更加看重实惠，对小型化和更廉价的车型有着更多的偏爱。

（二）汽车行业未来发展七大趋势

趋势一：更加注重环保，混合动力及电力驱动大有空间

对温室气体和污染状况的担忧正在推动全行业汽车驱动方式的变革。有关燃油经济和二氧化碳排放的法规，使得车厂的制造向引擎更高效转变。到2025年，1/10的销售车辆都将配备电动引擎，目前此项比例不足5%。但届时大部分汽车动力引擎将是混合动力，仍会有95%的汽车至少有部分动力源自石油燃料。这便要求车厂制造出满足新的使用标准的、更高效的内燃机。

燃料电池（Fuel Cell）等替代驱动源的发展将会提升发动机的整体效率，当然要考虑民众的消费能力及意愿。日本政府将燃料电池汽车目标价格预设为220万日元（约1.8万美元、13.3万元人民币）。尽管日本市场的燃料电池汽车对全球汽车消费市场来说仍是一小部分，但这一预期价格将是他们新能源汽车营销中的比较优势。

趋势二：材料技术不断升级，更加轻量化发展

为提升效率，车厂正致力于减轻整车重量。然而更严格的安全标准通常又要求使用更重的车身部件。一些公司着手对包括铝、高强度钢以及碳纤维增强塑料（CFRP）等既轻又坚实的材料进行研究，这一矛盾得以缓解。然而，这些都是昂贵的材料。尤其是CFRP，目前仅用于专业跑车的制造。随着时间的推移，提升燃油效率的需求将增加铝材和高强度钢材的需求。

趋势三：自动驾驶技术逐渐成熟，更加智能、安全

曾出现在科幻小说中的自动驾驶，如今已不再遥不可及。它可以帮助降低交通事故发生率、缓解交通拥堵和为更多的人提供出行便利。在引领此变革中，来自行业内外公司的竞争如火如荼。许多全自动驾驶的汽车已在积极测试，而首批可商用的半无人车有望一至两年内上路。

与此同时，风险也将并存。汽车厂商不能忽视的是，将汽车的控制权完全授予软件，可能会导致新的系统漏洞及其他相关责任。短期内可能的解决方式将是驾驶员在紧急情况下可介入操控。

第一级：安全驾驶辅助。自适应巡航控制（Adaptive Cruise Control），驾

驶员依靠一个系统实现全车的控制。

第二级：高复杂驾驶辅助。车道保持（Lane Centering）和自动制动（Automatic Braking），两个或以上自动控制系统配合工作。驾驶员只需要观察前方行驶道路并在紧急情况采取措施。

第三级：半自动驾驶。热成像摄影机（Thermal Imaging Camera）、紧急使用的方向盘以及多量程的传感器（Multi - Range Sensors），汽车可实现自动驾驶，同样提供驾驶员在紧急情况时的操控。

第四级：全自动驾驶。车前部和车后部的毫米波雷达（Milliwave Radar）、超声波传感器（Ultrasonic Seneors）、目的地输入设置、可变数座椅、电力驱动系统以及全自动转向装置，不需人工输入，汽车可完成安全性节点操作。

趋势四：成本压力增大，更加注重供应链的一体化变革

市场竞争的终极表现是价格竞争，其本质是成本竞争，而成本下降的空间取决于供应链成本。激烈的市场竞争要求汽车生产企业进一步降低整车生产成本，而降低物流成本将成为降低整车生产成本的重要途径。一方面，对于大型公司来说，降低成本意味着增加研发预算，并进行技术层面的更广泛尝试；另一方面，较小型的企业，可以专注于自己的核心技术，在短板领域联合其他供应商。

供应链管理要求汽车企业对整个供应链流程进行整合，通过汽车物流的功能整合、过程整合和资源整合来全面整合汽车供应链。对汽车供应链整合的目的是增强供应链的竞争能力，从而降低运输成本、减少供货时间，并便于提供定制化产品，增加收益，提高客户满意度。

趋势五：新竞争者将进入，竞争格局将发生变化

随着软件等技术逐步引领行业，不少的消费科技公司介入汽车行业也不足为奇。虽说最终汽车还是有别于智能手机，那些关注于设计、易用性、自动化助理和电池寿命的科技公司还是能够给这一领域注入新鲜血液。

目前的电动汽车中只有1/3的组件与传统汽车相同，降低了汽车行业的进入门槛，这成为了科技资本积极介入的催化剂。更少的部件等价于更简约的制造，新驾驶群体和驾驶方式将会给汽车制造商创造新的机遇。

趋势六：车联网将被广泛应用，将更加智能、便捷

物联网的发展完美诠释了生活万物互联方式和其所带来的变革。网联汽车将继续此进程。网联化汽车可以在车车之间以及与更广阔世界交流，所带来的优势远不止减少交通事故和缓解交通压力。它们将给汽车产业带来强有力的影响。例如，保险业，保险公司以新的方式监控驾驶者的行为，奖励优良的驾驶员，将成本摊薄到不良的驾驶者身上。共享服务产业也能更有效地

对接汽车和消费者资源。

驾乘共享模式对汽车行业来说是把双刃剑。世界上大部分汽车用于日间短途行程，95%的时间是闲置的。如果司机决定放弃机动车的拥有权，只是在需求时拥有使用权，那对于汽车销售来说并不是好的消息。

网联化汽车，尤其是自动驾驶汽车，将改变人们驾驶用时消耗方式。2013年的一项调查显示，超过50%的受访者表示他们在乘车出行时更想收听音乐、接打电话、浏览视频或上网冲浪。

趋势七：汽车行业重心将转入发展中国家这一新兴市场

在大多数经济体中，当人均收入增至1万~2万美元时，汽车保有量就会大幅增长。到2025年，许多发展中国家将会达到这一水平，进而对更小型、更廉价和维护成本更低的汽车产生更强烈需求。比如，至2025年印度将成为世界第三大汽车市场——汽车需求量达740万。中国汽车行业已经历过汽车保有量的激增期，将继续增长，驾乘共享模式有望大行其道。

全球化的汽车行业革命在即，科技是原动力，人口、监管和环境因素共同作用。到2025年，汽车和汽车产业将有巨大不同。汽车将会搭载高效的引擎、更轻量化的材料，采用自动驾驶系统，将会更智能、更高效。而对于汽车行业而言，来自科技公司的新竞争，以及逐步具备更低价更高科技零部件供应能力的供应商，整个行业将会演进。

第二节　汽车物流的内涵及发展

一、汽车物流的概念和特点

（一）汽车物流的概念

汽车物流是指汽车供应链上原材料、零部件、整车以及售后配件在各个环节之间的实体流动过程。广义的汽车物流还包括废旧汽车的回收环节。汽车物流在汽车产业链中起到桥梁和纽带的作用，是实现汽车产业价值流顺畅流动的根本保障。汽车物流是物流领域的重要组成部分，具有与其他物流种类所不同的特点，是一种复杂程度极高的物流活动。

从供应链的角度看汽车物流可分为四部分：零部件供应商的运输供应物流、生产过程中的储存搬运物流、整车与备件销售物流和工业废弃物的回收物流。运输供应物流是指上游供应商向整车厂提供汽车零部件、生产材料、辅料到整车厂的仓库入口的流程。生产物流主要发生在企业的内部，即从仓库入口到生产线消耗点，再到成品车库的入口前的物流。整车与备件销售物流是指从成品车库、备件库到经销商之间的物流。而回收物流则贯穿汽车物流的全过程。

（二）汽车物流的特点

1. 技术复杂性

保证汽车生产所需零部件按时按量到达指定工位是一项十分复杂的系统工程，汽车的高度集中生产带来成品的远距离运输以及大量的售后配件物流，这些都使汽车物流的技术复杂性高居各行业物流之首。

2. 服务专业性

汽车生产的技术复杂性决定了为其提供保障的物流服务必须具有高度专业性：供应物流需要专用的运输工具和工位器具，生产物流需要专业的零部件分类方法，销售物流和售后物流也需要服务人员具备相应的汽车保管、维修专业知识。

3. 高度的资本、技术和知识密集性

汽车物流需要大量专用的运输和装卸设备，需要实现“准时生产”和“零库存”，需要实现整车的“零公里销售”，这些特殊性需求决定了汽车物流是一种高度资本密集、技术密集和知识密集型行业。

二、汽车物流发展的历史

中国汽车行业供需两方面的快速发展大大促进了汽车物流行业的发展。汽车行业作为高附加值产业，在我国制造业中处于主导地位，其物流需求层次高，可开发的物流市场空间巨大，需要建立高效率、高质量、社会化、专业化、国际化的汽车物流服务体系。进口汽车物流发展最早，其次是整车物流和零配件物流，目前汽车零部件 JIT（Just In Time，准时制生产）供应物流开始发展。

（一）进口汽车物流最早发展

1998 年之前中国汽车行业处于缓慢增长阶段，国内无论是汽车的生产还是销售都没有应用物流的概念，只有进口汽车整车物流与进口汽车散件物流缓慢发展并渐趋成熟。进口整车必须经历从国外到国内的多个物流环节，其物流服务提供者主要是特定的港口、保税区及相关企业。

中国汽车行业发展之初，大量采用 CKD（全散装件）和 SKD（半散装件）的方式加快生产和开发周期。CKD，即从国外进口全部零散的汽车零配件直接总装汽车；SKD，即从国外进口已经模块化的汽车部件，然后组装成汽车。

（二）“零公里运输”概念引发整车物流发展

汽车下生产线后，直接由第三方汽车物流公司将车辆运送到各地经销网点，实现了零公里的运输。第三方汽车物流已将生产企业的固定仓库变成流动仓库，从而大大促进了汽车商品的流通效率。零公里运输迅速成为汽车生产销售的标准服务形式，并且相当长时间内成为汽车物流服务竞争最激烈的领域，专门提供整车物流服务的企业迅速发展。

（三）售后服务促进汽配物流的发展

汽配物流的发展经历了两个主要阶段，一是单一企业的汽配物流网络的形成，如一汽大众的全国汽配网络；二是综合和汽车制造企业配件的物流汽配中心的形成。中国主要大型车厂零配件售后服务物流是一个相当大的市场。

三、我国汽车物流的现状

（一）汽车物流业的行业成长性及潜力分析：汽车物流业成本居高不下

据中国汽车工业协会网站统计，2016 年中国汽车产销均超 2800 万辆，连续八年蝉联全球第一。但目前中国汽车物流成本约占销售额 15%，大大超过欧美的 8% ~10%，日本的 5%。未来几年，中国汽车市场加快与世界水平接轨，市场规模不断扩大，日益激烈的竞争使得物流环节的成本压缩成为汽车制造商的第三利润源泉。

有数据显示，欧美汽车制造企业的物流成本占销售额的比例是 8% 左右，日本汽车厂商只有 5%，而中国汽车生产企业这一数字普遍在 15% 以上。

（二）汽车物流业的需求持续性分析：基础性服务多，增值型服务较少

国内汽车大集团跨地区的生产基地布局，汽车需求结构已转换为私人消费为主，需要产品供应准时化、及时化以及精益化，但目前，国内物流企业数量多、分布散、规模小，很难形成规模效应。物流企业提供的服务范围窄，仅从我国汽车物流所能提供的服务看，运输、仓储等传统性业务还占相当大的比重，一体化配送、物流信息服务等增值型的汽车物流服务有待加强。同时，由于汽车物流商的服务能力有限，制造企业、分销企业还不能把大量的物流业务外包出去，影响了专业化分工和效率的提升。

（三）汽车物流业的营利性分析：汽车物流业的投资回报率较低

作为企业营运成本的组成部分，中国汽车企业的物流成本占据了相当大的比重，主要体现在：①中国汽车企业的物流成本明显偏高，盈利能力水平较低。据美国物流业协会的统计与分析，以运输为主的物流企业年平均资产回报率为 8.3%，仓储为 7.1%，综合服务为 14.8%。在中国，仅为 1%。这一数据，不仅说明了中国物流管理模式的落后，效率低下，也说明了中国企业仍有很大的空间可以通过物流来降低成本。②物流效率低下。高水平的零部件物流与整车物流是汽车厂家提升生产效率、控制产品成本的先决条件，国际上一般以物流成本占 GDP 比重来衡量一个国家的物流发展水平，比重越低越先进。

美国等发达国家物流水平比重为 10% 左右，日本为 12%；中等发达国家，如韩国为 16% 左右，而中国的物流比重指标大约在 20%。我国车辆的运输成本是欧洲或美国的 3 倍，全国运输汽车的空驶率约 37%，其中汽车物流企业车辆空驶率达 39%，存在回程空驶、资源浪费、运输成本高等问题。

（四）汽车物流业的竞争态势分析：国内竞争国际化趋势明显加快

当前，在我国汽车制造业国内竞争国际化态势初步形成同时，汽车物流业国内竞争国际化初步显现：①国内市场国际化。国内主要的汽车物流企业与国际知名的物流企业结盟或组建合资企业。自国内首家汽车物流合资企业——安吉天地汽车物流公司在 2002 年 6 月成立以来，至今，至少有几十家类似的合资企业或企业联盟。②业务运作国际化。合资企业借助先进的信息管理技术及成本控制经验，在战略上，有将整车物流、零部件物流、售后物流一体化运作和整合国内物流配送中心的战略要求；在实际操作上，将汽车物流业获利能力较强业务全由合资企业承担，不仅有利于汽车大集团提高汽车物流效率服务，也将成为其进一步抢占汽车服务贸易市场的重要一步。

在我国汽车物流业面临历史性发展机遇的同时，我们也应该清晰地看到我国物流基础薄弱、市场分割明显、产业标准缺失、竞争手段单一、规模不经济及有效供给能力不足等问题严重制约到我国汽车物流业发展，影响了物流业效率的提升，从而不利于我国汽车产业整体竞争力的提升。

四、汽车物流发展的趋势

我国的汽车消费市场潜力巨大，巨大的汽车消费市场需引进新建生产线或改扩建旧生产线的先进生产设备，引进大量新车型的关键零部件，还会涌进大量进口整车，这些必定会极大地增加我国汽车物流市场的新需求。国外汽车物流企业会随着中国汽车行业的高速发展而加快进入中国汽车物流市场的步伐，并带来先进的物流理念、运作经验和物流技术，这会给我国汽车物流企业增添竞争压力和合作机会，并将对我国汽车物流市场的发展产生深远影响。

（一）汽车柔性生产带动精益物流发展

物流系统的优化和顺畅，是汽车制造企业追求的目标。在市场主导的今天，顾客的个性化需求越来越大，汽车生产向多品种、小批量方向发展的趋势越来越明确。因此，汽车生产系统对物流保障系统的要求会更加苛刻。汽车物流准时性、准确性、质量保证性的要求决定了汽车生产物流必须向柔性和精益物流方向发展。

准时性：汽车装配线的生产节拍是每小时 20 ~ 40 辆车，每种车型的装配零部件是 3000 多种。生产线旁的物流位置有限，因此需要连续不断地向生产线准时供货，供货的准时性决定了生产的准时性。

准确性：汽车装配的准确性是整车装配质量最基本的保证。在一条装配线上，混流装配两个或两个以上平台、十几种配置的汽车，上万种零部件准确地送到消耗点，是物流配送的难点，它需要配送商对汽车生产有深刻的了解和丰富的经验。

质量保证性：汽车零部件的质量是汽车质量的基本保证。零部件在运输、搬运、更换包装容器和仓储的物流活动中，必须追求物流服务的质量。

（二）汽车物流继续趋向纵横双向发展

汽车制造业涉及的上下游环节非常多。以汽车制造业供应链为例，其主要组成部分可分为供应商零部件的运输供应物流、生产过程中的储存搬运物流、整车与备件的储存和运输物流以及工业废弃物回收处理物流等。从行业核心企业的发展来看，除基础业务外，上游正向汽车零部件供应商的管理上延，下游向维修保养和美容等后市场物流服务延伸，汽车零部件供应商物流受到行业关注。

除了上述行业企业向上下游纵向拓展，同时汽车物流领军开始布局国际市场，行业市场也进行横向拓展。如安吉在泰国设立分公司；长久汽车零部件服务延伸至德国。

（三）第三方汽车物流服务将占据主导地位

我国现行的主体汽车物流模式是供产销一体化的自营物流，即汽车产品原材料、零部件、辅助材料等的购进物流、汽车产品的制造物流与分销物流等物流活动全部由汽车制造企业完成。随着物流业务的不断扩大，供应经济全球化和电子商务对汽车产品物流的信息化、自动化和柔性化提出了全新的要求，要求制造商具有更加强大的物流实力，不断加大对物流的投入以适应电子商务发展的需要。

随着汽车供应链全球化的发展，汽车制造商越来越需要社会化的第三方汽车物流企业帮助他们整合全球物流资源，以满足其生产和销售需要，对其供应链进行全程一体化的服务。第三方汽车物流企业有其自身的专业化物流运作经验与技术，有专业的物流网络及设施、专业化的物流运作管理人才和现代化的物流信息系统，有利于促进汽车产品总体物流效率的提高和物流合理化。

（四）汽车物流将注重增值服务发展

目前的国内汽车物流企业功能单一、增值服务能力薄弱。国内部分物流企业是原有汽车企业业务分离建立起来的，专属性强，基本上是沿袭原有企业集团内部经营思路，去运作物流新概念下的业务。据统计，汽车物流服务商收益的90%来自基础性服务（运输/仓储），而增值服务、物流信息服务和支持物流的财务服务的收益只占10%。

提供增值服务是一个企业采取差别化战略提高竞争优势的主要手段，因此发展汽车物流增值服务成为一种趋势。例如著名的物流公司 Exel（英国英运物流集团），其汽车物流服务范围超出一般的运输和仓储，该公司提供的服务组合项目包括：旧汽车的重新装修，特种车辆如救护车、解款车的改装业务，汽车交运之前的现场检验、车身修建、车辆改装、车内装修、备件配送服务等。

第三节　汽车物流的运作与管理

一、汽车商品流通模式

我国的汽车企业主要通过以下五个较为典型的营销渠道模式销售：品牌专卖店、汽车交易市场、多品牌汽车超市、汽车连锁超市、汽车工业园区。每种销售渠道各有自己的特点。

（一）品牌4S店渠道模式

这种模式是厂家极力推行的一种营销模式，4S（汽车销售服务）店是集汽车销售、维修、配件和信息服务为一体的销售店。它是以“四位一体”为核心的汽车特许经营模式，包括整车销售、零配件供应、售后服务、信息反馈等。这种特许专卖店的营销队伍一般都素质良好、文化水平较高、接待礼仪非常规范、身份醒目、讲究营销人员的外在形象等。对于这种特许经营的4S店来说，生产厂家除了考虑销量外，还希望树立品牌的形象，以谋取更加长远的利益。

1. 4S店的优势

第一，4S店具有优美的购车环境，在外观和内部布局上，统一规范、统一标志，建筑豪华、装修考究，为消费者营造出高档、舒适、优美的购车环境。第二，4S店是制造商的特许专营店，能得到厂家强有力的技术支持，厂家会为4S店培训大量的销售人员和维修技术人员，为消费者提供良好的技术支持和服务。第三，配备专用工具，采用正宗原厂设备。汽车维修保养所用到的零件配件都是正宗原厂件，零配件质量上有了保障，汽车维护保养的质量就有了保障。第四，仅针对单一车型服务，即所谓的“品牌专卖”，与修

“万国车”的维修店相比较，具有一定的技术优势。

2. 4S 店的劣势

第一，汽车 4S 店完全是汽车厂家的附庸，基本没有自主决策权和品牌形象。不能够与电器经销商公平竞争。第二，4S 店占地面积较大，相关服务要求较高，导致经营成本高而利润较低。

（二）汽车交易市场渠道模式

汽车交易市场是指各种不同的汽车产品和众多经销商集中在一个场所，以店面方式开展经营。由多个代理经销商分销，形成集中的多样化交易场所。在这里集中了国内外各种品牌、价格、档次的车，使购车人在同一地即可欣赏全国车辆品牌全貌，便于选购。这是符合中国国情，也是老百姓乐于接受的具有中国特色的有形汽车市场。在一些大城市，汽车交易市场的成交额占到总成交额的一半左右，这说明汽车交易市场在中国目前销售渠道中的地位十分突出。

1. 汽车交易市场的优势

第一，具有多样化的品种选择，可以看到同一价位不同品牌和不同档次的各种车辆。第二，办证方便快捷，交易市场可以同时集中办理横跨十几个部门的各种繁杂手续。第三，场内品牌竞争、价格竞争、服务竞争共处一地，从而促进场内的汽车销售、配件供应、售后服务，并形成了综合的社会效益。第四，大的汽车交易市场能够做到以市场为纽带，发挥整体优势，形成规模效应。为增加市场的汽车交易量提供了可能，使得经销商的运作成本降低，而消费者可以买到更低价格的车，同时可以实现全国范围内信息联网，提供决策依据。

2. 汽车交易市场的劣势

一方面，库存规模大、资金占用多。由于汽车交易市场中聚集了几十甚至上百的汽车经销商，以及其他各种供应商和贸易商，从市场的管理上来说难度较大。另一方面，开放式的自由交易虽然为消费者提供了极大的选择余地，但同一品牌多家经营容易造成价格上的混乱。随着竞争的加剧、渠道的变革，汽车交易市场退出历史舞台只是时间问题，相应地将会被汽车连锁销售的模式所取代。

（三）汽车多品牌超市渠道模式

汽车多品牌超市以多品牌同场经营的模式进行汽车销售，采取走汽车专卖店和交易市场相辅而行的道路。它是一个集产品、服务、诚信相结合的经营模式，与品牌专卖店和汽车交易市场形成良好的互补性，是对汽车营销模式的有益探索。尽管我国现有的汽车多品牌超市经营模式与真正意义上的超市尚不完全一样，但汽车多品牌超市的雏形已经在中国出现。

1. 汽车多品牌超市的优势

第一，节约消费者的时间和精力。它像汽车交易市场一样，集中了市场上较常见的车型，各个品牌、各种档次的汽车，也具有类似的规模效应。第二，节省了社会资源。相对投资巨大的4S店来说，汽车超市占用的社会资源少得多。第三，降低了经营风险。对经销商来说，经营汽车超市投资相对少些，风险要比4S店小，由于经营规模化，让利于消费者可能更多；汽车多品牌超市可以很好地统一经营管理，不会造成价格混乱，减少了汽车交易市场同品牌间无序的价格竞争。

国内首家大型“一站式”汽车超市2004年7月落户南京，它是拥有3.5万平方米的苏宁环球汽车城。该汽车城提出了“4S+1”服务理念。就是在4S品牌店服务的基础上增加苏宁的专业服务，让汽车消费者得到更多的价格实惠和更好的优质服务。这种销售模式成功地对销售资源和客户资源进行了整合。

2. 汽车多品牌超市的劣势

从2005年4月1日起开始实施《汽车品牌管理办法》，按照《汽车品牌管理办法》规定，以多品牌经营为特点的汽车超市今后将无权经营汽车。汽车超市的车源只能来于4S专卖店，失去了价格优势，甚至有的汽车厂商还会限制它的汽车产品进入汽车大卖场或大超市。但近年对汽车超市需求的增加，会吸引实力强大的汽车超市采取变通方式继续坚守。

（四）汽车连锁超市渠道模式

连锁销售会成为主流渠道模式，核心原因在于这种渠道模式很好地适应并满足了中国的消费形式与特点。连锁企业尤其是全国连锁使得其订单量较其他形式的渠道要多，订单量大必然要求生产商为其提供更低的价格或更优惠的车型。连锁企业利用优惠的价格逐步将其他形式的渠道驱逐出市场，从而其销售量进一步加大，销售量的进一步加大又使得连锁企业有更大的实力从生产商处得到更低的价格和更优惠的车型，从而进一步降低汽车价格。

连锁超市定位于中低档车型，这一点与中国汽车的消费特点是一致的：中国汽车增长最快的是经济型以及中档车型，这部分消费者群体对价格较为敏感，连锁超市正好满足了这一点。同时，随着连锁规模的扩大、渠道实力的增强，客观上起到整合汽车生产商的作用。

但这种低成本、低风险迅速发展销售网络的模式也有其局限，第一，不利于制造商控制。与4S店相比，连锁店不便于制造商的直接操控。没有“统一价格”，容易造成连锁分店的价格混乱。第二，需要强大的资金实力。连锁的首要条件是统一采购，一般的连锁总店还没有强大的自有资金或融资实力买断制造商的产品。这样造成连锁企业在制造商心目中的位置排在特约经销商之后。

（五）汽车工业园区营销渠道模式

汽车工业园区是结合中国市场“既集中又分散”的特点，将国外几种渠道模式有机结合，成为集约式汽车交易市场发展的新方向，到 2007 年年底，我国汽车工业园区已发展到近 200 家。汽车园区最大的特点在于功能的多元化，它具有全方位的服务集成功能，把传统的集约型融入现代专卖的渠道模式，以 3S、4S 店集群为主要形式。

目前我国汽车园区还处于起步阶段，从全国已筹建和正在筹建的汽车园区状况来看，离我们理想的概念还有一定的差距，投入相对不足是制约汽车园区设想无法达到预期效果的根本原因。另外，汽车工业园区明显的缺陷是大部分的汽车园区地理位置在郊区，商业氛围比较淡；汽车园区内的品牌专卖店仍然各自为营，没有形成相应的规模优势。

应当注意的是，无论是哪种营销渠道，汽车制造厂商都是汽车产品流通过程中的主导者。一方面，制造商的产品组合情况会影响渠道结构的制定；另一方面，制造商控制分销渠道的能力也是确定渠道结构时必须考虑的因素。

二、汽车物流运输方式

运输是指用设备和工具，将物品从一地点向另一地点运送的物流活动。其中包括集货、搬运、中转、装入、卸下、分散等一系列操作。根据汽车物流运送产品的种类、距离、数量、价格、时效要求等，可以根据实际情况选择船运、铁路运输、公路运输和航空运输四大方式。

目前在我国汽车物流中，最主要的运输方式还是公路运输。对于零部件物流运输，其运输方式的选择主要有以下两种。

（一）直接运输

当供应商单次发货量比较大，能够形成一定的规模数量时，采用直接在供应商处将零部件装载完毕后再直接送到主机厂的运输模式。这种运输方式的特点是能设定更便宜的费用，没有因重新装载而造成的损害，运输时间比较短。

（二）混载运输

混载运输在路径联运上的表现形式是牛奶运输方式和设立中转仓库的形式，在装载形式上的表现是内外制件混载，不同材质的混载。混载运输方式与直接运输方式相比，不足之处是运输费用较高，由于运输地点较多，需要的时间比较长，其优点是能实行小量多厂家运输，能实现中转仓库等干线的长距离运送。优化运输的方式需要在所有的物料流、供应商的分散程度、供应商与主机厂的距离以及供应商的供货数量的基础之上来考虑如何提高装载率和减少空驶率。

直接运输与混载运输示意如图 2－3 所示。

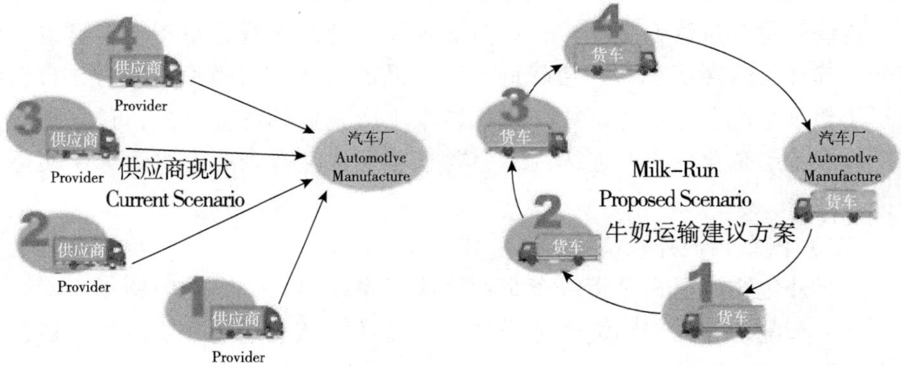

图 2－3　直接运输与混载运输示意

对于整车物流运输，以目前我国汽车整车物流格局，各种不同运输方式在干线运输市场中所在的理想份额应是铁路 55%、公路 22%、水运 23%；铁路、水运合理运量应是目前的 7. 94 倍和 2. 6 倍。

三、汽车物流运作模式

汽车物流是集现代运输、仓储、保管、搬运、包装、产品流通及物流信息于一体的综合性管理，是沟通原料供应商、生产厂商、批发商、零件商、物流公司及最终用户满意的桥梁，更是实现商品从生产到消费各个流通环节的有机结合。汽车整车制造企业物流是以最小的总费用，按用户的需求，将汽车零部件、备件、整车从供应地向需求地转移的过程，具体可分为供应、生产、销售、逆向物流四大部分。总体来讲，我国的汽车物流主要包括自营和外包两种物流模式。

（一）汽车物流自营模式

汽车物流自营模式是指汽车企业自己建立起网络化的现代物流配送体系，自主完成物流相关流程的运作模式。我国现行的主体汽车物流模式是供产销一体化的自营物流，即汽车产品原材料、零部件、辅助材料等的购进物流、汽车产品的制造物流与分销物流等物流活动全部由汽车制造企业完成。制造企业既是汽车生产活动的组织者、实施操作者，又是企业物流活动的组织者与实施者。

在这种模式下，制造商对供应物流、制造物流及分销物流拥有完全的控制权，能够掌握第一手客户信息，有利于改善客户服务和对整个物流进行协调与控制。但是，随着物流业务的不断扩大，供应全球化和电子商务对汽车产品物流的信息化、自动化和柔性化提出了全新的要求。要求制造商具有更加强大的物流实力，不断加大对物流的投入以适应电子商务发展的需要。

这些变化对自营物流而言，不但加重了制造商的资金负担，而且也不能充分发挥分工的经济优势，会降低汽车产品的总体物流效率。同时，自营物流居于整车生产企业自身，往往只从整车生产企业的利益出发，过多地强调保障整个生产企业生产的连续性，会要求零配件生产企业提供远大于实际需要的库存。

（二）汽车物流外包模式

汽车外包物流模式是指汽车企业将物流系统设计、维护、调货、库存管理、装卸和配送等全部物流业务委托于专业的物流公司运作。具体来讲，主要有以下三种运作模式。

1. 物流管理外包

物流管理外包是指企业把部分的物流管理任务分别外包给专业公司进行，某些环节的优化还是需要企业自己的参与。例如，第三方物流企业将其开发设计的物流系统提供给货主企业并承担物流作业活动。

2. 物流作业外包

物流作业外包是指某些较为烦琐的工作外包给第三方进行，但公司要对其进行管理与控制。例如，货主企业自己从事物流系统设计以及库存管理、信息管理等理性工作，而将货物运输、保管等具体的物流作业活动委托给第三方物流公司。比如，整车生产商可以从事物流系统设计，而零配件的采购配送、整车的配送以及保管交给第三方物流公司来完成。

3. 完全外包

完全外包是指公司的规模较小，无法承担业务以外的工作，全部供应链管理任务由唯一的专业物流公司承担，企业完全集中精力于核心领域的管理中。这种情况一般是由第三方物流企业站在货主企业的角度代替其从事物流系统设计，并对系统营运承担责任。

四、汽车物流配送模式

汽车物流的核心在于配送，要解决中国汽车厂商的困惑，我们必须发展适合我国国情的汽车物流配送。在我国汽车行业物流配送发展的过程中，汽车行业物流配送的主要模式有市场配送模式、合作配送模式和自营配送模式，其中市场配送模式是我国汽车行业的主流配送模式。

（一）市场配送模式

所谓市场配送模式就是专业化物流配送中心和社会化配送中心，通过为一定市场范围的企业提供物流配送服务而获取盈利和自我发展的物流配送组织模式。具体又有以下两种情况。

1. 公用配送模式

公用配送，即面向所有企业。如上海国际汽车物流（码头）有限公司由上海汽车工业（集团）总公司、邮船株式会社（NYK）和上海港务局合资组建。该合资公司借助世界上最大的汽车船运企业之一——邮船株式会社丰富的汽车运输管理和码头运作经验以及高新技术，加上上汽集团的雄厚实力以及管理着世界上第四大集装箱港口的上海港务局的倾力支持，明确提出了要打造世界一流的现代化汽车物流企业，以满足飞速发展的中国汽车业需要，为中国汽车业提供卓越的物流服务。

2. 合同配送模式

合同配送，即通过签订合同，为一家或数家企业提供长期服务。这是中国汽车行业最广泛的一种物流配送模式。如上汽集团与荷兰 TPG 集团下属的 TNT（天地）物流公司合资组建的安吉天地汽车物流有限公司。这家汽车物流公司向上海大众、上海通用等国内汽车制造厂家提供物流服务，并为其在整车物流、零部件入厂以及售后物流等方面提供一体化、网络化的物流管理方案。

（二）合作配送模式

所谓合作配送模式是指若干企业由于共同的物流需求，在充分挖掘利用各企业现有物流资源基础上，联合创建配送组织模式。如美国总统轮船（APL）公司的姊妹公司美集物流（APLL）公司与中国三大企业集团——民生实业有限公司、西南兵工万友集团及长安汽车集团合资组建了重庆长安民生物流有限公司，在重庆经济开发区北部科技园区建造占地 80 亩的现代化仓储配送中心，负责提供汽车及零件的物流配送服务和该区域内其他生产企业的物流配送服务，主要客户有长安、福特以及铃木等。

（三）自营配送模式

所谓自营配送模式是指生产企业和连锁经营企业创建完全是为本企业的生产经营提供配送服务的组织模式。选择自营配送模式的企业自身物流具有一定的规模，可以满足配送中心建设发展的需要。如上汽集团自有的安吉物流，也具有一定的规模。但随着电子商务的发展，这种模式将会向其他模式转化。

五、汽车物流作业管理

汽车是大工业生产的标志，汽车物流也是衡量我国汽车产业综合实力的标志之一。汽车物流管理是为了实现既定的物流目标，提高汽车产品分销的效率与速度，而对物流系统进行的计划、组织、监督与调节的过程，根据汽车物流环节，可以分为入厂、整车及售后作业管理几部分。

（一）入厂物流管理

汽车公司零件结构复杂，只有对零件进行分类管理才能更有助于降低物流成本，控制入厂时间节点，提高入厂操作效率和保持供应链的稳定。

进口零件是指由国外采购并发运至国内港口的。其零件价格高，且由于路途遥远，清关手续繁杂，所以一旦有异常情况应急方案成本很高，如果短错装或质量不合格等异常状况超出预计，但是又由于订货前置时间过长和国外生产商的生产理念不同，甚至会出现因断供而停产的情况。所以，在对进口零件的管理上汽车公司应严格执行流程，确保稳定供应。

国产零件虽然平均零件价格低于进口零件，但是依然是入厂操作中的重点。近年来，由于市场竞争的日益激烈和我国汽车零部件配套制造水平的提高，汽车制造企业的产品国产化率逐年提高，新车型的国产化率高达70%以上。国产化率的提高意味着国产化零件种类、数量的增大，供应商厂家数量的增多，国产化物流过程也越来越复杂。结合国产零件供应商的分布特点，为了精益操作和降低物流成本，汽车公司进一步按国产零件的特点分为两类进行管理，即国产通用零件和国产排序零件。

国产通用零件供应商数量多，地理分布离散，交货分散，必须通过统一操作才能提高效率，降低成本和更好地控制入厂操作的稳定。汽车公司应对其自行主导操作，通过第三方物流供应服务的采购，采取循环取货的方式，达到将区域偏远的零部件供应商的离散分布统一为精益稳定的入厂供应。

国产排序零件很多都有体积大、容易损坏和操作专业性强的特点，而且需要占用较大的操作场地来进行仓储、拣选和排列顺序，则汽车公司应采取由供应商负责直供上线的入厂操作模式，即供应商负责零件生产、排序并运输至生产线边的所有操作。这样，降低了零件入厂操作的搬倒次数，减少了零件的损耗，而且降低了工厂内对零件操作所需要的面积。

（二）整车物流管理

汽车整车物流（Vehicle Logistics，VL）是指以汽车整车作为物流服务对象，按照客户订单对交货期、交货地点、质量保证等要求进行快速响应和准时配送。目前，国内的汽车市场正面临着消费需求多样化、市场份额竞争激烈、市场环境不可预测三大挑战。汽车制造企业采取提高消费者满意度、降低汽车生产成本以及柔性生产三大措施进行应对。这些措施在不同程度上取决于汽车整车物流这一沟通汽车生产企业、经销商、物流公司及最终让用户满意的桥梁。具体来说，汽车整车物流管理，需注意以下几点。

1. 构建合理运作模式——第三方物流运输外包

从汽车制造企业获得效益的角度分析，通过第三方物流不但可以降低汽车整车物流成本，而且可以减轻制造企业的边缘业务压力的影响，将主要精力放在汽车研发和制造等核心技术上，提高企业的市场竞争力。另外，从汽车整车物流运输效率和服务质量的角度分析，第三方物流企业不但可以发挥其汽车整车物流规模化、专业化的运输特点，而且可以最大限度地整合国内各大汽车品牌整车货源，形成对流运输，节约运输资源，实现社会效益最大化。因此，对于汽车整车这一比较简单（相对零部件物流）且又长途化运输较多的业务来说，选择第三方物流外包是比较明智的选择。

2. 选择合适运输方式

在欧美发达国家，铁路运输处于汽车整车物流的支柱地位。21 世纪初，美国铁路运输汽车整车所占市场份额已经达到 70%。随着我国汽车生产规模的迅猛发展，以及销售市场向内地快速扩展，以公路、水路为主导的运输模式，已经不能满足汽车整车物流的需求。因此，需根据各种运输方式特点进行合理选择，并大力推进多式联运方式来保证汽车整车物流链的畅通和安全。

3. 合理构建汽车整车物流基地网络

在各大汽车生产基地、港口码头、区域分拨中心、销售中心等地区建立物流基地，在国内形成合理的汽车整车物流基地网络布局，实现汽车整车物流采用铁路、公路、水路运输的高效衔接，为汽车整车物流资源整合提供支撑体系。物流基地的分布应从三个方面构建：一是对运输网络节点的合理布局；二是配置合理的物流通道；三是运输网络节点与物流通道、不同运输方式的有效衔接。

（三）售后物流服务完善

整车利润越来越低使整车厂家开始逐步重视售后市场，但是，从目前情况来看，国内汽车售后市场仍处于开局阶段。以国外整车制造与售后服务市场份额比例约为 1∶1.5 为参照，目前中国售后市场远远不能与整车市场的发展相匹配。售后市场的空间会随着整车产销量的增长而增长，因此，国内汽车售后市场还有待开掘，售后服务市场将成为中国汽车制造业价值链中的第二桶金。具体来讲，完善售后物流管理需做到以下几个方面。

第一，打破企业内部界限和外部界限，建立广泛合作的售后零件服务体系。并且根据实际情况，使企业自身在售后服务供应链中扮演关键的角色，甚至是领导者的角色。

第二，提高售后零件的预测水平，做好售后零件需求的科学预测的目标是合理储存各种售后零件的数量。企业要积累各地区在用汽车的车辆数、地区使用特点、汽车行驶平均里程、各种零件的历史消耗等资料，采用科学的预测方法，认真测算各种零件的合理储存规模。

第三，考虑第三方物流服务商，充分利用他们的业务专长和管理办法，以及企业所不具备的基础设施，有效管理供应商的供货和服务于客户的需求，加快库存周转，减少缺货，按时交货，提高满足率。这样的售后零件物流管理才可以带给企业更多的客户和利润。

第四，整合各个环节的售后服务和售后零件物流管理数据，提高售后零件计划和执行的自动化程度，通过引入售后零件管理系统，与企业资源计划（ERP）、物料需求计划（MRP）集成起来，有效地实现售后零件物流业务操作和管理的现代化。

六、物流中心运作管理

由于整车储运物流在我国发展得比较早，市场化运作水平高，资源共享能力强，问题并不显得很突出。而各汽车公司的零部件入厂物流，特别是零部件配送中心建设的理论研究和实践经验均比较有限，成为各大汽车集团公司物流整合的重点。汽车物流中心，根据其作用不同，主要有以下几种。

区域配送中心（Regional Distribution Center，RDC），是近年来一种极为重要的物流运作模式。对于汽车行业来说，区域配送中心是指以较强的辐射能力和库存准备，将多种零部件进行分装、存储、排序、流通加工和信息处理等作业，根据主机厂的生产需求进行配送的设施。RDC 作用：①及时、准确地将物料配送至主机厂，确保正常生产；②降低物流成本，提高物流效率；③使仓储、包装、加工、配送等物流环节专业化；④同其他基础设施一样，带动地方经济发展。

物流集散中心（Consolidation Center，CC），是物流系统化中物流网络体系的节点，是物流基本功能充分表现的场所，实现普通货物集散的基本物流作业过程，需要相应的物流基础设施、设备。CC 主要负责对各供应商产品进行集中操作（翻包、打包等），根据主机厂生产计划进行整合配比发车，运往 RDC，再由 RDC 组织配送运输活动。避免由供应商直供 RDC，给 RDC 造成较大空间压力，加大库存量控制难度。

排序中心：根据主机厂生产计划及物料需求，将混线生产的零件或选配零件排序，减少生产线线旁缓冲区物料存储。

集装箱堆场（Container Yard，CY）：是指货物到港后，主要为将要缴纳滞箱费的进口零部件提供临时存储的场所。在该场所中，都可根据客户要求，按照一定的费率，提供除零件存储以外的其他服务。

滞箱费（Container Demurrage）：为保障集装箱的流通顺畅，避免集装箱被占压，集装箱的拥有者为集装箱使用者规定了时限，在这个时限内，货物占用集装箱可免费，超过这段时间，货物占用集装箱所需支付的定额费用。

整车分拨中心（VDC）：主要功能是负责商品车下线后的检查并按计划发运至全国各 VSC；或直接向周边区域的经销商进行车辆配送。VSC 的主要功能是接收从各 VDC 运至的商品车，并按照计划将商品车发运至经销商。

一般来讲，汽车物流中心作业流程如图 2－4 所示。

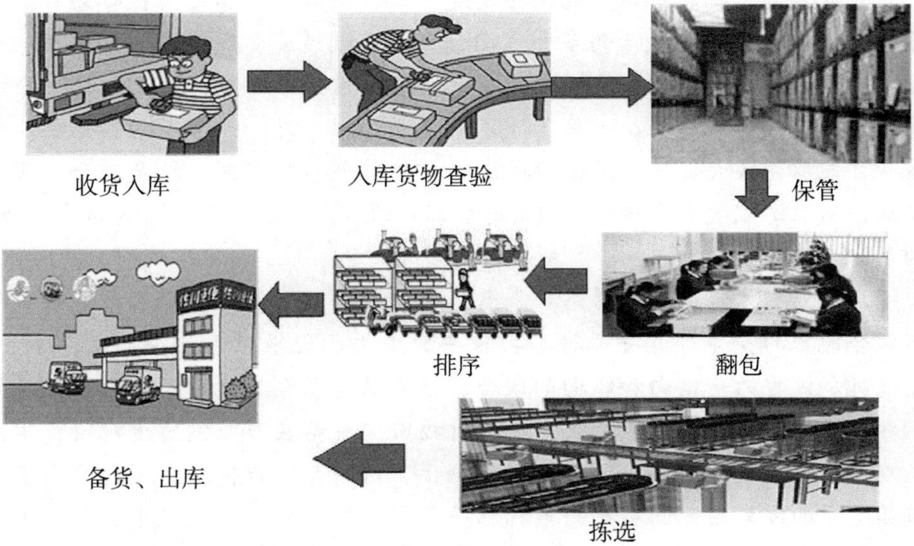

图 2－4　汽车物流中心作业流程

本章小结

汽车产业的强大是一国经济实力、技术能力的一个重要标志。而其配套物流的发展对于把汽车行业培育为支柱产业，大力促进汽车行业乃至相关产业的发展具有重要的意义。本章基于对汽车概念和分类、基本构造及工艺、产业分布、行业发展历程及现状趋势的基础上，对汽车物流的概念、特点、发展历史、现状以及趋势进行阐述，并针对汽车物流在物流运输、物流配送和物流运作模式以及汽车物流作业、物流中心运作等方面进行了分析，对汽车物流的核心内容进行了有效阐述和说明。

案例分析

福田的物流发展新思想

随着中国物流业的对外开放，外资物流企业的强势涌入，国际竞争日益加剧，中国物流企业如何才能在微利时代节约成本实现利润最大化？福田汽车对此提出了令人耳目一新的理论。福田根据之前提出的“链合创新”的概念，特别提出了薪新的“按需创新”发展思路。

福田汽车认为，“链合创新”的思想就是联合上游企业共同进行研发，生产出符合市场需要的产品。现代物流是一个以供应链一体化为核心的社会大系统，涉及社会经济生活的多个方面，涵盖了制造业、运输业、邮政业、仓储业、会展业、装配业、流通加工业、电子通信业等多个产业，任何一个企业都不可能孤立地存在，只有上下游同心协力，打造一个完整的生态链，物流业才能取得较大突破。而福田提出的“按需创新”思想，就是链合上下游企业，从上游端的生产研发，到下游端客户的客户，以“价值”为链合重点，为客户创造价值。

从目前整体市场竞争的态势来看，企业与企业之间的竞争已经变成了价值链合能力的竞争，过去那种单打独斗的方法已经很难再让企业生存下去，企业更加注重的是横向和纵向的联合，强调的是整合的能力，是对资源的协调和运用的能力。物流界的业内人士对福田这种站在产业链角度对待竞争的态度给予了高度评价，普遍认为：协调上下游关系，是借助上下游的力量以群体竞争的方式拒绝低层次的单打独斗，中国物流业需要的正是这种上下游之间的整合，这对于整个物流产业发展速度的提升和产业规模的扩大都具有重要的现实意义。

根据产业链理论，福田提出了“按需创新”的新发展思路。福田汽车副总经理王向银说：“现在，行业与行业之间的界限变得模糊，行业与产业之间不再是以产品为划分依据，而是以客户和客户需求为依据。在未来，福田将成为提供整合服务的汽车企业。”福田认为，作为物流业的紧密上游企业，不仅要了解客户的需求，还要了解客户的客户的需求，真正想客户所想，为客户带来价值。“按需创新”理论就是根据市场需求进行指向性明确的创新活动，这样既满足了物流企业的个性化需求，还能有效规避风险。福田表示，将逐步满足物流业在机械化、自动化和信息化等方面提出的新需求。

现代物流是市场经济的产物，也是市场经济高度发达的标志。在市场不发达的各自为战阶段，物流业所面临的新需求新困难只能由自己解决；而在现代化大物流阶段，物流业所面临的新问题是如何让整个生态产业链完整和健全。与此相对应，汽车企业不单单是一个运输工具的生产厂商，它有责任整合整个社会和行业的资源，为物流企业提供更精准、更有价值的服务，为物流企业提升核心竞争力提供支持。业内人士认为，福田作为长期服务于物流业的企业，是一个具有高度社会责任感的企业，其自身的使命与中国物流的发展相辅相成，不仅为物流企业提供整体的解决方案，而且把物流企业客户所面对的问题完全看成是自己理应解决的问题。

作为在商用车领域领先的福田，和中国的物流业共同走过了十年，180 万辆商用车活跃在中国的各行各业，可以说，中国物流业的发展福田功不可没。凭借十年来对中国物流企业的了解和熟悉，凭借企业的实力，福田担当起了“链合创新”“按需创新”的领头人。

（资料来源：http：//www. chinawuliu. com. cn/xsyj/201602/02/309274. shtml）

问题：

1. 你认为福田为什么要提出“链合创新”“按需创新”？

2. 试描述一下汽车完整的生态产业链包含哪些内容？其中物流的作用是什么？

第三章　医药行业物流管理

导入案例

据商务部市场秩序司相关负责人透露，目前中国邮政、顺丰与 UPS（美国快递公司）三家物流企业已经陆续进入医药物流市场，待拿到相关“通行证”后，三家公司将正式切入第三方物流企业。与此同时，2014 年 8 月，媒体也报道了国内医药物流巨头企业九州通打算成立单独的物流公司，除了承接集团自身的医药物流配送业务之外，还将承接第三方医药物流配送业务，一时间，第三方医药物流市场趋热。

问题：

1. 你认为中国邮政、顺丰与 UPS 三家物流企业为什么要进入医药物流市场？

2. 医药物流作业的核心内容有哪些？

第一节　医药行业基本情况概述

一、医药行业的概念及特征

（一）医药行业的概念

医药行业是我国国民经济的重要组成部分，是传统产业和现代产业相结合，第一、第二、第三产业为一体的产业，是传统产业与现代产业的结合。医药行业不但与人们的生命健康息息相关，而且是国民经济的重要组成部分，在各国的产业体系和经济增长中都起着举足轻重的作用。

医药行业分为医药制造业和医药商业，其产业链结构为：医药产品研究与开发—医药产品生产制造—医药产品流通交换—医药服务与医药产品交换。

医药制造业作为国民经济行业分类（GB/T4 754—2002）中的大类行业，

包括化学药品原药制造业、化学药品制剂制造业、中药饮片加工业、中成药制造业、兽用药品制造业、生物生化制品的制造业、卫生材料及医药用品制造业共七类行业。医药制造业的行业分类及主要产品如表 3－1 所示。

表 3－1　　　我国医药制造业的行业分类及主要产品

代码	类别名称	定义	主要产品
27	医药制造业		
271	化学药品原药制造业	指供进一步加工药品制剂所需的原料药生产	包括：制药用化学物质的制造，如抗菌素、内分泌品、基本维生素、磺胺类药物、水杨酸盐和水杨酸酯、葡萄糖和生物碱等原料药；化学纯糖 不包括：血和血浆等血液制品的生产
272	化学药品制剂制造业	指直接用于人体疾病防治、诊断的化学药品制剂的制造	包括：片剂、针剂、胶囊、药水、软膏、粉剂、溶剂等各种剂型的药品；放射性药物 不包括：中成药制造、动物用药制造、生物制品和生化药品的制造
273	药饮片加工业	指对采集的天然或人工种植、养殖的动物和植物中草药进行加工、处理的活动	包括：各种中药材经过加工、炮制后形成的中药饮片；其他提取中药的加工
274	中成药制造业	直接用于人体疾病防治的传统药的加工生产	包括：用中药传统制作方法制作的各种蜜丸、水丸、冲剂、糖浆、膏药等中成药；用现代制药方法制作的中药片剂、针剂、胶囊、口服液等；专作治病的药酒
275	兽用药品制造业	指用于动物疾病防治医药的制造	包括：动物用化学药品、动物用抗生素、畜禽疫苗、中草药；饲料药物、水产养殖用药物等 不包括：饲料添加剂（促生长剂）的生产
276	生物生化制品制造业	指利用生物技术生产生物化学药品、基因工程药物的生产活动	包括：基因、细胞、酶、发酵工程药物、基因工程疫苗、新疫苗、菌苗；药用氨基酸、抗生素、维生素、微生态制剂药物；血液制品及代用品；诊断试剂；血型试剂、X 光检查造影剂、用于病人的诊断试剂；动物肝脏制成的生化药品

续 表

代码	类别名称	定义	主要产品
277	卫生材料及医药用品制造业	指卫生材料、外科敷料、药用包装材料以及其他内、外科用医药制品的制造	包括：外科敷料、药物填料：橡皮膏、药棉、绷带等；用于牙科医治的黏合剂、固化材料、生物材料、牙科用充填材料、正畸材料、印模材料、研磨材料等；外科及牙科用无菌吸收性止血材料；骨折用绷带、肠线和其他手术缝合线；明胶制装药用胶囊等；医用高分子材料及制品的制造 不包括：医用纱布的制造，玻璃安瓿、药水瓶等医疗卫生用玻璃器皿的生产，药用铝箔的生产，药用包装复合膜的生产，牙医配的假牙、人工器官等制造，医用橡胶制品制造，医用塑料制品制造

医药流通的一般渠道可分为两个环节，一是批发环节，二是零售环节。药品市场的流通渠道，也是由生产商通过批发商销售给零售商（包括医院药房）。但由于医药不分家，中国药品流通领域有三个环节：药品批发环节、药品零售企业和医院门诊药房。其中，医院门诊药房作为特殊的、具有垄断地位的零售环节，占据了80%以上的药品零售市场份额。这一状况极大地影响了药品流通渠道的发展。新医改试点改革启动以来，不少地区开始使用“药房托管”模式，医院门诊药房的重要性略有下降。

（二）医药行业的特点

1. 高技术

医药制造业是一个多学科先进技术和手段高度融合的高科技产业群体。20世纪70年代以来，新技术、新材料的应用扩大了疑难病症的研究领域，为寻找医治危及人类疾病的药物和手段发挥了重要作用，使医药产业发生了革命性变化。

2. 高投入

医药产品的早期研究和生产过程GMP（药品生产质量管理规范）改造，以及最终产品上市的市场开发，都需要资本的高投入。尤其是新药研究开发（R&D）过程，耗资大、耗时长、难度不断加大。目前世界上每种药物从开发到上市平均需要花费15年的时间，耗费8亿～10亿美元。美国制药界在过去的20年间，每隔5年研究开发费用就增加1倍。

3. 高风险

从实验室研究到新药上市是一个漫长的历程，要经过合成提取、生物筛选、药理、毒理等临床前试验、制剂处方及稳定性试验、生物利用度测试和放大试验等一系列过程，还需要经历人体临床试验、注册上市和售后监督等诸多复杂环节，且各环节都有很大风险。一个大型制药公司每年会合成上万种化合物，其中只有十几、二十种化合物通过实验室测试，而最终也可能只有一种候选开发品能够通过无数次严格的检测和试验而成为真正的可用于临床的新药。目前，新药研究开发的成功率还比较低，美国为1/5000，日本为1/4000。即使新药研发成功、注册上市后，在临床应用过程中，一旦被检测到有不良反应，或发现其他国家同类产品不良反应的报告，也可能随时被中止应用。

4. 高回报

药品实行专利保护，药品研究开发企业在专利期内享有市场独占权。由于药品研究开发的高额投入，制药公司一旦获得新药上市批准，其新产品的高昂售价将为其获得高额利润回报。目前一些世界大制药企业的营业利润率平均值达22%之多（一般行业的营业利润率达到10%就相当高了）。在医药行业营业利润率排名前10位的企业中，最低的也达到15%以上，最高的将近40%。

5. 相对垄断

医药制造业从根本上说，是被以研究开发为基础的大制药公司所垄断，并且这种垄断有进一步加强的趋势。全球药品市场依然主要集中在美、欧、日，但新兴市场日益受到关注。据普华永道发表的一篇报告认为，被称之为"E7集团"的七个最大的新兴市场经济国家（巴西、中国、印度、印度尼西亚、墨西哥、俄罗斯和土耳其）在2020年的医药市场份额将占全球总额的1/5。

6. 行业周期性较弱

医药产业与生命科学密切相关，很难说存在成熟期，是永远成长和发展的产业。由于药品的需求弹性较小，医药行业与宏观经济的相关度较小，在经济萧条时期也能够保持较快的增长速度。可以说，医药行业是典型的非周期性行业，具有较强的抗御风险能力。在过去几年中，医药行业收入的复合增长率达20%以上。即使在金融危机冲击下，医药行业仍然保持较稳的增长态势。

我国制药业长期以来以仿制药物为主，自主研发实力不强，新药研究开发投入较少，利润回报、风险性等产业特征也相应表现得不如世界发达国家制药业那样突出。但随着医药产业国际化进程加快，我国医药制造业在自主开发、知识产权保护的发展道路上，对产业特性的感受将会越来越强烈。

二、医药行业整体发展情况

（一）全球医药行业发展概况

近年来，全球医药市场规模保持平稳增长。根据 IMS Health（艾美仕市场研究公司）的预测，从 2012 年到 2017 年，全球医药市场将以 5.3% 的年均复合增长率持续扩张。并在 2017 年达到 1.24 万亿美元的市场规模。

在高收入国家中，随着大量专利到期以及仿制药的广泛运用，药品消费支出（特别是在慢性病治疗领域）的增速显著下降。

新兴市场呈现出较快的增长势头。在人均国民收入低于 2.5 万美元/年的国家中，不断增长的诊疗率、疾病负担从急性病逐步转为慢性病、政府不断扩大医疗服务及保障的覆盖范围等因素将进一步驱动药品消费的快速增长。根据 IMS Health 的预测，东南亚和东亚、拉丁美洲、非洲、南亚等新兴市场年均复合增长率预计将超过 10%，成为全球医药行业的主要驱动力量。

（二）我国医药行业发展概况

2001 年以来，我国医药工业总产值保持高速增长，已经成为全球最大的新兴医药市场。根据南方所统计，中国七大类医药工业总产值在“十一五”期间复合增长率达到 23.31%。受到经济结构转型等多重因素的共同影响，我国医药工业总产值增速有所放缓，2015 年同比增长 15%，销售收入和利润总额分别增长 13% 和 11%。尽管近两年医药工业总产值的增速有所放缓，但随着医疗体制改革的持续推进，社会保障体系和医疗卫生体系框架建设基本完成，政府投资建设重点从大中型医院向社区医院、乡村医院转变，国家对卫生支出的比重继续攀升，改革红利为医药市场提供了新的增长空间。同时，考虑到我国经济的持续增长和人均收入水平的提高、人口老龄化的加快、城镇化水平的提高、疾病图谱变化、行业创新能力的提高以及医保体系的健全等因素的驱动，预计未来我国医药产业仍将保持快速增长。

近年来，我国化学药品制剂医药工业总产值呈现平稳增长趋势，从 2006 年的 1501 亿元增长到 2014 年的 6666 亿元，年均复合增长率为 20.49%。2013 年和 2014 年同比增幅分别为 13.35% 和 12.39%，增速出现了一定程度的放缓。尽管近年来化药制剂行业的增速小幅放缓，但随着我国医药工业总产值的稳步增长，未来有研发实力、品种等优势的制剂研发及生产企业，将通过自主研发、创新仿制等战略转型在竞争中保持领先。

（三）整体格局及市场化程度

与国际市场相比，我国医药行业目前整体仍呈现出一定“小、散、乱”

的特征，部分制药企业存在规模偏小、研发投入不足、核心竞争力缺乏等问题，低水平重复建设现象比较严重。尽管在各环节受到政策的严格监管，但我国医药行业市场化程度较高，竞争充分。

经过几十年的行业积累，在我国已经逐渐形成了一批具备一定科研能力，拥有先进的管理和生产经验的优秀制药企业。随着监管及市场环境的变化，拥有较强技术研发实力的企业的潜力将进一步释放，技术水平较低、研发能力弱的企业的市场可能在新的市场环境中被淘汰，市场进一步向优势企业集中。

三、医药制造业发展情况及趋势

医药制造业的主要监管机构包括国家食品药品监督管理总局及其地方各级机构、国家卫生和计划生育委员会、国家发展和改革委员会及人力资源和社会保障部，上述机构在各自职责范围内对公司所从事的业务实施监督管理。

（一）医药制造企业经营模式

1. 特许经营模式

根据相关法律法规，我国制药行业属于特许经营行业。医药企业从事药品生产业务须获得监管部门颁发的药品生产许可证、GMP 证书及药品注册批件等；从事药品经销活动须获得药品经营许可证、GSP 证书等。

2. 研发模式

研发是制药行业企业的立足之本。制药行业的研发具有投入大、周期长、风险高的特点。新药从研发伊始至上市需要经历药品筛选、工艺开发、体外实验研究、动物实验研究、临床研究、批准生产等多个环节。其中，仿制药的研发申报可以用生物等效性实验研究来取代临床研究。

从资源组织方式看，制药行业的研发模式包括自主研发、委托研发、合作研发三大类。从研发策略看，包括创新药研发、创新仿制、简单仿制三种类型。创新药指从未上市的药品，具有全新的化学结构；创新仿制药，又称改良型新药，指在已知活性成分的基础上，对其结构、剂型、组方、处方工艺、给药途径、适用症等进行优化，且具有明显临床优势的药品；仿制药指与原研药品具有相同的活性成分、剂型、给药途径和治疗作用的药品。创新药的研发周期最长、风险最高，在一定阶段内有垄断优势、收益最大；创新仿制药成功率较高，难度相对低于创新药，是我国药物创新研发的主要方向；我国是仿制药大国，竞争激烈，但其中首仿药具备显著优势。

从监管模式看，我国长期实行的是药品注册与药品生产许可捆绑的管理模式。我国的药品审批审评制度自 1987 年开始实施，当时产业基础较为薄弱，为便于生产质量监管，我国仅允许具备生产资质的生产企业申请取得药品批准文号。随着我国药品产业的快速发展，以及药品监管理念制度的不断进步，该管理制度的弊端逐渐出现。在该规定下，药品研发机构往往只能通过技术转让一次性获得收益，难以深度参与到药品生产、销售的产业化收益分配，不利于鼓励药物创新；若研发机构须进一步参与产业化分配，须投资建设生产线，不利于资源优化配置。而欧美、日本等制药发达的国家和地区通常采用的是药品上市许可持有人制度，将药品上市许可与生产许可相分离，形成研发与生产的专业分工，优化资源配置、提高产业效率。

随着行业发展，我国监管政策日趋鼓励研发创新，进一步向国际接轨。2015 年 11 月，十二届全国人大常委会第十七次会议授权国务院在北京、天津、河北、上海、江苏、浙江、福建、山东、广东、四川十个省、直辖市开展药品上市许可持有人制度试点。2016 年 6 月，国务院办公厅发布《药品上市许可持有人制度试点方案》（国办发〔2016〕41 号），在试点区域内，允许药品研发机构或者科研人员申请人取得药品上市许可及药品批准文号，并自主生产或委托具备药品生产资质的第三方生产，并自行开展销售。在该制度下，药品研发企业无须建设生产线，即可申请药品批准文号，对产品具有自主权，最大化地获得药品产业化收益。该制度的试行对鼓励我国药品研发、促进研发和生产的专业化分工具有重大积极意义。

3. 生产模式

我国制药行业采取特许生产的模式，即企业及其生产线、产品分别取得药品生产许可证、GMP（药品生产质量管理规范）认证、药品批准文号后方可生产药品。制药企业的生产模式可分为自主生产、委托生产两种。其中，委托生产要求委托方及被委托方均具备合法药品生产资质。在药品上市许可持有人制度下，研发企业取得药品批准文号后，可委托具备资质的药品生产企业生产批准上市的药品。

4. 销售模式

药品经营企业须取得药品经营许可证、GSP（药品经营质量管理规范）认证后方可从事药品销售及配送业务；医疗机构或药店是药品销售终端，医疗机构销售处方药为主、药店销售非处方药为主；病人在医生的指导下选择并购买药物；药品支付方为国家社保基金、商业保险公司或个人。

依据医药生产企业与医药经销商的关系、学术推广完成的方式、各自在销售过程中起到的作用，处方药销售模式可以分为总经销制、区域经销制、医药生产企业整体推广制三类。三者的区别主要在于终端学术推广及销售的责任主体不同。总经销制由总经销商完成学术推广及销售，生产厂商基本不参与；区域经销制由区域经销商在生产厂商的指导下完成学术推广及销售；生产企业整体推广制由生产厂商依靠自有团队完成学术推广及销售。

（二）行业现状特点

1. 技术现状及特点

我国现已成为全球化学原料药的生产和出口大国，也是全球最大的化学药制剂生产国。但是，医药行业属于技术密集型产业，我国医药产业起步晚、基础差，整体技术水平与国际成熟市场有较大差距。化学制药行业对技术水平要求较高，化学创新药开发需要投入大量资源，具有高投入、高风险、高收益和周期长的特点。化学药品的生产需符合严格的技术标准，对生产设备、工艺流程的要求较高。目前，国际领先的化学制药企业掌握着先进的化学合成工艺，具备较强的专利优势和技术优势，创新药基本由其垄断，凭借专利保护在较长时间内保持技术领先。

我国化学制药起步较晚，仍以低水平仿制为主，研发创新能力亟待提高。经过多年积累及投入，我国建成了覆盖临床前研究、临床研究、制备工艺产业化的研发技术体系，部分平台标准规范已能与国际接轨，自主创新能力有一定程度增强。特别是近年，国家出台药品上市许可持有人试点制度、改革药品审评审批流程、招标定价端向创新型高质量产品倾斜等，多管齐下，大力鼓励制药企业提高创新水平。我国化学制药行业将从简单仿制向创新仿制战略转轨。

2. 行业的周期性、区域性或季节性

制药行业作为需求刚性较为明显的行业，属于弱周期性行业，与经济周期关联度较低，也不存在明显的季节性特征。在我国，受元旦、春节等节假日影响，制药企业第一季度的药品销售一般显著低于其他季度。医药行业与地区经济发展水平有一定相关性，经济发达地区支付能力较高，对药品及医疗服务需求更旺盛。

3. 市场供求状况及利润水平

我国药品行业市场供需状况保持稳步增长。在供给端，医药工业规模逐年扩大，制药企业、药品经营企业、医疗机构、药店等企业产能增加，新的治疗手段、经济的仿制药产品不断推向市场，满足了不同类别患者的多元化医疗需求。在需求端，随着民众支付能力提升、健康意识的增强、医疗保险扩容、人口老龄化进程，大众医疗需求持续增加。

在供需两端拉动下，我国医药制造业利润水平稳定增长。2015 年医药制造业主营业务收入 25537. 10 亿元、同比增长 9. 10%；利润总额 2627. 30 亿元，同比增长 12. 90%，行业利润率同比有所提高。未来我国人口数量的增长、老龄化进程的加快、医保体系不断健全等有利于行业发展的积极因素依然持续；药品审评审批制度将实施改革，产品注册获批的效率有望进一步提升；健康服务业快速发展，互联网向医药行业渗透，精准医疗等新型医学技术发展迅速，将为医药市场增添新的活力。因此，我国医药行业的利润水平将在有利的发展环境下继续保持稳定增长。

（三）行业发展趋势及影响因素

1. 制药行业发展趋势

经过数十年的积累，我国已形成一批具备较强技术实力、能力全面、利润规模较大的企业。行业将从低水平重复建设逐渐向创新型方向发展。同时，随着人口老龄化及城市化进程的推进，慢性疾病治疗市场的规模将进一步增大。

2. 影响行业发展的有利因素

（1）国民经济持续发展与人口老龄化趋势，促进医药需求增长

作为医药产业发展的经济基础，我国国内生产总值和人均可支配收入的持续增长，进一步释放了人民群众日益提升的健康需求。《中国人口老龄化发展趋势预测研究报告》指出，中国是世界上老年人口最多的国家，占全球老年人口总量的1/5。2010年第六次全国人口普查结果，我国65岁及以上人口为1.19亿人，占8.87%，同2000年第五次全国人口普查相比上升了1.91%。根据国家统计局数据，截至2013年我国65岁及以上人口总数已经超过1.31亿。人口老龄化的日趋严重将直接导致我国药品消费需求的大幅提升。我国目前已成为全球药品消费增速最快的地区之一，并且有望在2020年以前成为仅次于美国的全球第二大药品市场。

（2）医药卫生体制改革促进医药市场持续扩容

深化医药卫生体制改革要求逐步建立覆盖城乡居民的公共卫生服务体系、医疗服务体系、医疗保障体系和药品供应保障体系，形成“四位一体”的基本医疗卫生制度，为群众提供安全、有效、方便、价廉的医疗卫生服务，这将进一步扩大消费需求和提高用药水平。《中共中央关于制定国民经济和社会发展第十三个五年规划的建议》提出推进健康中国建设，实行医疗、医保、医药联动，建立覆盖城乡的基本医疗卫生制度和现代医院管理制度。优化医疗卫生机构布局，健全上下联动、衔接互补的医疗服务体系，完善基层医疗服务模式，促进医疗资源向基层、农村流动。在未来，广大农村市场和城市社区医疗机构将承担80%人群的基本医疗保障任务，基层医疗的崛起为药品市场的发展提供了良机，未来几年覆盖基层医疗的药品市场规模将呈现快速增长的趋势。

（3）政策环境有利于药品研发创新活动

近年来，为了改善我国医药创新研发的环境，国家相继出台多种类型的政策，鼓励药品企业创新研发，提高药品质量。在药品注册环节，我国改革药品注册审评审批制度，加快药品审评速度，特别是创新型药品的审评速度；开展临床核查，提高药品研发的规范性，降低低水平重复建设。在生产环节，强制推行新版 GMP 认证，在 2015 年 12 月 31 日前未通过新版 GMP 认证的企业不得开展生产。在流通环节，在药品招标中向国产创新型产品倾斜。

2016 年 5 月 26 日，国务院办公厅发布《药品上市许可持有人制度试点方案》。药品上市许可持有人制度是欧洲、美国、日本等制药发达国家和地区在药品监管领域的通行做法，该制度采用药品上市许可与生产许可分离的管理模式，允许药品上市许可持有人（药品上市许可证明文件的持有者，即药品生产企业、研发机构或者科研人员）自行生产药品，或者委托其他生产企业生产药品。上市许可持有人制度与国际接轨，有利于药品研发机构和科研人员积极创制新药；有利于产业结构调整和资源优化配置，促进专业分工，提高产业集中度，避免重复投资和建设；为研发型机构专注于研发活动的同时可进一步参与到药品生产及销售环节的利益分配创造条件。

（4）资本市场环境逐步改善

随着我国资本市场改革和发展，公开发行股票、风险投资、私募股权投资的规模不断扩大，医药成为受益最大的行业之一。越来越多的医药企业通过资本市场募集资金，为技术创新、开拓市场、兼并重组和中小企业发展创造了条件。同时，风险投资分散了新药开发的风险，有力地支持了医药技术创新活动。上述背景对于推动医药行业内优势企业的转型升级具有明确的指导意义，行业内的重组整合进程将进一步加快。

3. 影响行业发展的不利因素

（1）企业规模普遍偏小、产业集中度低、技术创新难

与国际大型制药企业相比，我国化学药品制剂生产企业的整体规模偏小，行业集中度较低。由于缺乏规模效应，我国化学药品制剂生产企业在装备升级、新产品研制、工艺创新、市场开发、管理水平提升等方面的投入不足，整体处于国际医药分工的低端，产品同质化程度较高，低端产能过剩，抵御风险能力较弱，行业发展瓶颈较为突出。

（2）研究开发投入不足，产业持续发展能力较弱

根据国家统计局的统计数据，2014 年我国医药制造业规模以上工业企业研发投入仅 390.32 亿元，占同期主营业务收入的比例仅为 1.67%。与欧美发达国家平均占营业收入 15% ~20% 的研发投入比例相比，我国制药企业的研

发投入严重不足，造成我国制药企业的产品结构一直以低技术附加值的简单仿制药为主，高技术附加值的药品占比很低，影响了我国医药产业的持续发展和国际竞争力。

（3）企业面临成本升高、药品价格下降的经营压力

由于环境和资源约束加强，国家对化学原料药及制剂产品的质量标准和环保标准不断提高，企业生产成本不断上升。2011 年 3 月 1 日起施行《药品生产质量管理规范（2010 年修订）》，并强制药品生产企业血液制品、疫苗、注射剂等无菌药品的生产，应在 2013 年 12 月 31 日前达到新版药品 GMP 要求；其他类别药品的生产均应在 2015 年 12 月 31 日前达到新版药品 GMP 要求。2016 年 10 月 29 日，国务院印发《关于开展第二次全国污染源普查的通知》，制药行业将成为污染源普查的对象之一。一方面，许多药品生产企业的既有排污装置难以达标，将直接抬高药品生产企业的生存门槛；另一方面，随着近年来政府一系列药品价格调控政策的实施，药品整体的价格水平持续下降，我国制药企业面临较大的经营压力。

四、医药流通业发展情况及趋势

（一）医药商业企业经营模式

医药商业企业主要经营模式有以下三种：掌控大医院终端代理配送的医药公司、大物流企业和各省（市、县）的一级医药物流公司。

1. 掌控大医院终端代理配送的医药公司

这些公司由于承担了药品从出厂到销售整个环节的工作，已经掌握了整个药品销售的主导权，主要的客户就是几家稳定的医院。

当前的医药商业批发环境依然是地方保护比较严重，药品分销混乱，行业整合得不好，目前依然有很多个人代理商挂靠在商业公司名下，依靠与个别医院的关系维持业务，如同一盘散沙。特别是医院终端的配送，地方保护尤为严重。例如沈阳的公司不能去大连做，大连的公司也不能到沈阳做，没有一家业务能覆盖全省的商业单位。作为东北三省最重要的药品市场辽宁，竟然没有一家真正意义上的省级代理商。这些商业公司各自为政，在各地都拥有自己的核心医院终端，任由市场如何洗牌，依然保持不败。

2. 大流通企业

大流通企业即类似九州通、新龙、国药控股、科伦医贸、海王银河、淮海医药这样的大物流企业。除个别运作全国市场之外，大部分都集中在某个省级区域，承担了该区域内 OTC（Over The Counter，非处方药）终端和第三终端大部分的一级分销功能，是上游制药企业进入这些区域市场的入口。近

几年，这些物流公司的区域霸主地位日益突出，业绩发展迅猛。

3. 各省（市、县）的一级医药销售公司

这些小公司大部分都是在以 200 千米为配送半径的区域内，覆盖了这些区域内的所有零售药店、诊所以及乡镇医院等终端。他们之所以能在激烈的洗牌中站稳脚跟，与其建立的配送网络资源有密切关系——他们是目前 OTC 第三终端企业产品二级分销格局中最为关键的环节，直接与下游终端相连；这些小公司同时也是上游大物流和医药企业争夺的重点资源，得到了它们，在某种意义上就意味着得到了当地终端。

从目前形势看，上述三类商业公司主导着目前中国医药商业的主要经营模式，它们各自风格鲜明，但唯一的变数来自新医改：一旦配套的招标配送政策有所调整，第二类和第三类商业公司就可以切入高端医院的业务领域，届时，将对第一类商业公司产生巨大的冲击。

（二）行业运行现状及特点

1. 行业整体增速放缓

2009 年新医改后的 3 年，国家将提高居民医疗的可及性作为医改的工作重心，各级政府加大对医疗的投入力度，医保快速扩容、医疗支付水平不断提高，医药流通行业销售增速提升至年均 20% 以上。而伴随近年医保支付压力，药品降价和控费开始成为行业主题，自 2012 年起，医药流通行业的销售增速由当年的 18.5%，逐渐下降至 2015 年的 10.6%，行业销售总额由高速增长转向中高速增长。中国医药流通行业 2008—2015 年销售额及增速如图 3－1 所示。

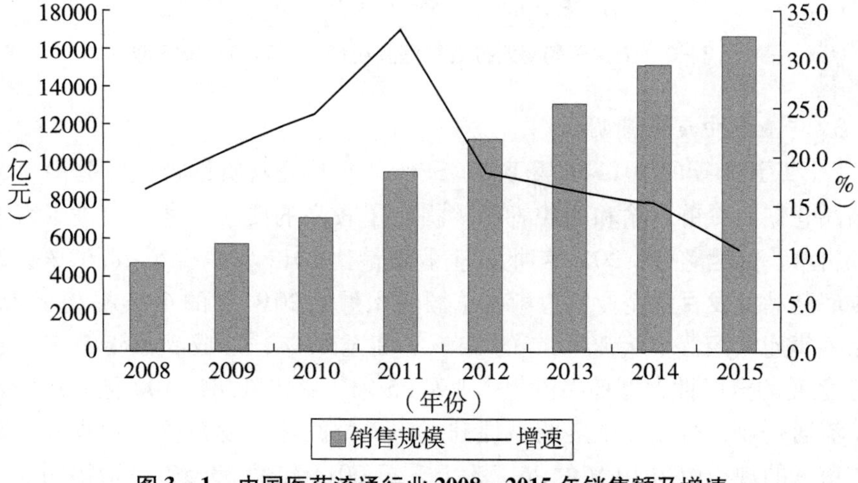

图 3－1　中国医药流通行业 2008—2015 年销售额及增速

2. 盈利水平相对稳定

医药流通企业主要承担药械的配送和对医院的回款职能。自 2005 年以来，医药商业的毛利率总体呈下降趋势，但规模化经营和现代化物流水平的提高使得费用率也在不断下降，近年来全国医药商业的税前平均利润率保持在 1.7% 左右，总体稳定。一方面，目前上下游招标降价、“零差率”影响等正在向流通端传导，对全行业发展构成了一定压力；另一方面，政策环境变化提供了诸多发展机遇，商业企业可以承担起更多的功能，例如供应链延伸、检验科外包等，甚至可拓展 CSO（合同销售组织）和 OEM（定点生产）业务，其能在产业链中占有的话语权有所提升。2005—2015 年全国医药商业行业利润变动情况如图 3－2 所示。

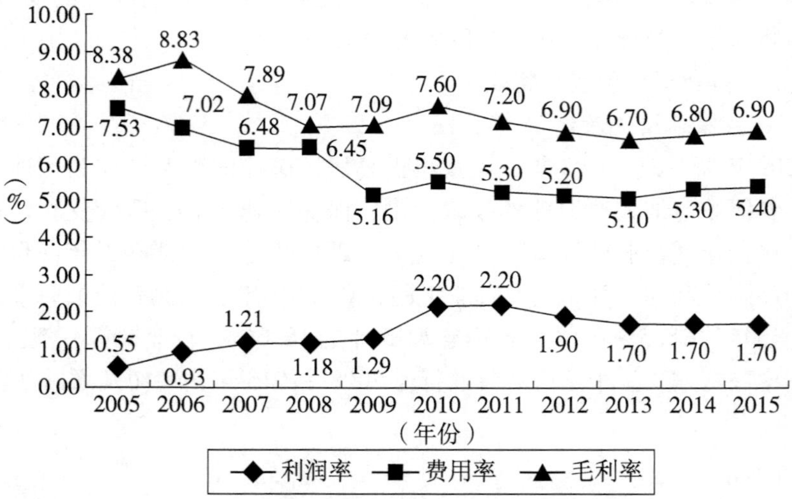

图 3－2　全国医药商业行业利润变动情况（2005—2015 年）

3. 行业集中度提升明显

“十二五”期间 2014 年版药品 GSP（《药品经营质量管理规范》）实施，对药品仓储、冷链运输和质控管理等提出了较高的要求，客观促进了行业的优胜劣汰、加速整合，2014 年批发企业数量比 2012 年减少了 28.63%；2015 年年底药品批发百强企业销售额占总额的比重从 2010 年的 69% 提高至 86%；药品零售连锁经营率从 2010 年的 33% 提高至 46%；形成 3 家年销售额超过 1000 亿元的全国性大型药品流通企业和 25 家年销售额超过 100 亿元的区域性药品流通企业，行业集中度明显提升。前 3 位医药批发企业主营收入占医药总体市场的规模由 2010 年的 26.7% 上升至 2015 年的 33.5%，增幅明显；而前 20 位的占比由 53% 上升至 56%，显示地域性流通企业的集中度提升稍慢。

最新出炉的商务部“十三五”医药流通发展规划中进一步将百强批发企业的市占率目标提升至90%，进一步显示出国家提升行业集中度的决心。

2010—2014年医药流通批发企业数目变化如图3-3所示，2010年、2015年医药批发行业TOP20占有率如图3-4所示。

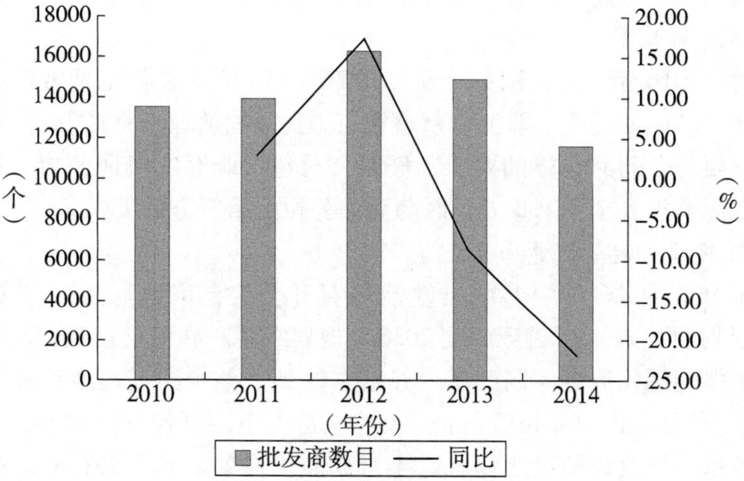

图3-3　医药流通批发企业数目变化

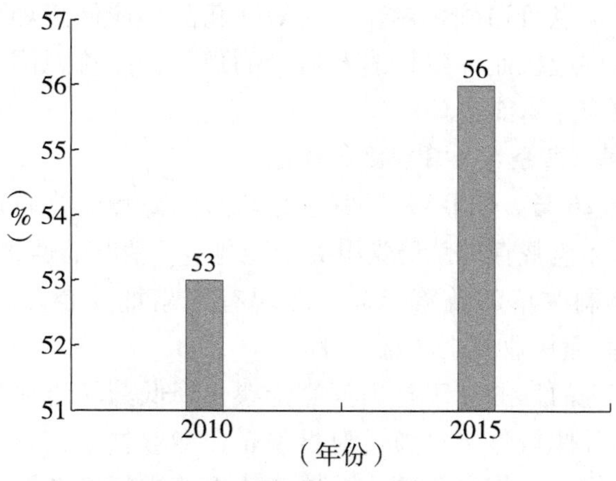

图3-4　2010年、2015年医药批发行业TOP20占有率

（三）行业发展趋势

1. 更加重视现代物流的发展

医药商业的核心能力之一是物流能力，医药商业利润薄，转型低成本新型现代绿色物流，充分利用射频识别、卫星定位等先进物流技术，发展上下游供应链紧密衔接、仓储资源和运输资源有效整合、多仓协同配送、物流成本经济的新型现代绿色医药物流是医药商业发展有力抓手。2016 年 12 月 29 日，商务部发布《全国药品流通行业发展规划（2016—2020 年）》，提出未来 5 年的五大任务之一便是，发展绿色现代医药物流。事实上，各主要流通企业均将现代物流中心建设列为重点战略，截至 2014 年年底，已建、在建的现代物流中心达 412 家。

同时，2016 年 2 月，国务院发文取消了 152 项中央指定地方实施的行政审批事项，其中就提到了取消“从事第三方药品物流业务批准”，此规定取消意味着只要符合药品运输的要求，任何公司包括既有的流通公司、社会快递公司等都能够加入全国 1.3 万家医药商业公司的第三方物流中。

2. 医药供应链体系更加健全

2016 年 8 月 26 日中共中央政治局召开会议，审议通过《“健康中国 2030”规划纲要》。《“健康中国 2030”规划纲要》在两处提到药品流通，其中一处是强调深化流通体制改革，并基本谈到了整个药品流通产业的发展方向：“推进药品、医疗器械流通企业向供应链上下游延伸开展服务，形成现代流通新体系。规范医药电子商务，丰富药品流通渠道和发展模式。推广应用现代物流管理与技术，健全中药材现代流通网络与追溯体系。落实医疗机构药品、耗材采购主体地位，鼓励联合采购。完善国家药品价格谈判机制。建立药品出厂价格信息可追溯机制。强化短缺药品供应保障和预警，完善药品储备制度和应急供应机制。建设遍及城乡的现代药品流通网络，提高基层和边远地区药品供应保障能力。”

3. 商业实施分级分类，管理更加规范

2016 年 8 月 26 日，CFDA（国家食品药品监督管理总局）发布《中国共产党国家食品药品监督管理总局党组关于巡视整改情况的通报》，提到“结合深化药品流通体制改革的政策导向，对现有药品批发企业进行分级分类管理”，引发医药商业从业人士注意。

分级分类管理的目的在于打击挂靠走票、降低药品流通公司总数以及提高行业集中度。具体操作上，通过对批发企业专业技术人员配备、仓储物流能力、冷链运输能力、信息化能力、追溯能力等进行综合评估分级，综合评分高的企业拥有更大的经营范围，评分低的企业经营范围受限，甚至被摘牌。

4. 集团采购及企业联盟力度将加大

GPO，翻译过来就是集团采购。2016 年，GPO 开始在上海和深圳展开试点。在上海 5 家三级医院、6 个区属医疗机构成立药品集团采购联盟，在上海的首次集团采购中，中标率达 98.7%，整体价格降幅达 20.8%。GPO 与各省级招标平台的主要区别在于，招标平台的主体是政府，而GPO的主体是医院。据和君医疗咨询数据显示，美国GPO每年给美国医疗健康系统节约的开支超过360亿美元。

2016年5月，上海医药、白云山、南京医药、哈药股份、天津医药、重庆医药6家医药公司签署协议，拟共同出资设立平台公司，通过合作互通、降低自有品种的准入门槛，提升六方产品引进能力和议价能力，降低企业采购、运营成本。作为牵头企业，上海医药是药品流通产业的三大巨头之一，此次成立联盟也是旨在联盟企业之间形成资源整合、优势互补，从而降低运营成本，提高市场竞争力。

5. “互联网+”下的智慧药品流通体系逐渐形成

“互联网+”是整个中国创新的大方向，药品流通产业同样积极拥抱“互联网+”。以典型的“互联网+流通”场景，医药B2B（公司间采购）电商为例，据商务部统计2015年B2B医药电商的市场规模已达444亿元，超过整个药品流通市场4%的份额。这还只是开始，随着电商整体在产业的渗透，这个比率将更高。

“互联网+”在药品流通产业的应用并不止于医药电商。在供应链管理上，许多流通企业引入条码自动识别系统、电子标签拣选系统、RFID手持终端拣货系统等将医药物流商品流、信息流与财务流打通，做到对商品全程流向的可追踪、可视化，财务结算的自动化。

此外，部分企业还通过对药品流通信息化系统创新，借助“互联网+”创造新的价值。雨诺股份联手腾讯云、微信支付打造的云ERP（企业资源计划），将商业企业的采购、销售、配送、库存、财务及内控等各项管理集成为一体，降低企业运营成本，构建智慧药品流通体系。

第二节　医药物流的内涵及发展

一、医药物流的概念和特点

（一）医药物流的定义

医药物流是指通过原料采购、加工、储存、运输、配送、物流信息等一系列管理活动，有效地沟通原料供应商、生产厂商、批发商、零售商及最终用户，促使药品从供应地向接收地的实体流动过程，从而提升药品的空间和时间价值。

医药物流的核心是提高订单处理能力，降低货物分拣差错，缩短库存及配送时间，减少流通成本，提高服务水平和资金使用效益。医药物流的重点是将供应商、物流中心、终端销售网络，进行合理的分工、整合。

（二）医药物流的特点

与一般物品的物流相比，医药物流有一些不同的特点，主要有以下几点。

1. 运输批量小、频次高，且对运输工具有一定要求

药品通常有质量轻、价值高的特点，因此医药物流对车辆的要求一般不是对车辆吨位的要求，而是要求车辆有较好的平稳性，对于部分特殊的药品还需要低温运输，如针剂、疫苗等。

2. 对存储批次的管理控制严格

由于药品种类繁多，分类也十分复杂，医药商品按性质可分为化学药、原料药、中成药、生物制药、医疗器械、医疗用品等，按保存温度可分为常温药、低温药、冷冻药等，不同类型的药品要进行适合其自身性质的储存，有些药物对于储存的温度、湿度及避光等都有要求，而不同批次的药品由于生产时间不同，也要进行分开储存。

3. 存在很多拆零工作

药品经营是以零售为主，再加之药品种类繁多，所以针对医药物品的配送中会产生大量的拆零工作，有时整箱作业和拆零作业需要同时进行，所以医药物流配送要有严格的质量监控，以提高作业效率。

4. 进入门槛较高

国家规定所有从事医药流通的企业必须要通过 GSP 的认证。药品在流通过程中的采购、验收、储存、销售等环节必须严格按照 GSP 的规定进行操作，对企业的资质要求较高。

5. 具有一定的应急性

这一点受自然因素与人为因素的影响较大，如洪水、地震等自然灾害，或者流行性疾病等不可预知的因素造成。

二、我国医药物流的现状特点

我国医药工业经历了多年的发展，其速度快于全球平均水平和国内工业的平均增长速度，使得当前医药物流行业现状也得到快速发展。

（一）医药物流市场开发潜力巨大

2011 年国家商务部印发了《全国药品流通行业发展规划纲要（2011—2016 年）》。在《全国药品流通行业发展规划纲要（2011—2016 年）》的引导下，我国医药物流行业管理和改革发展取得积极进展，行业集中度进一步提高，现代医药物流加速发展，药品流通信息化建设同步推进，快捷、可及、

安全的现代医药物流服务保障体系正在形成。2012 年 6 月，商务部在北京正式宣布启动医药物流服务延伸示范工程。商务部将通过示范工程，大力推动现代医药物流发展，提升行业现代化水平。

2013 年我国药品流通行业销售总额达 11174 亿元，首次突破万亿元，同比增长 185%，增幅比 2012 年回落 45 个百分点，其中，药品零售市场销售总额 2225 亿元，同比增长 16%，增幅回落 4 个百分点。

2015 年以来，我国医药物流行业进入全面建设阶段：新版 GSP 提高了医药物流在招标、准入、配送等环节的地位；嘉事堂、南京医药等区域巨头纷纷斥巨资建设物流中心、物流工业园等，医药物流基础建设在各地提速；UPS 等跨国物流巨头抢滩中国医药市场，一场医药物流布局中国的大戏正在拉开帷幕。

中国医药市场前景光明。但中国的药价虚高的根本原因在于中间环节过多，引入现代物流将会快速、高效、价廉地打造出丰厚的“第三方利润”。因此，中国医药物流市场开发潜力巨大。

（二）区域性龙头逐步形成

医药流通行业集中度低是中国医药流通企业的基本特征，离美国 95% 的行业集中度尚有较大的差距。但中国区域性医药流通龙头企业正在崛起，行业格局从“春秋”走向“战国”，特别是东中部地区，由于区域经济的快速发展，形成了一批区域性龙头企业。在一些经济发达地区，前四大医药流通企业基本占据市场绝大部分市场份额。

2016 年是我国医药产业充满变革的一年，产业政策调整频繁，行业增速进一步放缓。根据工信部统计数据，2016 年 1—6 月，医药工业规模以上企业实现主营业务收入 13635.65 亿元，同比增长 10.14%，其中增长最快的是中药饮片、医疗仪器设备及器械；2016 年上半年药品流通直报企业主营业务收入 6515 亿元，同比增长 12.5%，增幅回落 0.3 个百分点。

2016 年 2 月，国务院取消从事第三方药品物流业务的行政审批，鼓励拥有完整质量体系的大型医药商业流通企业向供应链各方开放其物流资源，提高医药物流效率，像九州通等大型医药流通企业，均在积极开展第三方医药物流业务。同时，这一政策的变化，也意味着专业的社会化第三方物流企业进入医药物流领域的窗口期已经到来，像顺丰这样拥有完善网络的企业在积极向医药物流领域渗透，并逐步得到行业认可。根据分会对北上广代表性第三方医药物流企业的走访调研显示，营业额平均增长在 20% 以上，部分企业医药物流业务则呈现倍数增长。

（三）市场格局逐渐由“一家独大”到“百家争鸣”

随着医药物流行业竞争的不断加剧，国内优秀的医药物流企业越来越重视对行业市场的研究，特别是对产业发展环境和投资机会的深入研究。正因为如此，一大批国内优秀的医药物流企业逐渐成为行业中的翘楚。

长期以来，我国医药流通领域一直由国有企业垄断。近年来，随着医药物流热的兴起，这一格局正在逐渐改变，医药物流领域已江山初分。实力型国有企业凭借其几十年的资本、网络积累雄踞一方，一些民营企业凭借灵活的机制迅速崛起，外资企业也密切关注国内市场的变化伺机进入。

（四）社会化程度越来越高

随着政策门槛的弱化，医药物流的社会化程度越来越高，很多社会化物流企业也在积极地通过资本运作等方式，将各个区域的专业企业整合起来，完善医药物流的网络布局。同时，对于临床药品物流、检验中心标本等特殊产品的物流服务能力越来越强，涌现出了很多小而专、小而精的专业第三方物流企业。

三、医药物流市场发展前景及趋势

（一）医药物流市场发展前景

1. 医药物流市场继续扩大

2010—2014 年，我国医药市场规模从 6750 亿元增长至 12413 亿元，年均复合增长率为 16.5%。由于人口老龄化、疾病负担能力增强、健康意识提高等多个因素刺激，我国医药市场仍将维持较快增长。据商务部的预测，2019 年医药市场规模将达 2.2 万亿。巨大的医药市场也将带来巨大的医药物流市场。此外，人们购买部分医药的途径逐渐向网购转变，天猫医药馆的数据显示了这一强烈的转变趋势，而目前网购医药规模仍小，未来有很大的发展空间，这为医药物流市场的继续扩大提供了保证。

2. 医药物流项目投资依然强劲

大型医药企业加快建设城市医药物流配送中心，提高自身竞争力。如国药控股在上海建立大型流中心；九州通在武汉建设全球最大的单体医药物流中心等。目前资本相继在医药物流平台、冷库/信息平台等医药冷链的基础设施建设方面投入巨资。

3. 医药物流精益化管理加快

随着医药流通环节毛利逐步降低，国药物流、华润医药、上海医药均已开展物流精益化管理，以期达到降本增效、提高自身竞争力的目的。

（二）医药物流发展趋势

医药行业不仅药品本身关乎百姓切身利益、生命健康，医药物流作为药品流通过程不可缺少的环节，其每个环节安全性都是药品高质量的保障。医药物流是通过整合供应链网络中上下游企业资源，利用先进的物流设备、技术和物流信息系统，对药品流通中的运输、装卸、搬运、存储、分拣、配送等物流业务流程的有机结合的过程。未来发展中，其主要呈现以下特点。

1. 经营管理网络化

网络化是物流行业一体化发展的趋势。由于药品的特殊性，尤其针剂药品在物流中的高要求保障，使得医药物流形成管理一体化、运营集约化，最终成为一个具有极强规模经济的行业。近几年，我国医药商业发展得到政府重视，管理体制不断完善，同时，随着我国 WTO（世界贸易组织）保护协定的失效，外国医药企业对我国医药市场的冲击，使得市场要求不断提高，迫使医药企业管理能力也相应得到提高，那些管理差、不规范发展的医药企业逐渐退出市场，一些优秀的大型医药企业通过体制改革，形成符合现代市场竞争特点的新型医药企业。

发展现代化医药物流系统是医药企业打造市场核心竞争力的关键。现代化医药物流系统是集各个大型所有制医药物流企业于一体，共享物流信息，共享物流设备设施，共同配送，现代化集约管理的网络化集群。从近几年市场结构的发展态势看，我国医药物流行业的市场集中度正逐步增加，集约网络化发展趋势正在开始演变。

2. 供应链一体化

在发达国家，与第三方合作已经成为企业降低成本、增强医药企业供应链的市场竞争力的重要途径。我国随着企业竞争的加剧，药品生产企业和药品零售也逐步与专业化、社会化的第三方物流合作，使本企业能够抽出力量专门打造自己擅长的领域，把握发展医药企业的核心竞争力，从而形成紧密合作的供应链网络。并根据医药产品的特殊性对企业供应链网络进行科学准确的市场定位，变被动为主动，通过加强企业间的战略合作联盟，实现规模化经营，降低运营成本，提高竞争力。

通过上述纵向扩展，形成从原材料源头企业开始到医药核心生产企业，到零售商，再到消费者，以及末端过期药品回收的一个网络。利用医药物流企业拥有专业从事医药物流设施设备，有效物流管理手段，精准的物流网络设计，先进的信息技术及高端的专业人才的企业，它能有效管理医药品的流通，帮助医药企业降低物流成本。

3. 物流技术标准化

标准化是衡量企业发展现代化程度的重要标准之一。物流行业发展规范性重点体现就是行业标准化的出台。在信息化飞速发展时代，信息技术是医药流通企业提高效率、降低成本，供应链上企业合作的重要技术保障，医药物流企业必须建立现代化的与 GSP 规范要求相符的信息管理系统，进而和合作企业信息共享，缩短信息交流时间、降低差错，提高作业效率，提高物流服务质量，形成自动化、高效化物流的现代化管理。

统一医药物流标准是医药物流走向规范化、高效化、国际化和现代化的发展依据，医药物流必须严格执行统一完善的技术标准体系，并与国际医药物流技术标准接轨，提升我国医药物流运作效率。

4. 第三方物流服务化

改革开放以后，许多医药企业仍然拥有自己的物流部门。市场竞争的加剧，越来越要求企业拥有核心竞争力，作为医药企业不擅长物流的运作操作和管理，为了降低物流成本，第三方物流兴起，第三方医药物流也相应迅速崛起，医药企业与第三方物流合作，使医药企业从复杂的物流业务中解放出来，专心打造企业的核心竞争力。第三方物流是联结医药企业原材料供应商、医药制造企业和批发商、零售商、消费者的桥梁，通过对供应链统一管理，统一信息交换，进行专业化物流业务，加强了供应链统一成本降低，服务质量提高，增强供应链市场竞争能力。

5. 物流服务便捷化

网购是近年来随着互联网进入百姓家中兴起的新的购物方式，信息平台的建立，增加了企业与消费者、企业与企业之间的信息交流。借助于电子商务的平台交易功能，不仅能搭建起买卖双方的洽谈桥梁，满足社区指定配送服务，提供渠道交易模式，还能使一些拥有电子商务网站的大型医药公司依托其强大的购销网络，通过信息服务提供询价、议价等洽谈平台，并展开远程开票业务。同时，越来越多的物流企业也开始和电子商务企业进行合作，产生了很多比较便利的社区网络物流服务，可以根据消费者的需求快速送货，满足了消费者对时效性的要求。

第三节　医药物流运作与管理

一、医药物流运作模式

（一）物流运作模式

1. 制药企业自营物流模式

自营物流模式是指医药企业自己建立起网络化的现代物流配送体系，自主完成物流相关流程。自营物流模式的优点主要有：第一，保证医药企业对供应链各个环节有较强的控制能力，对物流活动的具体内容进行直接控制并通过合理规划提高物流作业效率，减少流通费用，并且树立良好的企业形象；第二，对客户的需求做出快速反应，能建立有效的客户关系管理；第三，自主掌握产品的分销渠道，有利于同行业间的竞争，减少商业秘密和知识产权泄露等方面的风险。但自营物流也有不可忽视的缺点，即重整企业物流势必对公司的组织结构做出较大的变动，它要求企业具有很强的管理能力；同时，高昂的建设费用需要占用大量的固定资金，为企业的正常运转带来一定障碍，容易造成物流资源不能充分利用，物流各环节割裂，无法形成核心竞争力。

自营物流模式以广州医药集团和上海医药集团为代表。与九州通集团药品快批模式不同，一方面，医药集团借助物流信息技术，整合了医药物流流程，而且在有些方面实现了自动化、信息化；另一方面，组建规模较大的现代化医药物流配送中心，通过建立高度现代化的物流中心和信息系统，提升了管理能力，并借助地区的医药经销商，迅速占领区域市场。然而，该模式也存在一些不足之处，例如，由于资金限制，广州医药集团、上海医药集团在经营规模上则有不足，都属于典型的地区分销商。同时，以地域为依托发展的医药企业，无论是药品单位成本或是物流服务能力都存在着局限。

2. 以流通企业为主导的物流快批模式

流通企业通过将药品批发和物流配送相结合，形成“薄利多销”的货物快速流通、资金快速周转的模式，其主要有以下几个特点：①流通环节减少，成本得到有效控制。②业务流程缩减，业务处理效率大大提高。从进货、核查、入库到出库环节，都形成了一个顺畅的工作流，客户到九州通集团的任何一家子公司都可以享受到“二楼开票、一楼提货”的一站式服务，为客户极大地降低了时间成本。③物流网络优势得以充分发挥。

九州通集团，是一家以医药商业和实业投资为主，以药品批发、物流配送为核心业务的大型民营企业集团。九州通集团已在华北、华东、华南等地成立了 10 家商业子公司、配送中心，使其营销网络覆盖全国各地。然而，尽管快批模式在我国医药行业中已经取得一些成功，但它也存在一些缺陷，例如，该种模式是以“人海战术”为基础的，缺乏对信息技术的足够重视。也就是说，在人力成本不断提高的背景下，该种模式的运营成本势必也会随之提高。

3. 以社会化物流为基础的第三方医药物流模式

外包物流模式是指医药企业将物流系统设计、维护、调货、库存管理、装卸和配送等全部物流业务委托于专业的物流公司运作。2005 年国家食品药品监督管理总局在官方网站上正式公布了加强监管促进药品现代物流发展的意见，允许具有现代物流条件的批发企业接受已持有药品经营许可证的药品企业委托的药品储存、配送业务，同时也允许有实力并具有现代物流基础设施及技术的企业为已持有许可证的药品企业开展第三方药品现代物流配送。

第三方物流模式的优点是不占有大量固定资金，可以更自由地协调生产运作，加强了企业的柔性管理，使企业可以集中力量提高核心竞争力，大幅降低本企业的流通费用。第三方物流模式的缺点在于企业不能直接掌控物流职能，不能保证到货的及时和顾客服务的优良品质，而且企业还要承担选择低效率物流公司的风险。

杭州邦达医药物流是我国为数不多的专业性第三方医药物流公司之一。邦达物流 1999 年年初涉足物流快递行业，2001 年转型成为第三方医药物流企业。该种模式有如下特点：一方面，第三方物流公司在各个省份建立物流配送网络，以具备门对门的配送能力；另一方面，建立物流信息平台，与其他物流公司或制药企业合作，以减少空载率，提高运输效率。但是，该种模式同样有缺陷，作为第三方医药物流公司，不仅需要具备物流知识和技能，同时还应具备足够的药品储存知识，这对第三方物流医药公司提出了更高的要求，对于医药企业来说，这同时也意味着中间流通的风险提高了。

4. 自营与外包相结合的混合模式

自营与外包相结合的混合模式是指将物流环节中的某一部分或几部分外包出去，其余的物流环节依然自己来做。这是我国目前大多数医药企业采取的物流模式。例如，有的企业利用自己的车队来做运输而把销售物流外包出去，有的企业只是单纯地将废弃物回收这个物流环节外包。哪个环节需要外包主要取决于企业自身的软硬件能力和社会的物流服务能力。相应地，它也集合了自营和外包的种种优点和缺点。

在现阶段，企业可以选择将非核心的物流业务首先分包出去，使企业专注于自己的核心业务，避免企业在物流环节浪费太多的资金和精力。很多大型医药企业在选择第三方物流时，或是为了保留核心业务，或是为了安抚员工，或是从企业发展战略的角度也不太放心让陌生的物流企业经营自己的全部物流业务，考虑到企业的安全一般将次要业务和农村等偏远地区的业务交给第三方物流以考察该企业的运作能力，通过不断地磨合增加双方信任度，对医药企业而言，进可攻，退可守。

北京金象大药房医药连锁有限公司在上海、天津、成都、内蒙古、江苏、河北等 13 个省市自治区的 20 个城市拥有直营店、加盟店 200 多家，15000 平方米的现代化物流配送中心，全面的微机管理，科学规范的运作程序，为各连锁店提供高质量的、安全稳定的商品服务。金象大药房配送中心的主要配送流程是医药生产厂商把货发到大型批发企业如国药集团的物流中心，国药集团接到金象大药房的订单后把货发到金象大药房的配送中心。金象大药房在物流外包方面，改革后原有的运输车队解散，将运输部分外包出去，由中铁物流公司负责药品运输服务。它们和中铁物流签好协议，在协议中规范好双方的权利义务，让它们在规定的时间期限内将货物准确送达到各连锁店，可以支付相应的运费。

5. 自营与对外承接物流业务相结合的混合模式

自营与对外承接物流业务相结合的混合模式是指除了满足本公司的物流业务外，同时利用自身的优势对外承接物流业务的模式。它的优点是不仅能有效降低物流成本，促进整个医药供应链的形成和协作，确保药品的质量，而且将物流转化为公司新的利润增长点。

上海医药股份有限公司在医药行业中较早认识到物流的重要性并对其物流进行了革新。公司所有医药物流业务整合到其全资子公司上海医药物流中心，以自建物流为主，客户订单通过上海医药股份有限公司 ERP 系统下载到上海医药物流中心的仓库管理系统（WMS），实物物流、信息流的控制不仅延伸到公司的决策、采购、生产、销售、财务核算等各个领域中，而且与外部的客户如医院进行信息流的交流，使公司的管理步入透明化、科学化的轨道。上海医药物流中心所属各大库区共拥有近 46000 平方米的库房，108 辆运输车辆，2007 年货运价值超过 100 多亿元，承担上海地区各大医院及零售业的配送，建立覆盖华东地区的医药商业和制造业配送网络，通过联运承运构筑辐射全国的运输网络。2006 年获得第三方物流经营资质，现除满足自营业务外，还对外承接业务，其客户有德国拜耳集团、唯美血液技术有限公司、上海罗氏制药有限公司和上海三共制药有限公司等。

（二）物流运作模式选择因素

许多医药企业非常重视生产渠道、商流渠道的畅通，却对物流渠道较少问津。这大大制约了医药企业的发展规模。医药企业在选择物流模式的时候，关键是要适合自己、适用优势、适应时势。

1. 物流在企业中的地位

自营物流需要大量的资金、技术和人员支持，如果物流在企业中不是处于战略核心地位，就没有必要自给物流，搁置大量的资金在物流方面，而应该将自己的主要资源和精力专注于核心竞争力的打造。

2. 第三方物流公司的实力

现代医药物流有着严格的技术规范要求，近几年政府加强对医药行业的 GMP、GSP 认证的监管，医药物流需要对设备、技术和人才等进行很高的投入来确保流通过程的质量安全，如对疫苗要进行冷藏运输和仓储。物流对于企业有着非凡的战略意义，如果没有合适的第三方物流公司，就只能自营物流。

3. 企业的规模

大企业实力雄厚，可建立自己的物流系统，制订合适的物流需求计划，保证物流服务质量。小企业受人员、资金限制，适宜把物流管理交给第三方物流公司管理。

4. 物流成本

当企业的物流成本居高不下时，就需要企业重新定位物流并且考虑流程再造，可以选择一家高品质、能提供物流一体化服务的第三方物流公司，让它为企业量身打造物流服务并且进行专业化的流程再造。

二、医药物流作业管理

医药物流管理是为了实现既定的物流目标，提高医药产品分销的效率与速度，而对物流系统进行的计划、组织、监督与调节的过程，一般包括库存管理、运输管理、配送中心管理及绩效评价等几部分内容。

（一）库存管理

库存管理是指通过对仓储的医药产品的规划，降低其库存成本的过程。基本方法有以下几种。

1. ABC 分类法

一般来说，每种产品的价格不同，库存量也不同，因此可以根据医药产品的重要程度不同进行分类管理。将品种较少（一般仅占 5% ~20%）但价值较大（一般仅占 60% ~70%）的医药产品分为 A 类库存；将品种数量较多（一般仅占 60% ~70%）但价值不大（一般仅占 15% 以下）的医药产品分为 C 类库存；B 类库存则介于二者之间。

通过分类管理，可重点管理 A 类库存的医药产品，如经常检查其库存情况、产品维护情况及资金占有情况，尽量降低安全库存量。而对于 B 类库存可进行正常的例行管理和控制。对于 C 类库存则只需简单的管理与控制即可，尽量减少库存管理成本。

2. EOQ 法

正确的订货数量是使同发出订单的次数有关的成本与同所发订单的订货量有关的成本达到最好的平衡。当这两种成本恰当地平衡时，总成本最小。这时所得的订货量就叫作经济批量或经济订货量（Economic Order Quantify，EOQ）。

（二）运输管理

运输管理要根据资源和目标做出合理的运输决策，即走最小的里程、经最少的环节、用最小的运力、花最小的运费、以最快的时间，把货物运送到目的地，取得最佳经济效益。药品运输是医药产业物流成本的最主要的构成部分，大概占到一半。医药产品的运输主要分以下几类。

1. 普通药品的运输

远程大宗药品的运输仍采用铁路、轮船运输，短途采用汽车运输，对于应急药品，采用直达、直线运输药品迅速满足消费者，可以减少药品在中间环节的停留，降低运输损耗，节约运力和劳力。直达直线运输主要的运输工具中，长途为飞机，短途为汽车。

2. 有特殊要求的药品的运输

(1) 有温度要求的药品运输

对于怕冻药品的运输要提前拟定发运期，在发运期前，按先北方后南方、先高寒后低寒的原则提前安排调运，并注明“怕冻药品”；对于怕热药品的运输在发运期前，按先南方后北方、先高温后一般地区的原则提前安排调运，并注明“怕热药品”。

(2) 危险药品的运输

危险药品的运输必须有符合国家标准的危险货物包装标志，自运必须持有公安部门核发的准运证，汽车运输必须按当地公安部门指定的路线、时间行驶，保持一定车距，严禁超速、超车和抢行会车。

(3) 特殊药品运输

特殊药品运输应尽量采用集装箱或快件方式，尽可能直达运输，减少中转环节。运输时，必须凭药监部门签发的国内运输凭照办理运输手续。

(三) 配送中心的管理

(1) 订货、发货管理通过建立物流管理信息系统，将生产企业、配送中心、中间商等终端联系起来，做到网上订货、及时发货，同时自动生成相关票据。

(2) 医药产品的自动登录及存放管理是指运用条码技术自动登录医药产品，并运用现代化运输设备进行仓库产品的排放与规划，做到能够及时补充所缺存货，并按要求发出所需药品。

(3) 分拣作业对于不同客户的产品需求，将所有医药产品按照规定进行备货、分拣及配送到指定位置的过程。配送中心的最重要任务在于能够更方便、更快捷及更经济地配送各种医药产品，满足客户物流的需求。

(四) 绩效评价管理

绩效评价就是通过比较分析做出全面判断的过程。从管理角度来说，绩效评价是企业或它的业务相对目标的实现程度。因此，好的绩效意味着企业或业务更接近于目标。医药企业物流绩效就是医药企业根据顾客需求，分析在组织物流运作过程中的劳动消耗和劳动占用与所创造的物流价值的对比关系，也就是物流运作过程中投入的物流资源与创造的物流价值的对比。对企业物流绩效进行评价是为了有效地配置企业物流资源，对企业物流使用的资源、企业物流工作的效果与企业物流目标进行比较，从而为更好地实施企业物流战略提供数据基础，为企业战略的实施提供更好的服务。

通过对医药企业物流状况的分析，借鉴企业绩效评价和供应链绩效评价过程，可以确定医药分销公司物流绩效评价的内容和步骤：第一，结合医药分销物流的实际，确定对物流绩效具有重要影响的关键因素并形成绩效评价框架；第二，对评价框架进行下级指标的配备，建立评价指标体系；第三，确定指标的权重，选定综合评价方法模型；第四，输出评价结果并解释其含义。

三、医药物流成本管理

医药物流成本是指从药品原材料供应开始核算，一直到药品送到患者手中所发生的全部物流成本。物流成本费用率是衡量行业物流成本的主要指标。

$$\text{成本费用率}=\frac{\text{本期营业费用}+\text{本期管理费用}+\text{本期财务费用}}{\text{本期主营业务成本}}\times 100\%$$

$$\text{物流成本费用率}=\frac{\text{本期运输费用}+\text{本期仓储费用}+\text{本期管理费用}}{\text{本期主营业务成本}}\times 100\%$$

随着我国现代物流的发展，制造业社会物流效率整体上提高了，但我国医药制造业物流费用率总体上仍然偏高。以 2009 年为例，我国医药制造业物流成本费用率为 11.3%，与 2008 年同期相比上升 0.2 个百分点，高出整体工业企业物流成本费用率水平。

在物流费用构成中，运输成本所占比重在近年有所下降，主要受运价下降等因素影响，医药制造业运输成本所占比重有所下调。但在物流费用构成中，运输成本依然是牵制企业物流成本上升的主要因素，也是我国企业物流效率相对较低、物流成本依然偏大的重要原因。其他构成中，管理成本占比上升，企业的信息化水平、管理水平还有待于提高。仓储成本、包装成本、配送成本所占比重比较稳定。我国医药行业这几年发展很快，但是仓储、配送条件还相对滞后，整体的规模也较小。

除可计算的显性成本以外，医药行业的社会成本也很高。我国实行“以药养医”的药品价格形成机制，医生和医疗机构在药品流通中，处于两端间的垄断地位，大部分药品是通过医疗机构销售的。而我国制药生产能力过剩，制药企业和药商要想其药品进入医疗机构，必然增加社会成本。其他隐性成本如资金利息、原料积压、跌价损失、设施投入、设备折旧、人员培训、经营风险、时间成本等还未受到重视。这也与我国第三方物流发展滞后有关。其实，隐性成本在总成本中占到将近一半。

整体上，近年来药品行业的毛利一直在下降，物流费用却不断攀升，降低物流成本成为提高医药行业利润率、提高医药企业自身竞争力的必要途径。

本章小结

医药行业是国民经济的重要组成部分，医药物流的发展对医药行业壮大有着重要的作用。本章介绍了医药物流管理的有关知识，首先介绍医药物流的主体医药行业的概括，其次介绍了我国医药物流的概念、特点以及现状及趋势，最后分析了我国医药物流的运作模式、作业管理及成本管理等内容。

案例分析

陕西天士力医药物流园区助力医药物流效率

2016 年 3 月 7 日上午，陕西天士力医药物流园区启动仪式举行，这是目前陕西省第三家现代化医药物流企业，集医药、日用、食品、快速消费、农业装备、制造业、物流总部经济、第三方物流服务、物流增值服务和会展为一体的现代化综合服务中心。

陕西天士力医药物流有限公司总经理张剑在启动仪式上介绍，陕西天士力医药物流有限公司是天士力集团 2014 年投入 6.6 亿元组建的现代化医药物流企业，是集物流仓储、网络配送、包装加工、展示交易、商务洽谈“五中心”为一体的大规模、多功能、智能化现代医药物流园区，配送范围覆盖西北五省及部分周边省市，将极大提高省内及周边省市的医药物流效率。

“陕西天士力医药物流园区将面向大西北甚至辐射西南地区，我们希望能更贴近老百姓，给老百姓更近距离的服务，如这个物流平台将体现出智能化、社会化和服务品质一流化的特色，要以最短的距离、最快的速度和老百姓的服务价值达成一致。”天士力集团总裁吴迺峰表示，“当然，我们希望通过现代医药物流平台解决老百姓的用药问题，也就是说‘解决最后的 100 米’问题，用互联网的方式将药品直接配送到老百姓家里。如糖尿病和癫痫病人需要长期用药的，通过医生的在线诊断，我们可以直接将药送到患者家里，这也解决了患者坐车去医院、排队挂号、买药等问题，既节约了患者的就医时间，也节省了患者的就医成本。”

（资料来源：http：//www. cpl. org. cn/articles/68182）

问题：

1. 你认为陕西天士力建医药物流园区的原因是什么？

2. 构想一下互联网 + 医药物流中心，如何实现快销快送？说明其关键流程。

第四章　家电行业物流管理

导入案例

海信集团在总结长期经营和市场运作过程中存在的不足时，深刻意识到增加企业效益的重要的利润来源之一是优化整合企业采购、销售的整个过程。在海信集团现代物流整合项目的招标中，兰剑物流科技公司技压群雄，承接了此项整合任务的设计和实施，并为其开发海信化物流信息平台，以“信息管理带动物流管理”。

兰剑物流科技公司经过实地考察，再结合海信实际情况和具体要求，提供了建立准时制采购、生产、配送的一体化物流系统解决方案：将海信销售体系与物流体系分离，三大子公司的物流业务流程合并，统一由物流推进部运作。销售过程中所发生的各种订单和业务处理都要通过海信物流信息系统平台处理，物流推进部根据信息平台数据，结合各地第三方物流的运输能力，有效调度货物配送。同时各子公司营销机构都可以通过物流信息平台直观、实时地了解仓储和销售情况，并做到准确、快速反馈，因此信息平台将成为海信集团的主要“承重结构”。

通过物流系统整合，使海信集团的缺货损失费减少了8000万~1.2亿元，资金周转速率提高20%，流动资金减少4000万元，同时增强了海信对用户的承诺的可靠性，提高了服务的可信度，扩大了市场的占有率，提升了企业形象。

问题：

1. 你认为海信集团为什么要选择兰剑物流？

2. 兰剑物流通过一系列物流系统整合给海信带来了哪些效益？

第一节　家电行业基本情况概述

一、家电的概念及分类

（一）家电的概念

家电主要是指在家庭及类似场所中使用的各种电气和电子器具，又称民用电器、日用电器。家电使人们从繁重、琐碎、费时的家务劳动中解放出来，为人类创造了更为舒适优美、更有利于身心健康的生活和工作环境，提供了丰富多彩的文化娱乐条件，已成为现代家庭生活的必需品。

（二）家电的分类

美国被大众公认为家电的发祥地，但涉及家电的范围，各国不尽相同，当今世界也并未形成统一的家电分类法。而在行业研究中比较普遍的一种分类方法是按产品的功能和用途划分，可以将家用电器大致分为8类，如表4－1所示。

表4－1　　家电产品的主要分类

类别	内容	类别	内容
①制冷电器	家用冰箱、冷饮机等	⑤电暖器具	电热毯、电热被、空间加热器
②空调器	房间空调器、电扇、空气去湿器等	⑥整容保健电器	电动剃须刀、电吹风等
③清洁电器	洗衣机、电熨斗、吸尘器等	⑦声像电器	微型投影仪、电视机、录像机、摄像机等
④厨房电器	微波炉、电饭锅、食物加工机等	⑧其他电器	烟火报警器、电铃等

如今，随着生活水平的提高，净水器也逐渐成为家用电器中的一员，越来越多的家庭使用这类电器产品。随着世界上大多数的水体污染严重加剧了水资源紧缺的矛盾。传统的自来水处理方法已不能保证提供品质优良的饮用水，而且在市政供水中还存在着二次污染的问题：高层的水箱供水、漫长的自来水输送管线，都会造成潜在的铁锈、泥沙以及微生物等污染问题。因此各种品牌的净水器应运而生，并且各种净水器使用的过滤方法与过滤材料也有所不同。此外，随着近几年环境问题的加剧，尤其是雾霾时有发生，导致

空气净化器和加湿器在家电市场占据的份额逐年增长。

但是，就我国而言，规模较大的家电生产制造企业还是以电视机、空调、冰箱等大家电作为产品生产的重点和企业竞争的关键。而也正是这些大家电，不仅自身成本较高，运输也相对比较困难，这对企业的物流配送能力带来了挑战。因此，这些大型家电便成为了我们关注家电行业物流所重点针对的商品。

二、家电行业空间布局

20 世纪 80 年代初，家电行业还处于起步阶段，受行业高利润的驱使，众多家电品牌的出现，导致我国电冰箱、彩电、洗衣机等主要家用电器行业的集中度非常低，家电产业在空间布局上呈现出分散型的特点。随着家电产业竞争的加剧和区域经济环境的差异，我国的家电品牌出现了两极分化，小型家电品牌逐渐退出，而具有竞争力的品牌逐渐发展起来，并在空间上呈现出相对集中的布局。

从 20 世纪 90 年代初期起，国内形成了山东青岛、广东顺德、江苏慈溪三大家电产业群，构筑起了我国家电产业的主要制造基地，形成了明显的区域竞争优势。山东青岛、广东顺德、江苏慈溪三大产业集群在国内呈现三足鼎立的局面，商流、物流、资金流、人流、信息流在产业群内形成了经济互动。由于集群起步的时代以及所有制的不同，形成了不同的产业特色和产业竞争力，在家电品牌建设上也各具特色。

（一）青岛地区大品牌家电企业聚集

青岛家电名牌较多，海尔、海信、澳柯玛三大中国驰名商标不仅在国内同行业具有举足轻重的地位，在国际上也具有广泛的影响力，奠定了青岛在中国家电三大产业集群中的重要地位。截至目前，青岛地区家电产业集群是我国最成熟、在国内具有较高知名度和较强竞争力的产业集群，青岛市也成为名副其实的“中国家电名牌之城”。

青岛地区家电产业群属于内原型品牌企业带动模式。在历经 30 年的快速奔跑之后，在品牌家电制造企业的催生下，一大批相关家电配套项目聚集，青岛地区“家电产业集群”已经拥有了相当的规模和国际竞争力。

（二）顺德地区大中小家电制造企业共存

顺德位于广东省南部，珠江三角洲平原。顺德地区家电名牌在三大集群中数量最多，产业链不断扩张，从风扇到冰箱、空调、微波炉、热水器等。目前，顺德家电共有科龙美的、格兰仕、容声、万家乐五大中国驰名商标，万和、新宝、亿龙、康宝等多种中国名牌产品。

“顺德制造”在海内外极具竞争力，创立了众多著名品牌，电冰箱、空调器、微波炉、电饭煲、电风扇、电子消毒柜、热水器等家电产品产销量一直居全国领先地位，成为全国最大的家电生产基地。顺德地区既有一批代表民族家电产业的行业巨头，同时，一大批充满活力的中小企业名牌也在高速成长。

顺德家电产业群兼备市场创造模式与外商直接投资形成模式的特点，是两种模式相结合的形式。顺德家电产业群的形成很大程度上与广东作为中国改革开放最早的桥头堡，受香港的辐射影响而成为外向型经济的出口制造基地有关。

（三）慈溪地区家电蓬勃发展

慈溪位于东海之滨，长江三角洲经济圈南翼环杭州湾地区，是上海、杭州、宁波三大都市经济金三角中心。浙江区域特色企业集群的成长历程，其实是中小企业集聚和专业市场培育壮大的过程。慈溪发展家电产业有资金、技术，尤其是宁波具有其他地方难望其项背的本土人才和良好的产业链，但是缺少全国有影响力的品牌。

虽然数千家家电配件生产企业与整机制造企业组成了慈溪家电兵团，但是截至 2009 年，创造了 300 多亿元产值的慈溪家电业却没有一家企业规模超过 10 亿元。如果当地没有几个具有规模的强势品牌，未来慈溪家电产业的发展只能是为国内其他家电产业圈和国际品牌提供零配件配套、OEM（定点生产）及代加工的加工基地。

慈溪家电产业群属于市场创造模式。高密集性的小家电和零配件生产的繁荣昌盛是慈溪家电得天独厚的自然优势和产业资源，慈溪乃至整个浙江家电在配件物流、原材料成本等方面的优势日见凸显。从模具、零配件到整机生产的庞大产业链，催化了浙江小家电产业的飞速发展，浙江家电业正在从贴牌生产向自主创牌跨越。

三、我国家电行业现状特点

家电行业作为我国国民经济支柱性产业，在经济发展中发挥着重要作用。业内人士指出了家电行业发展所面临的问题：目前成本快速增长是家电行业面临的主要挑战之一，同时社会对节能环保的要求也在不断提高。

（一）线上电商成为新型渠道

从 1970 年到 2000 年年初起，线下渠道一直是家电销售的核心，真正走向线上销售的时间历程很短。2012 年，家电电商市场通过价格战被打开，2013 年逐渐消沉，“6・18”成为大家电的一个固定促销节点。家电虽然在物流、配送和用户体验上要求都比较高，但是对于大型有能力的厂商而言，线上电商是一个新兴的创新渠道。由于大型家电企业的涌入推动了市场发展，促使整个家电市场处于平稳上升阶段，呈现稳定增长。

近几年，随着智能设备的推广，智能家居生活理念的推广，家电的溢价能力也越来越高。海信、海尔等都针对线上渠道推出了线上运作的品牌。这些传统企业涌进电子商务市场，对于电商服务性公司的需求也是一大商机，我国主要家电企业传统流通渠道比较如表4－2所示。

表4－2　　我国主要家电企业传统流通渠道比较

类　别	优　点	缺　点
①区域经销商制度（厂家—代理商—批发商—零售商—消费商）	电器企业可以利用经销大户的市场资源，迅速启动市场，降低市场风险	电器厂家对代理商、大户依赖性很强，厂家和经销大户关系不稳定，经销大户难以控制，厂家远离市场和消费者，对市场的反应慢等
②直营零售（厂家—零售商或自营专卖店—消费者）	厂家更加贴近市场与消费群体，积极应对市场的各种反应	这种渠道制度给厂家自身带来昂贵的分销费用，加大了厂家的库存风险
③直供家电连锁（厂家—专营连锁店—消费者）	经营规模大、资本雄厚、跨地域连锁经营、掌握着庞大的销售网络，是一个高效率、专业化的零售终端；同时以其专业化经营，更加了解消费者的需求，为消费者提供更好的服务	大型家电连锁企业掌握了渠道权，讨价还价的能力加强，厂家要向连锁店提供更低价格和优惠更多的促销资源，进而影响其他经销商的积极性

（二）家电生产企业经营状况出现分化

整体上而言，家电行业是一个高度竞争的行业。目前，我国家电行业由过去的产能不足发展到过度生产，产品由量的提升发展到质的提升。但也就在近几年，家电市场的竞争日趋白热化，家电产品供大于求的矛盾也日益突出。因此，多数企业的产品价格都有较大幅度的下降，企业利润水平也逐年受到压缩，最终导致生产企业的利润持续下滑，有的甚至已经出现了巨额亏损。在这样的背景下，行业两极分化的现象更加明显。知名企业凭借其多元化产品组合、国际化营销思路和完善的售后服务体系在激烈的市场竞争中赢得了主动，实现了业绩稳步增长、规模不断扩大的目标，而诸多中小企业则无力抗衡激烈的竞争，逐步被淘汰出局。

我国市场家电行业二元化市场结构的长期存在，主要是由于城乡差异的存在，城市市场主要家电产品容量普遍接近饱和，而广大农村地区却始终保持着较低的家电保有水平。不但在数量上差别较大，在产品结构上更是如此。目前，我国农村地区的电视还是以中低端为主，高端智能化的电视销售主要在城市。长期以来，家电生产企业只能将精力集中于竞争已非常激烈的城市市场，结果便造成了城市市场供给相对过剩的现象。不过近年来，农村市场蕴含的巨大潜力正在被激发出来，农村市场已经成为家电行业无法忽略的重要市场。

（三）国际竞争压力不断增大

自 2008 年始，家电下乡为国内家电企业赢来了发展的重大机遇，但是随着刺激政策进入尾声，国内家电企业又开始受到了众多世界品牌的威胁。21 世纪强调的节能、环保、智能和安全成为家电发展的大主题，全球化竞争的加剧和高端产品的高盈利特点也促使家电业加大技术研发投入，自主创新将成为家电业发展的战略支撑。而在自主创新方面，一些欧美以及日韩品牌占有较大的优势，比如东芝、西门子、三星等。而随着人们消费水平的提高和对品牌认知感的增强，这些外资企业都对我国的本土企业发展及对外出口等产生了极大的挑战。

四、我国家电行业发展趋势

（一）市场需求仍将温和增长

随着刺激政策的退出，市场多方面的利好仍有助于家电行业的稳步增长。在深层次城镇化背景下，对于家电商品而言，驱动新增需求增长的因素是家庭户数增加及家电保有量上升，驱动更新需求增长因素是越来越大的存量市场及产品更新加快。

基于家电行业所面临的平稳环境和潜在机遇，行业需求仍将呈温和增长趋势，产品升级延续、市场集中度继续提升，龙头企业继续侧重利润。而一项网络调查显示，一半以上的消费者愿意为高端家电埋单，其中有 68% 的消费者认同是因为更新换代而购买高端家电，其他 32% 的消费者认同是因为提升生活质量购买高端家电。因此，未来几年的产业升级将成为家电行业发展的主线，高端化则是产业升级的主要方向之一，在大众消费需求与产业升级压力的拉动之下，将有更多的“奢侈品”家电走进中国家庭。

（二）“家居智能化”进程继续推进

2014 年被称为智能家居“元年”，可穿戴设备、智能厨电、智能盒子等新一代智能家电不断涌现，而在未来，各企业针对智能家居的布局也将进一步“提速”，发展前景广阔。

近年来，不少传统家电企业都开始了智能家居的探索，在面临瓶颈时，家电企业无一例外地选择了与互联网企业“联姻”，从最早的 TCL 联手爱奇艺，到后来的美的和小米合作，都暗藏着对于市场份额的渴求。这些企业和相关技术经历了磨合期，以及物联网、大数据、云计算、人工智能等技术的不断升级，如今的智能家居已处在爆发的前夜，如何解决智能家电“各自为战”的现状，让智能家电组成“生态圈”，将是各企业探索的主要方向。除此之外，物联网冰箱、智能电视、空气净化器等产品全面触网，在互联网思维影响下家电产品与网络的集合日趋紧密。“智能 + 互联网，产品 + 服务”的彩电战略模式，“软件 + 模式”替代“硬件 + 功能”的空调互联网策略运作思路使家电行业发展的趋势不仅智能，而且更能互通。

（三）健康节能家电持续升温

2015 年 1 月 8 日，国家发展与改革委员会等七部门联合发布了《关于印发能效“领跑者”制度实施方案的通知》，明确提出对变频空调、电冰箱、滚筒洗衣机、平板电视等品牌实施能效“领跑者”制度。这个历时三年才尘埃落定的新规向外界释放出这样一个信号，节能和环保仍旧是我国家电行业的发展趋势，低能效产品将难逃被淘汰的命运。

近年来，在政策与市场的双重推动下，我国节能减排工作成效显著，仅以节能惠民工程为例，每年为国家节电 30 多亿千瓦时，折合标准煤超过 100 万吨，相当于减排二氧化碳 275 万吨，二氧化硫 1.2 万吨。对于消费者而言，电费支出的降低也拉低了节能家电的成本。

随着人们对呼吸健康越来越重视，空气净化器自然也有了潜力巨大的市场。在上海家博会上，除了夏普、松下、三星、LG、3M、西屋等较早就已布局该领域的企业携最新空气净化器产品亮相以外，类似创维、海信、苏泊尔等知名品牌也纷纷加入到这一阵营，而其他不知名的企业更是多到难以统计。以空气净化器为代表，健康家电已经成为家电产品中的一个重要品类，并席卷生活的方方面面。在日常生活中使用率极高的冰箱、洗衣机，甚至连吹风机等小家电都关联上了“健康”的功能。比如，松下的宝贝星婴幼儿专用洗衣机，搭载了创新光动银除菌、95℃高温除菌、抗菌内筒、筒自洁防霉菌四重除菌抑菌科技，能够在去除衣物表层污渍的同时，为消费者解决深层的细菌威胁，更好地呵护孩子的健康。由此态势可发现，健康节能家电在未来几年仍将持续升温。

（四）各种渠道与资源将加速融合

未来的家电企业将不再是单纯的硬件销售者，而是既销售硬件又销售服务，甚至以销售服务为主，“硬件 + 服务”时代将全面到来。同时“线上 + 线下 + 物流 + 服务”的模式正在改变市场，而电商企业在保持高速增长的同时，应更加注重打通线上与线下，将二者结合起来，促进各种渠道与服务资源的融合，推动家电供应链的发展。

第二节　家电物流的内涵及发展

一、家电物流的概念及特点

（一）家电物流的概念

家电行业作为我国市场化程度较高的行业，无论在制造环节还是在物流环节，与发达国家的市场运行模式都比较接近，家电物流发展水平处于物流行业前列。所谓家电物流，是指家电产品供应链上原材料、零部件、完整产品以及售后配件在各个环节之间的实体流动过程。广义的家电物流还包括废旧家电的回收环节。家电物流在家电产业链中起到桥梁和纽带的作用，是实现家电产业价值流顺畅流动的根本保障。

从供应链的角度，家电物流可分为四部分：零部件供应商的运输供应物流，生产过程中的储存搬运物流，产品销售物流和工业废弃物的回收物流。其中，家电产品销售物流是家电物流管理中的核心问题。

（二）家电物流的运营特点

家电产品是一种社会性产品，具有产品数量规模大、生产、销售总值巨大的特点。从最初的重视生产，到后期的重视销售，直至到现在逐步重视物流和供应链领域的第三利润源。同时，家电物流也具有自己独特的特点，具体如下。

1. 物流运作对象的单品价值一般较高

家电产品多数有精密的电子器件，运输过程颠簸与野蛮装卸都可能造成电器故障与损坏。故对家电物流运作过程中的运输与装卸搬运环节要求较高，在仓储环节一般不能直接堆码，需采用高位货架等。

2. 物流组织具有季节性波动特点

一方面，家电销售季节差异明显。比如说空调，其销售旺季在每年的 4—7 月，在高温季节的销售高峰日出库量比淡季多十余倍，形成鲜明对比。另一方面，家电产品的“假日经济”特点也很突出。以彩电为例，在“金九银十”（指 9 月、10 月）和春节前后，彩电的销售会猛增，需求波动性较强，物流运作不均衡。同时由于客户需求多批次、小批量、多样性等特点，更增加了物流的运作难度。

3. 家电物流对网络布局要求高

家电销售网络庞大，需要有健全的物流网络与之相适应。除了区域配送中心（RDC）外，常见的还有中央配送中心（简称 CDC）、地方配送中心或地方接驳中心（LDC）也是家电物流网络常用的节点类型之一。只要有产品的地方，就存在物流服务需求，而物流体系的搭建与维护，例如，区域配送中心的规划、仓库的选址建设、运输车队的管理、IT 系统的规划等，则需要投入大量的人力、物力和财力。

4. 注重物流对营销、渠道的支持作用

众所周知，目前的家电销售企业如果单纯通过价格大战或者依靠不断增加连锁店的数目，来打击对手、抢占市场、赢得顾客，恐怕都会得不偿失。只有在充分分析家电销售特点的前提下，制订合理的物流战略，选择适当的物流运作模式，才能提高客户服务水平，降低运作成本，在激烈的家电市场竞争中脱颖而出。

（三）家电物流的需求特征

家电物流的收入是家电制造和流通企业物流费用的让渡，而家电制造和流通企业的利润率已经非常低，基本上全行业的利润率不足 1%，整体物流费用率已经降至 1% 以下，在这种情况下，只重视物流功能活动是远远不能满足其要求的，必须从供应链角度进行物流组织架构、营运流程的变革。

整体家电物流市场竞争激烈，进出市场比较容易，各大家电生产和流通企业虽然都非常重视服务质量，但是成本更是这些企业关注的重中之重，因此“低成本、时间效率高、服务适中”是该行业的主要物流需求特征。

二、我国家电物流的现状特征

（一）由东南向中西部流动

目前，我国家电生产基地主要集中在环渤海地区的青岛、北京、天津，长三角地区的上海、苏州、无锡、宁波，珠三角地区的顺德、珠海、中山、深圳，以及近年来兴起的安徽合肥等地。这些地区家电产品种类齐全，为综合型家电生产基地。四川绵阳、福建厦门、河南新乡分别以电视机、冰箱等产品为主导，为单一型家电生产基地。

随着人们生活水平的提高，家电产品消费普及化程度日益提高。我国家电生产基地相对集中在东南沿海地区，而家电消费呈全国性分布，由东南向中西部地区产生巨大的家电物流。尽管近年来东南沿海地区劳动力生产成本不断上升，家电产业有向中西部地区转移的趋势，但短期内家电物流的流向不会改变。

（二）农村家电物流增长快速

随着我国大力推动“家电下乡”，农村市场快速增长，家电销售由区域性中心城市市场逐渐向三、四级市场扩张。我国农村有1.9亿多个家庭，占全国家庭总量的一半以上，在城市家电市场日益饱和的现状下，三、四线城市和我国农村家用电器市场成长空间仍很广阔。近年来城市家电消费年均增长率保持在5%左右，而农村为5%～20%。这就要求家电物流企业重新调整物流布局，建立区域分拨中心，扩大农村辐射范围，满足农村市场需求。

（三）形式多样化、物流服务复杂化

近年来，我国家电流通业态发生了快速变化，国美、苏宁等家电连锁零售巨头、原有批发市场、百货商场、专卖店、电子商务等多种业态形成了共存局面，使家电物流格局发生相应变化。和传统家电批发零售商相比，家电连锁零售企业凭借先进的业态，取得了快速发展。多元化的销售业态需要不同的物流服务，导致产品流向、流量的复杂化，家电物流开始向精细、高效、专业化方向发展。

（四）标准化、规范化不足

由于我国家电行业规模巨大，与之相应地，家电物流也颇具规模，企业众多。不过，由于家电物流市场准入门槛较低，加之行业服务标准缺失，使得整个家电物流服务质量良莠不齐。为了规范家电物流各项服务，全国物流标准化技术委员会秘书处在国家标准管理委员会的相关标准制修订计划下，已经组织有关部门和单位开始起草家电物流相关标准。

第三节　家电物流的运作与管理

一、家电产品流通模式

目前中国家电产品流通渠道大致可分为传统渠道和新兴渠道两种类型。传统渠道主要有大商场、中小商场以及从五金店转变而来的电器专营店。新兴渠道有综合性连锁、家电类连锁、电器城、品牌专卖店、集团采购、网上订购等。

（一）商场渠道模式

在国内的三、四线城市，商场仍是我国家电产品销售的主渠道，具有高客流量、高信誉度的特点，是家电品牌推广知名度的首选场所。在20世纪80年代后期和90年代初期，国产家电生产企业成长阶段，品牌知名度较低，其产品能否进入较大商场，成为能否打开当地市场的关键。家电生产企业对商场的争夺是这一时期渠道竞争的焦点。

（二）家电连锁渠道模式

当前构成传统渠道销售家电产品冲击最大的是家电连锁。这支重要的商业资本最显著的特征是经营规模大、资本雄厚、跨地域连锁经营、掌握着庞大的销售网络，是一个高效率、专业化的零售终端。它们以承担销售风险的方式获得家电生产企业最大限度的让利，因此，除在零售价格上具有优势外，在品种、数量上与其他销售渠道相比也同样具有明显优势。

（三）综合型连锁超市渠道模式

综合型连锁超市也是传统渠道的强劲竞争对手。综合型连锁目前以国外品牌为主，包括家乐福、沃尔玛、麦德龙等，价格和商品种类齐全是他们的主要竞争手段。在家电销售方面，综合型连锁以小家电作为切入点，逐渐扩展到销售几乎全部的家电产品。

由于综合型连锁进入国内市场时间较短，因此其销售网点较少，销售总量比例较低，截至2009年，销售总量仅占家电产品销售总量的2%左右，但是这些国外商业企业的资本、管理、品牌优势明显，随着国际化趋势，会成为极具影响力的销售渠道。

（四）品牌专卖店模式

品牌专卖店模式被家电企业引进以后，得到了快速发展。企业设立品牌专卖店，主要的目的是通过全面展示产品，提升品牌形象，同时促进产品的销售。目前家电生产企业的品牌专卖店多设立在中小型城市，这主要是因为原有的渠道形态不适应企业的要求。企业通过品牌专卖的设立，为其在当地市场的竞争打下良好基础。

（五）集团采购模式

集团采购模式是近几年才进入国内的新概念。目前国内只有极少数企业充分认识到这个市场的巨大空间，设置了专门的队伍从事集团购买的销售工作，多数企业仅是依靠当地分公司或经销商去捕捉集团购买信息。因此，在这一市场上，国外品牌目前占据着较大的市场份额。

（六）网上订购模式

网上订购模式具有高效、低成本的特点。高速增长的趋势和极强的市场辐射能力预示着电子商务具有辉煌的前景，但截至2009年，我国主要家电产品的网上销售比例仅占0.5%左右。网购的主要家电产品是小家电。

二、家电物流运作模式

如今的家电业竞争，已经不再局限于生产成本、营销手段等传统方式，物流竞争开始占据重要地位。谁能更快速、更有效、更经济地完成物流环节，谁就会在竞争中占有先机。向现代物流这个大方向迈进，进一步整合优化企业物流链条，已经成为大部分中国家电企业的共同目标。在探索实现企业物流最优化的道路上，不同企业根据自身特点和需求采取了不同的物流模式。但具体运作模式不外乎以下几种。

（一）海尔物流模式

海尔物流模式指的是一种自营物流的模式。据了解，海尔以订单为中心的“一流三网”物流模式已经具备现代物流的特征，在海尔集团 CEO（执行总裁）张瑞敏看来，物流就是利润，在海尔物流本部成立一年时间里，海尔的库存时间就由 30 天减至 12 天，大大降低了其物流成本。海尔集团对于物流的改造其实是把物流部门推到一个企业的高度进行专业经营，应该说这在世界上并不多见。海尔专门成立的物流本部，由集团副总裁亲自负责，本部下面设了三个事业部——采购事业部、配送事业部、储运事业部，由此可见海尔对物流的重视。

这种自营物流的模式是企业将采购、运输、保管、包装、装卸等所有物流业务全部由企业自身完成的一种模式。对于大型企业来说选择自营物流模式是一种较好的方法，自营物流可以使企业掌握物流的控制权，通过大规模采购能够降低物流服务的交易成本，并且能够有效地控制风险，但是同时企业自建物流系统最突出的就是企业需要花费大量的人力、物力和财力，并且会削弱企业自身核心竞争力的发挥，削弱企业的市场竞争力。

对于这种物流模式，优点显而易见。

（1）有利于控制供应链上各个环节

自营物流对供应链各个环节有较强的控制能力，易于与生产和其他业务环节密切配合，全力服务于本企业的经营管理。海尔自营物流严格控制了供应和分销渠道，掌握了供应链上各个环节的控制能力，不容易与生产和其他业务环节脱节，全力服务于企业。

（2）有利于提高品牌价值

一般规模实力大的企业采用自营物流，它们将物流服务能力和水平视为企业核心竞争力的一部分。为了提高核心竞争力，它们极力为客户提供更优质的服务，这样利于巩固和提升企业产品品牌的知名度。

（3）利于提高物流作业效率

海尔自营物流使海尔的物流与资金流、信息流、商流结合得更加紧密，从而大大提高其物流作业乃至全方位的工作效率。

（4）可以防止一些商业机密的泄露

对于涉及企业生产经营计划、新产品开发、营销策略、客户关系等商业秘密，由于没有第三方合作伙伴的介入参与，能够降低商业机密外泄的风险。如海尔这样机密性很强的企业往往选择自营物流。

但是，一种模式永远不能适应众多企业，缺点也不能避免。

（1）增加了企业的投资负担

企业为了自营物流，必然需要投入大量的资金用于建设物流基础设施、研发自己的物流信息系统，并且还有相关的人力资本，这种资源的投入势必会影响到产品的研发、生产和规模的扩张，会影响到家电制造企业对其核心能力的关键环节的投入。海尔在青岛投巨资建设了青岛立体仓库，但是基于资源的限制，对于遍布全国的租赁仓库也不可能进行大规模投资，毕竟海尔是要成为最强的制造企业，而不是物流企业。

（2）物流配送的专业化程度较低，成本较高

对于规模不大的家电制造企业，由于其产品数量有限，采用自营物流不能形成规模效应。另外，因为物流并不能成为家电制造企业的核心业务，投入有限，因此难以构建完整高效的物流运营体系，难以培养高水平的物流人才。这样就导致物流运作效率低、成本过高，产品在市场上的竞争能力下降。

（3）影响企业的效益评估结果

由于许多自营物流的企业采用内部各职能部门彼此独立地完成各自的物流，没有将物流分离出来进行独立核算，因此企业无法计算出准确的产品物流成本，无法进行准确的效益评估。

（4）分散了管理精力

任何企业拥有的资源都是有限的，因此需要将企业的有效资源集中于核心业务以提升核心能力。而企业无暇花费更多的时间、精力和资源去集中提升不擅长的非核心业务的管理和运作能力，因而也难以取得良好的物流管理和运作效果。

（二）安泰达物流模式

科龙、小天鹅、中远联手打造的安泰达公司，其经营思路着眼于对厂家整条物流供应链整合以缩减隐性成本。其中，小天鹅和科龙只作为参股方，将其业务委托给安泰达。该物流公司是较为中立的一家物流服务公司，现在不仅为科龙和小天鹅服务，也为社会上多家家电企业服务。这是迄今为止业界反映最好的一种运作模式。由于第三方物流公司占绝对控股，从而给外部一个较公正的形象，同时又有科龙和小天鹅两家大家电企业作支撑，广州安泰达公司在家电物流运作方面颇有收获。

这种模式也被称为联盟物流模式，是指两个或两个以上的经济组织为实现特定的物流目标而采取的长期联合与合作。也就是企业选择稳定并且有较

多往来的物流公司，与其形成长期合作的物流伙伴关系，它们相互信任、共担风险、共享收益。这种模式有助于企业的产品迅速进入市场，提高竞争力。

这种模式的优势主要在于：第一，减少企业的投资成本，降低企业的风险。企业的资源是有限的，企业不可能操作所有的物流业务，而是选择少数稳定且有较多往来的物流公司通过契约形成物流伙伴关系，可以减少企业的成本投资，降低企业的风险和不确定性；第二，有利于企业的产品迅速进入市场，提高竞争力，通过与物流企业的联盟，能够利用联盟企业的实力更迅速地进入到市场。

该物流模式的劣势主要在于：当物流联盟合作时间较长时，会使家电制造企业改变物流服务供应商的行为变得困难，企业需要对过度依赖于某个供应商的局面作周全考虑。

（三）安得模式

安得物流是美的集团资产管理公司的一个全资子公司。当初其定位就是将美的集团的销售物流发展成为一个社会物流企业。与海尔物流相比，安得物流比海尔物流更加独立，也更接近第三方物流的性质，美的现在依然是其最大的客户。企业可以利用安得遍布全国 68 个大中城市上百个物流仓储基地，进军全国市场。

作为第三方物流的代表，这种模式在运作过程中也显露出了它的优势。

第一，企业可以集中精力于核心业务。企业的资源是有限的，很难在业务上做到面面俱到，家电制造企业应该把主要资源集中于擅长的主业产品设计生产业务上，而把物流等辅助功能留给物流公司。伊莱克斯进入中国以来，业务拓展突飞猛进，与其物流外包模式是分不开的。

第二，减少投资，加速资本周转。家电制造企业如自建物流需要投入大量的资金购买物流设备、建设仓库等。而企业使用物流外包不仅减少了设施的投资，还免除了仓库等资金的占用，加速了资金周转。

第三，提供灵活多样的顾客服务，为顾客创造更多价值。专业的物流公司能够提供更多种类的顾客服务，它们拥有专业的技术和设备，拥有专业的人才，可以向客户提供更多的服务并提高顾客满意度。

当然，外包物流在为企业提供上述便利的同时，也给企业带来了诸多不利因素。企业不能直接控制物流职能；不能保证供货的准确和及时；不能保证服务的质量、维护与顾客的长期关系；企业将放弃对物流专业技术的开发等。

（四）TCL 物流模式

TCL 公司采用的是一种混合物流模式，与南方物流有限公司在 1999 年合伙成立了 TCL 南方物流有限公司。TCL 公司按照资产专用性程度选择哪部分业务采用外包，哪部分业务采用自营。这同样是一种资源主导型的物流运作模式，风险性小是其最大的特点。自 2002 年起，TCL 又分别成立了物流管理部和物流运作部，前者主管规划设计，后者主管实际运作，是 TCL 摸索和推进物流模式的新尝试。

物流混合模式的利弊是这种外包与自营结合的组合模式集合了自营和外包的种种优点和缺点。它使企业更专注于核心的物流业务，因为企业可能拥有某一部分或几部分的物流核心业务，如果企业选择物流自营，那么将会花费资金和精力在非核心的业务上，造成了浪费，而企业选择物流外包，那么核心业务的外包不利于企业的发展。因此这种模式不仅可以减少投资，还可以防止一些核心业务商业机密的泄露等优势，但同时它也有着其不利因素。外包出去的那部分物流业务不能保证服务的质量，并且部分外包、部分自营不能完全掌握供应链上各个环节的控制能力。

三、家电物流作业流程管理

家电物流一般来说不管采取什么样的物流运作模式（不论是外包物流还是自营物流），都大致遵循着相同的物流操作流程：家电产品下线后的总库管理、干线运输管理、DC（配送中心）管理、配送管理。

（一）产品下线后的总库管理

产品下线后的仓储管理量一般不是特别大，因为现在各大生产厂商都特别强调按需生产，因此一般只要不是消费旺季就不会有大量的库存。在总库管理的过程中通常会使用条码技术以控制串货问题（这是销售上很头痛的问题），并且家电产品的物流量和规范程度都是非常高的，因此对于发展各种物流新技术来说都是非常适合应用的。

（二）干线运输管理

从这个阶段开始一直到最后，是真正显示物流运作水平的时候，但是在干线运输阶段由于家电产品的批量相当大，并且各个家电厂商的品种也比较多，因此集运的水平和配载的水平都是相当高的，所以大家都把成本集中在这里进行压缩。

（三）DC（配送中心）管理

DC 的设立是与销售区域的划分紧密相连的，在我国销售区域一般分为华北、东北、西北、华东、华南、西南、华中，个别时期、个别企业会适当调整区域的划分，比如，撤销东北，由北京直接覆盖华北、东北地区；撤销华中，直接由广州管理。物流 DC 的设立一般来说直接沿袭了销售区域的设置，基本上二者区域的划分是重叠的，这样才能够为销售提供更好的服务。像北京、上海、广州这样的大城市由于物流发展比较完善，能够迅速地覆盖到全国各地，因此一般将这三个地方设为 NDC（国家级配送中心）。

RDC（区域配送中心）一般为区域内的经济、交通相对发达地区，如成都之于西南、西安之于西北、沈阳之于东北、武汉之于华中。

FDC（前端配送中心）指每个省会或经济发达的地、州、市级城市都会设立覆盖本省、本地区的 DC，前端配送中心是为了更充分地响应速度而设立。

DC 的管理是一门相当高深的管理，它需要销售相当准确的预测和控制，家电企业物流费用的增长和浪费大部分集中在这里，仓储费用、库存金额、大规模的异地调货等都深刻地反映出 DC 管理的重要性。

（四）区域配送

区域配送阶段一般来说已经非常接近市场终端，这个阶段是真正体现物流服务水平的阶段，也是解决最后一公里的重要阶段，其阶段特点是小批量、多批次、快速反应，是客户需求的集中体现。

四、家电物流的配送管理

家电企业配送主要有以下两种办法。

（一）门店配送管理

按照各门店订货信息，由配送中心配齐商品，给门店补货，这是典型的 B2B（企业对企业）的配送模式。这种补货主要针对各种小家电。配送中心将商品送到门店后，顾客到门店购买并自己携带回家。这类商品称为非集中送货类商品，在总销售额中一般占 40% 的份额。

（二）顾客配送管理

当顾客在门店购买家电商品后，门店将顾客的购买信息传递给配送中心的信息处理系统，配送中心会集中不同地域、品种各异、需求零星的购买指令，经过拣货出库，按顾客所在地区划分配送区域将商品凑整装车后由配送据点送达用户，这是典型的 B2C（企业对顾客）的物流模式。因为大家电顾客自身难以搬运，属于集中送货类商品。这种终端物流模式主要针对大家电的配送。

顾客配送管理又可以分为自营配送、共同配送、第三方配送三种模式。自营配送是在企业根据自己的经营规模、各连锁店的商品配送量以及网点布局等多种条件与因素，选择适当的地点，自己出资建立一个或几个配送中心，并对配送中心进行经营管理，由配送中心完成对各连锁店的配送业务，这种模式下的服务水平较高，但容易带来高额的配送成本，难以发挥连锁经营的优势；共同配送模式是连锁企业与其他企业合作，共同出资建立配送中心，满足对配送业务的需要，以实现整体合理化的协作型配送模式，其主要追求的是物流配送的合理化，是经长期发展和探索而优化出来的一种配送模式，目的在于最大限度地提高人员、金钱、物资、时间等物流资源的效率，取得最大的效益；第三方配送是指连锁企业以签订合同的方式将各连锁店的集货、配货和送货业务委托给专门从事此项业务的社会化物流公司和配送中心承担。连锁企业采取这种模式，不仅能减少大量的投资和管理费用，集中精力做好卖场管理与营销，而且可以享受比较完善的配送业务，如今这种配送模式已经成为了连锁企业配送的发展趋势，也是现代物流学竭力倡导的物流战略模式。

五、家电逆向物流模式管理

每年的消费使用产生了大量的废旧家电，对环境带来了很大的危害，因为废旧家电含有铅、汞、镉、六价铬、多溴二苯醚等有害物质。如果处理不当，会对环境及人类造成不 可逆的破坏。如广东省汕头市贵屿镇，当地人为了提取废弃电器中的有用物质获取暴利，采用极不科学的方法拆解废旧家电，最终，造成了贵屿镇癌症高发，妇女流产率达到平均值的 6 倍，25% 的儿童中度铅中毒。但是废旧家电中，含有塑料、各种贵金属等多种可再利用的物质及资源。随着人们对环保以及资源节约的重视，家电逆向的回收处理也越来越被纳入到重要的物流管理一环中，废旧家电的逆向物流对解决资源枯竭、环境污染、发展循环经济、促进可持续发展具有重要意义。

（一）以个体回收者为主导的逆向物流模式

目前，我国大部分地区的废弃家电的回收利用主要以个体回收者回收为主。其回收利用体系的形成是在利益的驱动下，市场自发形成。流动个体回收者分布于各个小区，在收购其他废旧物品的同时，也收购废旧家电。为了从中获得最大的利益，一些个体回收者会对废弃家电进行简单分类、维修甚至拆解。

这种回收方式具有高度的主动性和灵活性。个体回收者通过上门回收等途径扩展货源，能够充分解决废旧家电逆向物流体系中，逆向物流主体产生地点分散、产生时间不固定等不易回收的缺点。

（二）以正规废弃家电拆解企业为主导的逆向物流模式

2003 年，国家发改委把浙江省、青岛市列为废旧家电回收处理试点省市后，各地开始建立电子废弃物专业拆解公司。2015 年 12 月，全国已经有 106

家获得资质的正规拆解处理企业。专业拆解处理企业的回收渠道主要是接受生产厂家的委托（主要处理生产过程中的次品）、政府事业单位和家电销售商（例如京东等电商及实体店的以旧换新产生的旧家电）的委托进行拆解，有一小部分来源于流动个体回收者。除了具有先进的处理设备外，还具有完善的处理工艺流程，能够对处理过程中产生的“三废”进行专业化处理，实行无污染排放。但是，该逆向物流回收体系的投资费用大、处理费用高、回收渠道较单一，不能较好地解决废旧家电产生地点分散、产生时间不确定的问题。

（三）“互联网＋回收”新型废旧家电逆向物流模式

将非正规的个体回收者的电子垃圾逆向物流体系纳入正规途径的逆向物流体系，使既有的正规废弃家电逆向物流系统与非正规的私人收购行为融洽衔接，以规范收购渠道，避免收购的废弃家电再次流入市场，造成新的环境污染和资源浪费。同时，利用“互联网＋”，实现消费者与处理厂的点对点对接，建立“互联网＋个体户收购＋专门机构处理”的新模式，建立拥有多样化的收集方式、多元化的收集主体、多渠道的收集途径等特点的新型废弃家电逆向物流体系。

这种模式既可以发挥互联网互联互通的价值、个体回收者物流成本低的优势，减少政府基础设施的投入。同时，解决了正规拆解处理企业处理量少的问题，进而减少环境污染。最后，也给消费者带来了便利，实现多方共赢。

具体应做到：第一，在城乡部分区域建立废旧家电回收站，将一些基础的拆解工作提前，再根据流程送往下游，以降低废旧家电的运输成本；同时，使废旧家电中的有用零件得到充分利用。第二，与其他企业或社会组织机构合作，鼓励消费者通过正规途径交投废弃家电。近年来，天津为了吸引居民主动参与废旧物品的循环利用，福瑞绿色环保便利店引入了废弃物自动回收机，居民将废弃物投入其中，就可换取便利店优惠或代金券并在店中使用，这样提高了消费者进行废弃物回收积极性，也培养了消费者环保及资源重复利用意识。第三，加强政府机构对非正规途径回收渠道的监管，维护正规回收渠道的正常运行。

本章小结

家电物流就是以家电产品为主要对象的物品及相关信息系统规划、运作和管理过程，重点是家电产成品的正向物流，也包括返修、回收等在内的反向物流。

本章先介绍了什么是家电行业、家电行业的集群分布及其发展现状和趋势；其次针对家电物流的概念、特点以及我国家电物流的现状特征进行了总结；最后在这个基础上针对家电物流的流通模式、运作模式、作业流程、配送管理以及逆向物流管理等内容进行阐述，在正向和逆向两方面进行了物流分析。

案例分析

长虹开创中国家电业第三种物流模式

"在2005年物流成本降低7000万元的基础上，2006年再降4000万元，建成西南最大的家电物流平台。"这是长虹物流公司总经理杨剑从集团董事长赵勇那儿领到的《目标书》。

近年来，中国家电业产能严重过剩，利润日趋微薄，落后的物流管理系统是其主要瓶颈之一。从2005年2月以来，长虹凭借自己的物流平台优势，整合第三方物流资源，逐渐构建起西南最大的家电物流平台，对提升长虹综合竞争力起到了很大作用。

四大创新根治物流"顽疾"。

目前中国家电处境艰难，下游面临大连锁的压力，上游面临原材料成本日益走高的挑战，处在中间的家电制造企业，必须通过内部挖潜的集约型竞争方式，才能在市场竞争中谋取一席之地。因此，作为"第三利润源"的物流被看作是制造企业最有希望降低运营成本、提高运营效率的环节。

但物流对整个家电业来说，高成本、低效率、多环节是其通病，短期内很难扭转，作为中国家电业"龙头"的长虹也不例外。有关机构在分析长虹的物流管理体系时指出，多、少、散、乱是其四大顽疾。

"多"是资源过多，绵阳有40多个原材库房，50多个成品库房，200多个销售库房，近千辆的大小货车。"少"是效益过少，作为支持服务部门缺少服务和效益观念。"散"是职能分散，多头管理，比如，成品配送由销售部门主管，原材料物流由采购部门主管，没有人对物流总成本负责。"乱"是流程混乱，缺乏系统科学的操作流程和操作规范，导致运输和仓储管理环节低效率。

要彻底改变长虹物流现状，必须下"猛药"。对此，长虹高层开出了"药方"：

1. 物流组织创新

2005年2月，长虹整合内部物流资源成立新物流公司，构建起采购、仓储、配送统一平台，统一对长虹的物流业务负责。这种新的组织框架，责任更加明确，有利于深挖内部潜力、整合外部资源。

2. 物流观念创新

物流贯穿企业的各个环节，不仅要保证快节奏的生产，而且要实现最低库存下的仓储和服务及时到位的成品配送。由此，长虹提出了“物流是流动的仓库”的思路，用时间消灭空间，摒弃了存货越多越好的落后观念，全面提升速度观念。

3. 物流技术创新

积极发展企业的物流技术体系，包括保管、搬运的机械化和自动化，信息的条码和自动识别化，以及基于互联网的信息实时管理和网络化，这样，令长虹的物流管理走上了规范化、标准化的道路。

4. 物流管理创新

推行整合、借力、供应链管理一体化战略等，施行精细化整合管理。比如，把四川省以外的一些物流业务采用招标制，外包给实力和信誉好的第三方物流商。

“第三种模式”成本一年降低7000万元。物流改革并不只是如何降低成本，而是一项企业的系统工程，最关键还要通过对物流的重构来推动企业提升运营效率，以满足消费者对个性化产品和服务的需求。

从流程上来看，长虹物流首先搭建了一个集采购、储运和配送于一体的服务平台。在具体操作上，长虹对物流系统进行“大手术”。一是“节流”。办法是招标。据了解，新物流公司干的第一件事，就是通过招标，对公路、铁路等行业集中进行采购运力，综合运输成本同比下降20%以上；二是“瘦身”。以前长虹在全国设置了绵阳、中山、南通、吉林4个基地库房，203个分公司库房，形成了庞大的仓储体系。这些库房利用率较低，占用大量资金。截至2005年11月底，长虹共减退绵阳外租库房15万多平方米，绵阳外租仓库费用下降50%。目前，长虹在全国范围内建立了4个CDC和66个RDC。

（资料来源：华西都市报，2006年3月17日）

问题：

1. 长虹家电的物流运作类似于哪种企业物流运作模式？

2. 长虹集团为了提升自己的物流优势都做了哪些努力？

第五章 服装行业物流管理

导入案例

2017 年 3 月 27 日，中国物流与采购联合会服装物流分会成立大会，第一次会员代表大会暨一届一次理事会在成都高新皇冠假日酒店隆重召开。中国物流与采购联合会蔡进副会长在会上讲话。他指出，服装物流分会的成立顺应了物流发展、精细化、专业化的要求。未来服装物流业的发展要紧扣“创新、协调、绿色、开放、共享”这五大理念。通过资源整合，为企业提供高效有序的供应链服务平台，实现行业的降本增效。对于跟老百姓息息相关的生活领域的、消费领域的物流，我们要更加关注，特别是像服装，在消费领域中间占有极其重要地位的，要更加积极提供物流方面的服务来推动行业发展。从这个角度来讲我们也应该把服装物流这个平台建立起来，提供更好的物流服务。

问题：

1. 结合实际分析一下，为什么服装物流要紧扣“创新、协调、绿色、开放、共享”这五大理念？

2. 你认为该如何实现服装物流行业的降本增效？

第一节 服装行业基本情况概述

一、服装的概念和分类

（一）服装的概念

服装是人们的一项生活必需品，它除了起着遮蔽身体、御寒防暑、保护人体健康、修饰某些人的体型缺陷等作用外，还能够通过造型式样、色彩与装饰的变化来美化人们的生活，在一定程度上反映时代与民族的经济、生产和思想文化状况。

服装，泛指衣服、鞋、包、玩具、饰品等的总称，多指衣服。宇博智业市场研究中心了解到，服装在人类社会发展的早期就已出现，古代人把身边能找到的各种材料做成粗陋的“衣服”，用以护身。人类最初的衣服是用兽皮制成的，包裹身体的最早“织物”是用麻类纤维和草制成的。在国家标准中对服装的定义为：衣裳，穿于人体起保护和装饰作用的制品，又称衣服。对现在社会来说，服装已不仅仅是为了穿，更是一个身份、一种生活态度的体现。

（二）服装的分类

服装分类本身而言很难找到标准，目前为止最没有争议的分类就是按性别分，可以分为三类：男装、女装、中性服装。在服装界，业内人士通常分为针织与梭织。

针织类服装生产速度快，难度要比梭织低，因此价钱上也会便宜一些。中国虽然人力资源丰富，但是服装生产成本中占重要比例的还是人力资源。通常针织类服装一个工人加上一台机器，工人在熟练的情况下一天可以生产几百件，当然也要看服装的复杂程度。

决定服装成本的另一个重要因素是服装上的配饰，配饰本来就会增加成本，更重要的是同时还需要付出人工成本。配饰通常情况下是手工装配的，这样不仅生产工期长，而且会增加不合格产品的数量。

服装的种类很多，由于服装的基本形态、品种、用途、制作方法、原材料的不同，各类服装也表现出不同的风格与特色，变化万千，十分丰富。不同的分类方法，导致我们平时对服装的称谓也不同。目前，大致有以下几种分类方法。

1. 按服装的基本形态分类

依据服装的基本形态与造型结构进行分类，可归纳为体形型、样式型和混合型三种。

（1）体形型

体形型服装是符合人体形状、结构的服装，起源于寒带地区。这类服装的一般穿着形式分为上装与下装两部分。上装与人体胸围、项颈、手臂的形态相适应；下装则符合腰、臀、腿的形状，以裤型、裙型为主。裁剪、缝制较为严谨，注重服装的轮廓造型和主体效果。如西服类多为体形型。

（2）样式型

样式型服装是以宽松、舒展的形式将衣料覆盖在人体上，起源于热带地区的一种服装样式。这种服装不拘泥于人体的形态，较为自由随意，裁剪与缝制工艺以简单的平面效果为主。

（3）混合型

混合型结构的服装是寒带体形型和热带样式型综合、混合的形式，兼有两者的特点，剪裁采用简单的平面结构，但以人体为中心，基本的形态为长方形，如中国旗袍、日本和服等。

2. 按服装穿着组合、用途、面料与制作工艺分类

（1）按穿着组合分类

按穿着组合大致有如下几种分类：

①整件装上下两部分相连的服装，如连衣裙等因上装与下装相连，服装整体形态感强；

②套装上衣与下装分开的衣着形式，有两件套、三件套、四件套；

③外套穿在衣服最外层，有大衣、风衣、雨衣、披风等；

④背心穿至上半身的无袖服装，通常短至腰、臀之间，为略贴身的造型；

⑤裙遮盖下半身用的服装，有一步裙、A 字裙、圆台裙、裙裤等；

⑥裤从腰部向下至臀部后分为裤腿的衣着形式，穿着行动方便，有长裤、短裤、中裤。

（2）按用途分类

按用途分为内衣和外衣两大衣。内衣紧贴人体，起护体、保暖、整形的作用；外衣则由于穿着场所不同，用途各异，品种类别很多。又可分为社交服、日常服、职业服、运动服、室内服、舞台服等。

（3）按服装面料与制作工艺分类

分为中式服装、西式服装、刺绣服装、呢绒服装、丝绸服装、棉布服装、毛皮服装、针织服装、羽绒服装等。

3. 按其他分类方式

除上述一些分类方式外，还有些服装是按性别、年龄、民族、特殊功用等方面的区别进行分类。

（1）按性别分类：有男装、女装。

（2）按年龄分类：有婴儿服、儿童服、成人服。

（3）按民族分类：有我国民族服装和外国民族服装，如汉族服装、藏族服装、墨西哥服装、印第安服装等。

（4）按特殊功用分类：有耐热的消防服、高温作业服、不透水的潜水服、高空穿着的飞行服、宇航服、高山穿着的登山服等。

（5）按服装的厚薄和衬垫材料不同来分类：有单衣类、夹衣类、棉衣类、羽绒服、丝棉服等。

（6）按服装洗水效果来分类：有石磨洗、漂洗、普洗、砂洗、酵素洗、雪花洗服装等。

二、服装行业管理特点

服装行业（企业）的管理特点具有现代化加工企业共同的特征，如企业内部高度集中的指挥系统；高度发展的分工和协作；生产管理组织的多层次以及快速的市场反应配送系统等。同时，由于服装的生产、工艺过程和产品以及强烈的市场需求与适应等特性，使服装企业管理也具有许多行业本身的特点。

（一）季节性

服装行业具有非常强烈的季节变化的总体特点，因此要求企业拥有较强的过程控制能力：服装的生产、流通都是在相对短时间内完成的。因此其进、退、调、换的业务都很频繁，同时随着公司的业务快速发展和智能分工的细化，流通过程的控制就越来越重要，因此要求服装企业具有对变化过程较强的管理能力。

（二）成本控制难

原材料在生产成本中比重高，同时生产成本又占产品总成本的较大比例。原材料，尤其是毛、麻、丝等原料的成本在成衣总成本中所占比重较大，少则在50%以上，高的在80%以上。这一特点决定了原材料采购、储运、配用和工艺设计在服装企业中的主要地位。因此各大企业在企业成本管理和控制的过程中非常重视采购以及生产的成本控制。

（三）市场变化快

产品品种、款式变化快，要求服装企业必须迅速适应市场。现代社会，人们对衣着需求有着越来越时尚、个性化的追求特征，使服装的市场流行期短，这就促使企业必须追求品种更新的目标，这一特点决定了服装企业需要高度重视市场调研和产品设计。同时在生产完毕后，要迅速将产品推向市场，因此在后端物流服务领域必然要求有高效的物流服务操作与管理能力。

因为服装行业（企业）面临的市场需求特点是变化快、小批量、多品种，能够根据用户需求的变化，及时调整生产计划，并实施相应的生产调度，实现按照订单生产，然后能够准确按照客户需求准时准确地做到物流服务，从而能够回收账款，这就要求服装行业（企业）的整体供应链能够真正以市场为主导，实施符合企业自身的JIT（准时制生产方式）运作方案。

三、我国服装行业现状特点

我国是纺织服装生产大国。我国的纺织服装产品，特别是丝绸服装产品及其生产技术，自古以来享誉亚欧。今天我国仍然是服装生产和出口贸易额最大的国家之一，不仅有力地支持了国家经济建设，同时也对世界贸易、经济往来有着重要的影响。

其主要经历了以下几个时期：2010—2011 年“快速扩张期”：外延扩张 + 内生提价双轮驱动，行业得以快速发展 ；2011—2015 年“调整期”：高库存和高加价倍率问题显现，行业进入去库存调整期；2015—2016 年“弱复苏期”：去库存进入尾声，但行业发展驱动力主要为内生增长，合理增速下降，如图 5 - 1 所示。

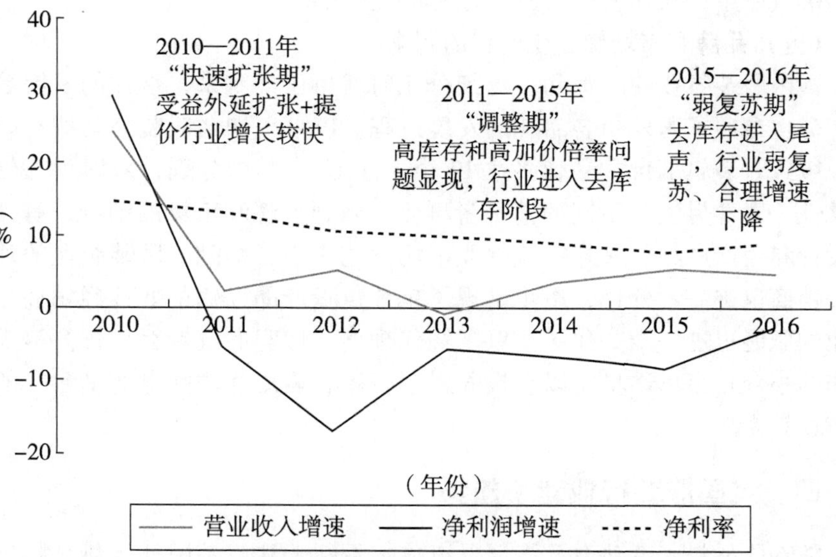

图 5 - 1　2010—2016 年我国品牌服饰行业上市公司平均业绩情况

服装行业一直是中国的优势产业之一，近年来服装行业的发展也得到了越来越多的人的关注。从整体上来看，目前我国服装行业具有几大现状特点。

（一）规模大、产量大

中国人口众多，这就使得服装生产加工这种劳动密集型企业在国内有了充分发展壮大的土壤，大规模的厂房和大批廉价劳动力造就了国内服装行业的大产量大规模的现状。

（二）水平低

虽然国内服装企业众多，发展迅速，但目前来看仍是以服装加工代做为主，国内自主知名品牌较少，高端品牌较少，总体水平偏低，国内高端市场很大一部分都由外来高端品牌占据。随着国内自主服装品牌的发展，国内外知名品牌争夺国内高端市场的现状将会愈演愈烈。

（三）品牌对于流行趋势的导向作用明显增强

随着国民经济的发展和人们生活水平的提高，人们对服装的要求不再仅仅局限于遮体避寒等基本功能，对于服装品质和流行时尚的追求在服装选择中的决定性作用越来越大。知名的品牌更容易赢得消费者的信赖，品牌对于流行趋势的导向作用逐渐加强。

（四）呈现集群化发展特点

从集群化发展来说，我国服装产业多集中在南方地区以及环渤海地区，并以此三大经济圈为辐射中心向外发展。围绕专业市场、出口优势、龙头企业等形成以生产某知名产品为主的区域产业集群。

（五）品牌和市场细分化时代的到来

国内服装行业的品牌和市场细分化时代也已经到来，这样的发展趋势有一部分也参照了国外知名品牌的发展过程。以丹麦知名服装公司绫致时装为例，绫致时装旗下自主品牌多达 12 个，这 12 个品牌分别针对时尚女性、成熟女性、青春男生等不同的消费者群体，做到品牌和市场的细分，有针对性地设计和生产产品。另外宇博智业市场研究中心了解到，服装企业的加工商与经销商也进一步分化，逐步出现了单纯负责产品经销的职业经销商，服装行业的职能也进一步分化了。以围绕代理商、加盟商或者百货招商等少数人运作的小众化市场逐步向以直接面对消费者、运用互联网电商平台等的大众化市场转变。

四、我国服装行业竞争趋势

随着原材料、劳动力及终端渠道成本不断上涨以及国外优势品牌进入国内市场、国内新兴品牌的不断出现，服装行业呈现出竞争加剧的局面。目前，未来服装行业竞争将呈如下趋势特点。

（一）市场细化，竞争加剧

服装行业产业链长，覆盖的零售客户广泛。根据服装行业市场研究报告了解到，我国的服装行业经过多年的积累，市场已向纵深发展，在产品品类、功能、档次、营销模式、目标客户、服务区域分割等方面不断细分。市场的精细划分促进了各产业集群和各品牌的差异化竞争，促使各品牌在设计研发、品牌理念、营销策略上更加明确风格定位、突出自身的品牌内涵，力求在深度细分市场取得差异化竞争优势。

随着新兴产业的发展、受教育程度的提高、多元文化的发展，年轻人在经济上的实力不断地增加，人们的消费观念也在不断变化，品牌意识更加强烈。配合多种不同需求的消费群体，服装品牌的细分也会不断地增加，品牌效应将会更加明显。

（二）竞争日趋国际化

中国是服装消费和制造大国，近年来随着中国经济的增长，外国服装企业纷纷看好中国市场，加大了在中国的企业布局，外国品牌也越来越多地进入中国市场。与此同时，中国服装市场越来越国际化。中国的服装企业在国家出口政策的带动下，也加快了国际市场上的开拓步伐。因此，未来服装行业竞争的国际化趋势将日趋明显。

（三）竞争手段多样化

随着服装企业的不断增多和消费者需求层次的不断提高，要想在服装行业中立于不败之地，仅仅通过价格竞争已经远远不够了，非价格竞争在市场竞争中越来越受到企业的重视。从产品、设计、品牌的竞争到服务、形象的竞争，服装行业的竞争手段日趋多样化。毕竟消费者不再是饱尝需求饥渴的公众，他们在购买活动中对于商家的服务需求越来越高，对企业的认同感和归属感越来越强。因此，形象营销、服务营销、创新营销、管理营销应成为今后服装行业的市场竞争的主要手段。

（四）转战二、三线城市

在一线城市市场充分竞争的情况下，二、三线城市以及更为深入延展的农村市场成为服装行业的新增长点。各大品牌纷纷在二、三线城市开始圈地，扩大自营店建设，抢占市场先机。随着消费需求增长，随之而来的是消费模式的深刻变化，新一轮二、三线城市消费需求的兴起并未引起服装行业产能的粗放式扩张，而是强化了各服装品牌的市场深度，新兴市场仍是以大品牌、区域品牌为主角。

（五）电商竞争更加激烈

从宇博智业市场研究中心发布的《2014—2018 年中国休闲服装市场竞争格局分析与投资风险预测报告》了解到，随着居民消费习惯的改变，越来越多的网民青睐网上购物，许多服装企业均已开通了电子商务平台。然而发展至今，电子商务的流量红利开始消失，而运营成本则不断上升，打折促销也使得竞争加剧。

导致服装行业内部竞争加剧的原因可能有下述几种：一是行业增长缓慢，对市场份额的争夺激烈；二是竞争者数量较多，竞争力相当；三是竞争对手提供的产品或服务大致相同，或者体现不出明显差异；四是某些企业为了规模经济的利益，扩大生产规模，市场均势被打破，产品大量过剩，企业开始削价竞销。

第二节　服装物流的内涵及发展

一、服装物流的概念及特点

（一）服装物流的概念

服装物流是指服装从生产到消费这一过程中，一系列与服装产品生产、分销相关的经营活动，具体表现为服装生产要素及产品等实物流动、实物流动的载体、实物流动所形成的数据传递与应用、实物流动过程的规划、监管与控制等。因此，服装物流是广义的物流，包括了采购、生产、销售过程中的所有实物流动。

在服装产业价值链上，由于服装企业的分工不同，形成了以下四种类型的物流。

（1）供应型物流。这种物流系统，供应物流复杂而其他物流较为简单，供应物流组织和操作难度较大。具有原材料、辅料采购功能的服装洋行属于这一类型。

（2）生产型物流。服装生产型企业大多属于这一类型。在这种物流系统中，生产物流比较复杂，而供应、销售物流较为简单。

（3）销售型物流。服装品牌经营型企业大多属于这一类型。在这种物流系统中，主要是货品的进销存管理。由于产品组合较大，渠道构成复杂而且扁平化，导致销售物流比较复杂，而供应、生产物流较为简单。

（4）混合型物流。对于产供贸销一体化的服装企业，其物流涵盖了以上三种类型的物流，物流构成更为复杂。

（二）服装物流的特点

物流是指物质实体从供应者向需求者的物理移动。它由一系列创造时间价值和空间价值的经济活动组成，包括运输、保管、配送、包装、装卸、流通加工及物流信息处理等多项基本活动，是这些活动的集成。由于服装企业本身的原因，服装企业的物流具有自身的特点。

1. 系统性

作为服装生产企业，各种原材料（面料和辅料）的采购、运输、仓储，在生产过程中对各种物料的管理以及半成品，成品的仓储、运输、配送等活动在企业中占有重要地位，是内涵丰富的集成系统。

2. 复杂性

大部分服装生产是一个大批量、订单式生产的典型，服装本身又具有季节性和多样性（款式、颜色、尺码）的特点，服装的销售也是一个复杂的过程，这都给物流管理带来了难度。企业管理者们希望通过加强物流管理来解决许多难题，比如，库存过大的问题、运输中包装的难题、销售过程中商品的多种属性以及退货管理等问题。

3. 及时性

由于服装具有很强的时效性，因此服装物流讲究对需求的快速响应，从接受订单到发货的提前期应尽量缩短，物流信息的沟通更要及时准确。

4. 高成本

服装业具有多面性，并且对潮流极为敏感的特点，从设计到成品上市这个周期很长，每年的订货会发布的新品新款都是要提前很久就开始设计、寻找供货商、加工再发布的，这样的特点要求服装从业者有足够的资金，可以支撑足够长的资金链。

二、我国服装物流的现状

（一）物流成本居高不下

许多国际知名服装企业将物流作为又一利润源泉，不仅利用信息技术，实施行业物流解决方案，提高了物流服务水平，而且还通过现代化仓储配送中心集中管理库存，缩短了产品上线周期，在满足消费者个性化需求的同时降低了物流成本，整合了供应链系统。

与国际上先进服装企业相比，我国服装物流发展还存在一定差距。如许多服装公司物流成本高居不下，过路费、仓库租金、物流运作不当造成的赔偿费，货物丢失造成的损失费等的攀升导致服装企业每年有1/3，严重者甚至可能有1/2的利润都被侵蚀掉。另外，由于市场需求预测的不准确性，导致采购—生产—销售计划的不良衔接，对客户需求反应迟钝、库存持有成本高、配送频率低、滞销货补货调剂不及时等一系列问题。以雅戈尔分公司市场部的库存数据为例，在平均周转库存约为4100万元前提下，安全库存却高达67800万元（且不考虑库龄2年以上的待置库存）。

（二）物流标准化程度差距很大

由于物流标准的制定多涉及目标利益不同的许多部门，它们大都从自身利益出发制定各自的物流标准，阻碍了统一物流标准体系的形成，使包装、运输和装卸等物流环节都缺少必要的行业标准和行业规范，导致物流效率普遍低下。如中国目前托盘总数约为7000万个，但规格标准却形形色色，难以与国际规格接轨。这就增加了服装企业的出口成本，阻碍了企业的发展。

（三）缺乏专业化的第三方物流

服装产业物流运作属于小批量、多款式且季节性要求严格，因此物流配送的快速及时就成为众多企业追求的物流目标。但目前我国绝大多数服装企业配送服务尚处于零散和无序状态，当需要出货时，很多企业都临时组建或者雇用车队来进行运输配送，这不仅容易导致货物送达不及时，也常容易发生货物丢失或由于出货仓标签和货物不匹配等问题。有些企业尝试将物流业务外包，由专业的第三方物流公司来承担物流配送业务，但由于目前我国第三方物流公司的发展不够完善、管理理念欠缺、人员素质不高、企业硬件设施不够完备。更有甚者，一个大型的服装企业运用第三方物流公司进行物流活动的成本常常比自营还要高。种种原因导致公司不得不自己进行物流活动，这就使企业花费了很大的精力和时间用在非主营业务的物流环节，造成了企业资源不能集中发挥作用。

三、服装物流面临的挑战

如今，服装的流行时间逐渐缩短，因此需要在较短时间内完成生产和流通过程。不仅如此，服装还存在进、退、调、换等频繁且复杂的业务类型，这些都对其物流管理与运作提出了更高的要求。服装物流面临的挑战包括以下几个方面。

（一）服装物流管理对象的多样性

由于服装产品具有品牌、款式、尺寸、颜色等多重属性，品规数量非常多，这给物流管理带来了很大的困难。要解决这方面的问题，一要靠专业化的设施设备和物流管理方法，二要有功能强大的物流信息系统。

（二）服装物流的快速反应性

由于服装商品的季节性、流行性很强，这就要求物流必须做到快速反应。一般来说，一个新品的生命周期也就是两三个月，在这两三个月内，要完成包装、运输、仓储、配送与退换货等多个物流环节的大量工作，要求物流系统具有快速反应的能力和高效的运作水平。

（三）服装库存控制的困难性

大部分服装商品尤其是休闲装的生命周期很短，导致服装物流在库存控制上困难重重。一些休闲装生产企业一年要开 6 ~ 8 次订货会，而一款新的休闲装上市销售的时间往往只有两周左右，如果上市一周销量上不去，那么这款服装就会成为库存积压。一般来说，服装库存主要包括厂家库存和渠道库存，要控制好这两个方面的库存，既要有很好的市场预测能力和市场营销策略，还要掌握好库存控制的方法，优化供应链管理。

（四）服装物流配送网络的复杂性

由于我国幅员广阔、人口众多，从事服装商贸的企业众多，服装企业销售渠道非常复杂，导致配送网络的复杂性。尤其对于一些大品牌的服装企业来说，在全国各地都有市场，既走代理又开连锁专卖店，销售渠道非常复杂，销售终端众多，对于企业的物流管理与运作水平要求很高。这也是服装物流区别于其他行业物流的又一个重要特征。

（五）服装物流对信息化的依赖性

服装物流面临上述四个挑战，导致服装物流管理与运作几乎不可能离开信息系统。比如，服装物流中心里有成千上万个品规（SKU），如果没有相应的软件，很难想象仓储管理会是什么样子。另外，条码技术、POS（销售终端）系统等信息技术也是服装物流中的关键技术。

近年来，我国服装行业物流进一步趋向专业化。比如，越来越多的服装企业开始重视物流管理，借助打造现代化的物流配送中心提高物流管理水平和运作效率。其中以雅戈尔、李宁、森马、报喜鸟、爱慕、七匹狼、柒牌、海澜之家、拉夏贝尔等服装企业为代表。同时，为了更好地发展核心业务，越来越多的服装企业开始与第三方物流企业合作，将运输、配送乃至仓储管理等物流业务外包。

第三节　服装物流的运作与管理

一、服装供应链的流程形态

一般服装企业的运作流程为：服装展销会—客户订单—内部销售—（生产）—计划—面料需求—面料采购—生产—发货—省级代理—二级代理—消费者。服装的订货周期和其他产品也不同。一般的品牌服装一年会开两次订货会，一次是春夏，一次是秋冬，订货会之后会根据各专卖店和经销商的预订量进行生产。其实这时的生产量与订货量并不是一致的，每个服装企业都有自己的计划，专人负责，各专卖店或是经销商的预订数这时只是一个参考。

服装企业的计划很大程度上是根据个人的从业经验。企业再根据订单和自己的计划安排生产，然后在一个特定的时间上市。服装业想要控制库存或是加快资金周转是很困难的，这个行业缺乏灵活性。

二、服装物流的实现模式

服装企业物流系统是由运输、仓储、包装、装卸搬运、配送、流通加工、物流信息等各个环节组成（物流子系统）的，系统输入各个环节所消耗的劳务、设备、材料等资源，经过处理转化，变成系统的输出即物流服务。不同类型的服装企业，其具体的物流差异性较大，但都面临以下问题的困扰：

采购物流、生产物流、销售物流的正确性与时效性；采购、生产、销售物流的有效配合；物流方式的选择与效率评估。因此，服装企业构建的物流系统应能有效地实现以下几个目标：均衡物流、快速物流、有效利用仓库、适当规模、合理库存。

（一）服装企业物流的一般形式

具有代表性的服装企业物流实现方式包括以下几种。

1. 服装企业自设物流中心

这种方式的物流成本高，但物流速度快、灵活性大、效率高，能充分发挥物流中心的及时性与快速性特点。许多以加工为主的中小型服装企业或以批发为主的中小型服装企业，受订单客户或批发客户因素影响而导致生产物流很不稳定，只有通过自设物流中心才能为客户提供高速、及时的物流服务，并构成争取客户的重要竞争优势。一些大型自营连锁服装企业，由于存在大量的生产、供应、销售物流，通过自设物流中心，既能发挥物流中心的及时性与快速性优势，又能发挥物流中心的规模效率，为企业建立快速市场反应能力提供物流基础数据。

2. 利用第三方物流（Third Party Logistics，3PL）

这种方式指由物流服务的供方、需方之外的第三方去完成物流服务的物流运作方式。实际上就是物流的供需双方将物流的部分职能发包给第三方物流企业，物流企业以其专业的运作方式，与航运或航空运输、铁路或公路运输等企业，共同完成实物的交接、空间转移、信息传递等部分物流职能，第三方物流是物流进一步专业化发展的结果。随着第三方物流的成本降低、诚信与效率提高，许多服装企业开始乐意选用第三方物流实现其销售物流或采购物流。

3. 利用第四方物流（Fourth Party Logistics，4PL）

这种方式实际上是第三方物流的集成商，在全球性供应链管理需求条件下，第三方物流受到规模、业务、实力等方面的限制，已经不具备对物流资源的组织、整合，速度及有效性也不能满足需求。

将第三方物流整合起来，纳入第四方物流，形成更加高效运作的物流模式。第四方物流作为集成商，通过对第三方物流的资源、能力和技术整合，优势互补，利用分包商来控制与管理客户与供应商之间点到点的供应链运作，为客户提供最佳的供应链综合解决方案。

（二）不同类型服装企业物流实现模式

服装品牌企业的物流以销售物流为主，货品的进销存管理的模式有以下三种基本形式：供应商直送门店（DTS），适合单店；配送中心（DC），适合连锁店；直通转运（X－D 或 DC 中转），适合自营连锁店。物流模式一般由品牌运作企业决定，根据商品特点选择合适的物流模式，遵循简单统一原则；同一商品、同一供应商单一物流模式原则；独特商品直送原则。

1. 服装加工企业内部物流采用的模式

服装加工企业内部物流以生产物流为主，涉及生产原材料、半成品、成品在企业内部仓库、车间之间的流动。大多数的服装生产企业的生产物流，以流水线的方式批量流动，但物流的信息管理缺乏标准化与系统化，难以实现信息化管理。

存在的问题主要有以下几个方面：一是仓库以记录或核对为主，只能提供有限的物流信息服务，对生产、营销等部门的服务水平普遍受到质疑；二是仓库现场管理水平不高，备料、备货、协助生产、营销能力较差；三是缺乏计划管理意识与能力，过分依赖现场的视觉管理，导致生产部门与仓库之间的沟通效率低下；四是生产部门物流数据的准确性、及时性、一致性、有效性等方面难以满足管理者的需要，导致计划性差，不能很好地配合，管理效率低下。

2. 服装加工企业外部物流采用的模式

服装加工企业外部物流包括供应物流与销售物流，涉及生产原材料、成品在企业与供应商及客户之间的流动。很多服装加工企业为了提高自身的灵活性与服务水平，也会涉及大量的供应物流、销售物流。在一些有大量外发加工业务的服装生产企业，生产原材料由本企业采购后配送到外发加工企业，会涉及大量烦琐的物流信息。

由于信息缺乏标准，物流数据自动化交换困难，增加了物流计划与控制的难度，经常出现以下问题：配送不及时，影响生产进度；数量不准确，材料利用率低；尾料回仓难，调剂能力差，浪费严重；半成品回仓的计划性差，需要不断跟进。销售物流管理的问题相对少一些。目前大多数的服装加工企业会根据客户的要求，以大包装的形式，使用恰当的运输手段，发送到客户指定的仓库。但是越来越多的大客户提出，按照客户的配货清单进行包装发运，为了更好地服务于客户，生产企业往往会配合客户的需要分担品牌企业部分物流职能。但这样做，由于缺乏物流信息管理系统支持，大大增加了生产加工企业物流管理的难度与成本，出错机会加大。

三、服装物流管理主要内容

服装物流是一种个性化很强的物流服务，由于每个制造企业的情况千差万别，对物流服务的要求也不尽相同。服装物流服务以满足客户的需求为基础，按照其特殊要求进行运作方式上的调整。服装物流管理必须解决以下几个关键问题。

（一）包装运输和流通加工管理

根据服装种类采用不同的包装方式，可分为平装（折装）或挂装，应不同的产品及不同顾客的需求而定。平装或折装的过程中，工人将每件成衣根据客人的要求折好，放进胶袋里面；如顾客需要挂装的，成衣也会吊在衣架上，然后挂上胶袋，封上胶袋口，至此包装工序才算完成。在储存和运输过程中，大部分正装和高级时装需要采用挂装方式，需要不同大小和规格的海运或空运的挂衣箱。休闲服饰和内衣则一般采用平装方式。目前，服装生产、物流等各环节都逐渐向专业化发展，服装贸易和专业物流的结合也会越来越紧密。比如，物流服务商根据客户需要针对加工完毕后的产品提供一部分后期整理服务，内容涉及二次加工、包装等原本属于工厂的操作。

（二）库存管理

对于服装行业来说，库存是严重影响企业发展的问题。开了订货会才生产，按常理来讲应该不会有库存，其实市场的变化是很难把握的。一些突发事件，比如9·11事件之后，在美国市场上其他的服装都卖不动，只有爱国类的服装大行其道，但是按之前正常情况下计划推出的服装又都已生产出来，这就有了大量的积压。

服装库存主要有两大类，厂家库存和渠道库存。一般厂家清理库存的方法主要还是将库存向渠道转移，最后的销售还得通过渠道来完成。所以，清理渠道库存才是消化库存的关键。通常最实用的方法无非还是将库存一级一级地转移下去，然后通过终端的大规模促销，使库存品多销售、多出货。每到换季的时候，许多的服装店都在打折，特价销售，其实这就是服装企业在回笼资金，库存积压占用了大量的现金，使服装企业无力进行下一季度的再开发。

服装企业进行库存控制的目标不是消灭库存，而是合理控制库存。合理库存的一个基本准则是将库存尽量集中在畅销产品。目前很多服装企业采用条码技术进行库存管理。具体可采用连续库存控制系统、定期库存系统、非强制补充供货库存系统、物料需求计划库存系统等多种方法。

（三）配送管理

服装市场的发展演化，越来越向多品种、小批量趋势发展，而这种发展趋势也必将影响服装企业供应链的各个环节。顺应服装产品多品种、小批量的发展趋势，服装企业需要提高物流水平，通过建设功能强大的现代配送中心来响应这一要求。

配送中心根据渠道的网点设置，依照渠道、门店、柜台的数量多少和分布广泛程度，可以依次建立一级配送中心和二级配送中心。渠道位置一般尽量设在靠近配送中心的区域之内，并且均匀散布，既有利于供货，又有利于渠道之间相互调货。确定合理布局和最优配送路线，缩短服装在途时间，尽量减少中间环节，以最低的货损、最高的效率使配送成本达到最小，实现服装企业规模经营的最大利润。从发展的角度来讲，配送中心对于服装企业必不可少。服装企业的配送中心主要有三种模式：自建配送中心、代理性配送中心、联建配送中心。统筹企业自身的实力、资金、规模等情况，可以选择一种较为合理的模式进行建设。

（四）市场快速反应机制的建立

服装本身具有强烈的季节性和短暂的流行周期，如果企业对市场反应速度慢，在激烈的市场竞争中，企业将付出惨重的代价。很多企业的产品仅仅停留在流通的中间环节，根本没有达成现实的销售，库存和现金流严重制约了企业发展。对于畅销服装，应把握住产品的下线时间，尽可能缩短产品的在库时间，在第一时间到达店铺，以最快的速度为企业创造效益；而对于试销产品，或换季新推出的款式，需要尽量增加产品的展示、试销范围，不同区域、不同时段、不同搭配，一旦获得良好的市场反应，就快速生产供给市场。

四、服装物流系统规划策略

由于服装物流具有的种种特殊性，因此，在进行物流系统规划设计时需要采用相应的对策。

（一）确定包装运输方式

根据服装种类和市场定位，确定包装运输方式。一般高档正装和休闲装等高端产品采用挂装方式，其优点是服装运输过程中不损坏、不变形，省去二次加工工序，直接可以运送到销售门店，及时性强；缺点是包装和运输成本高。中低端服装包装一般采用折装方式，物流费用低。

（二）建立快速响应机制

具体做法是提高服装企业制造和物流环节的信息化水平，打造整个物流供应链，缩短新产品试销成功后大量投放的时间，抢得先机赢得主动，变市场机会为企业效益。对于规模较大的服装企业，除建立覆盖全国的大型物流中心外，还必须建立功能强大的区域物流分中心，以满足快速销售的需求。

（三）建立强大的物流配送中心

服装业多品种、小批量的发展趋势给服装物流设计规划带来困难，以托盘为储存单元的自动化立体库难以满足服装配送要求，必须建设功能强大的物流配送中心，增加快速分拣区域、功能和设施，才能适应多品种、小批量这一行业发展趋势的需要。

（四）强化库存管理

服装企业的库存包括企业内部库存、物流过程动态库存和门店库存三部分。服装的季节性和流行性快速变换决定了服装在库时间不能太长，企业内部库存必须严格控制并尽量减少，否则意味着企业大量资金占用和产品滞销风险。合理的平均库存为 2 ~ 3 周的销量，最大库存不应超过 1 个月的销量。

此外需要注意的是，不同类型服装（如正装和休闲运动装）间的存储形态差异决定了在其存储和分拣环节采用的作业方式和设备不同，但在配送环节上的运作模式基本一样，选用哪种方式的决定因素在于物流成本的投入和控制上。

（五）注重挂装技术

目前，国内外的服装物流存在较大差别。主要体现在：国外服装企业的物流管理理念比较先进，物流服务专业化，能够做到迅速、及时、准时。同时，国际化的服装产品大部分价格昂贵，虽然也有不少使用普通纸箱包装的方式运输，但挂装运输是国际服装运输的常规做法，以实现“门到门”服务，减少环节，尽快将产品打入市场。

国内的服装物流目前多采取较初级的运输方式，对服务、时间等方面的考虑较少，只有少数附加值高、有国外背景的企业逐渐有意识地提高物流环节的操作水平。虽然一些大型的服装生产企业已开始使用挂装设备，但仅限于企业内部，而很少选择物流外包挂装运输的做法。国内的第三方物流服务商仅仅提供部分仓储、分拨服务。或许在不久的将来，采用挂装运输方式会成为国内服装物流的发展趋势。

服装产品采用挂装运输方式必须设计专用封闭式挂装箱，挂装箱除满足储存并保护服装的要求外，还必须易折叠、防水防潮，有足够的强度满足货物箱多层摞放的要求，方便人员搬运（有易拆卸的脚轮或叉孔底托），还需要满足汽车、火车、轮船、航空等运输要求，材质一般为纸质、塑料、金属或木制。目前国内挂装箱多数为纸箱，未达到以上要求，只能采用厢式汽车运输。随着我国服装产品档次的提高，大量出口海外市场后采用高级挂装箱将成为必然选择。采用挂装箱的服装便于储存和搬运，既可以简单平面多层堆放储存，也可以采用货架和叉车配合立体储存。

本章小结

中国是全球最大的服装生产国，拥有年产服装500亿件的生产能力。服装业是中国各行业中市场化最早、国际竞争力最强、发展最受老百姓关注的行业之一。服装物流作为服装产业供应链上重要的一环，对服装行业有巨大的促进作用。本章首先对服装的概念、分类，服装行业管理特点、现状及竞争趋势进行了分析；其次从服装物流的概念、特点，服装物流的现状及面临的挑战等角度说明了服装物流的内涵及发展；最后在这些基础上从服装物流的流程、实现模式、管理内容和物流系统规划等方面对服装物流运作和管理进行了说明。

案例分析

迪士尼服装库存管理

迪士尼公司采用符合EPC（电子产品代码）标准的无源超高频标签追踪价值100万美元的表演服饰，对公园内和游船上表演服装进行有效管理。

对迪士尼主题公园和游船上的库存管理人员来说，服装的库存盘点是件很容易的事。工作人员只需将需要的服装从库房运到基于RFID（射频识别）技术的自助服务台，刷一下工作徽章，然后离开。2014年迪士尼大部分主题公园都使用了RFID技术，管理的服装资产接近100万美元，极大地提高了服装追踪和库存盘点的效率，且有助于增加服装清洗及保养的可见性。安装解决方案仅仅一年时间，就将存盘点时间从180小时缩短到2小时，同时库存盘点的准确率从原来的85%～90%增加到100%。

过去的几年，迪士尼公司采用高频标签用于服装的追踪管理，主要用于洗衣过程的追踪。为了优化应用效果，标签供应商建议采用超高频标签。目前，迪士尼已经成功测试富士通WT-A611无源EPC Gen 2标准的UHF RFID标签（橡胶外套，专用于追踪洗涤过程）。通过测试，迪士尼对WT-A611型号的超高频标签有了进一步了解，不但具有良好的防水效果，而且读取范围的扩大，库存盘点也变得更容易。实际上，在供应链中，超高频标签已经得到广泛的应用。

迪士尼公司在之前条码管理系统的基础上开发RFID软件用于存储读写器读取的数据及相关信息。

迪士尼从服装供货商购买的服装30%～40%都内嵌有标签，另外的

60% ~70%需要后续加上。标签一般放在衣服不显眼且易读取的位置。对于材质较硬的服装，要使用黏合剂将标签贴到衣服上。

演员们去库房挑选合适的服装后，带到自助服务台，服务台中安装的RFID读写器会读取衣服的RFID标签，条码阅读器会扫描到演员工作证上的编号，并将两者信息通过网络发送到后台管理系统，同时，服务台的屏幕上也会显示借者的姓名和衣服的型号等基本信息，以供核对。

归还服装时，演员们只需将服装放到安装RFID天线的斜槽中，服装标签的信息会得到更新，然后输送到洗衣室。整个过程中，标签会记录所在洗衣室的编码以及进出的时间。

通过对收集数据的分析，能够得到服装所在的位置、使用频率以及详细的供货商等信息。更重要的是，加快了公司的库存盘点效率。安装RFID系统之前，通过扫描条码进行库存盘点，花费大量的人力、物力，效率较低。现在，只需要两个工人在一个小时之内便可完成一次盘点，而且操作过程简单。

迪士尼共有25个服装库房和40个自助服务台，每天大约检查23000件服装。据统计，迪士尼已对300万件服装及配饰贴标，追踪的资产达1.6亿美元。

RFID系统2014年安装以来，已经为迪士尼节约了超过100万美元的成本。

（资料来源：http：//www.chinawuliu.com.cn/xsyj/201502/15/298727.shtml）

问题：

1. 从案例中可以看出，使用RFID对于迪士尼服装库存管理的好处有哪些？

2. 除了库存管理环节，从供应链角度，你还可以提出哪些更有效的技术和方法？

第六章 图书行业物流管理

导入案例

北京中邮物流公司（简称为中邮）是中邮物流和北京邮政共同组建的新型专业物流公司，客户是中央级综合性出版社，出书范围包括政治理论、思想修养、社会科学、法律、文艺、人物传记、婚恋家庭、家庭教育、少儿读物、妇幼保健及各种生活类、文化类书籍、译著及工具书等，品种繁多、货运量大。刚开始客户对现有的物流服务不甚满意，主要包括仓储管理和“门到门”服务等环节。

经过调研，中邮认为图书业的运输流程并不复杂，而客户的物流瓶颈也不在运输环节，所以对目前客户接受的在途运输程序没有必要改变。服务重点在两端环节（即仓储管理和到门配送）需进行调整。中邮决定对库房布局和设备进行调整，并对末端配送进行优化。一年多来，收到了明显的运行效果。配送准时率98%，物品完好率99.5%，信息反馈率95%，客户满意率98%。这些KPI（关键绩效指数）的关键性指标体现了中邮物流服务的有效性。在提供服务的第二年，客户的业务整体增长了近50%。

问题：

1. 试简要分析图书物流的特点和出版社对中邮的物流服务要求?
2. 结合案例，试在仓储管理和配送环节提出你的改进建议。

第一节 图书行业基本情况概述

一、图书的概念及分类

（一）图书的概念

《辞海》中图书的定义是：书籍、期刊、画册、图片等出版物的总称。

《现代汉语词典》中图书的定义是：图书就是图片和书刊，一般指书籍。

《现代汉语规范词典》中图书的定义是：泛指各类书籍、图片、刊物。特指书籍。

联合国教科文组织对图书的界定：凡由出版社（商）出版的不包括封面和封底在内的49页以上的印刷品；有特定的书名和著者名；编有国际标准书号；有定价并取得版权保护的出版物，称为图书。

以上三部工具书中有两部指出图书有广义和狭义之分。广义的图书是包括期刊在内的，而狭义的图书则特指书籍。我们今天的书刊选题策划课所讲的图书属狭义范畴，即特指书籍。联合国教科文组织对图书的界定，比较接近我们出版人对图书概念的理解。为了便于抓住图书的特点，从出版人的视角，对图书做如下的界定：

图书，一般指书籍。由出版社出版的相对独立的出版物；有特定的书名和著（编）者名；每种书有不同的篇幅（印张）和不同的定价，并标有国际图书标准书号ISBN。图书一般不做广告，但可以重印和修订再版。图书主要分为社会科学和自然科学两大类。

（二）图书的分类

1. 按图书的功能和作用分

按图书的功能和作用，图书可以分为大众类图书、教育类图书和专业类图书。

（1）大众类图书

大众类图书是指与大众的日常生活、休闲阅读以及文化体验相关的图书，包括艺术、音像、小说、传记、理财、儿童、烹调、宗教、旅游、保健等类别。

大众类图书的特点：①读者面广；②选题创意空间无限；③新的需求热点不断出现。

大众类图书是零售市场消费的主体，很多畅销书都是大众类读物。它在图书中所占的比例，反映了一个国家、地区图书消费结果和图书出版结构。

（2）教育类图书

教育类图书是指与学生学习、教师教学有关的图书，主要包括基础教育类图书和高等教育类图书两个方面。教育类图书的核心是教材，以及与之相配套的教辅。

教育类图书的特点：①资金投入大；②出版周期长；③出版的计划性强；④编辑出版过程比较复杂；⑤对编校质量的要求比较高；⑥不允许出现差错。

（3）专业类图书

专业类图书是指与职业和行业有关的图书。在国际出版界，专业出版以职业和行业为分类标准，通常包括财经、法律、科技、医学和大学出版五大类。

专业类图书的特点：①学术性强；②知识含量较高；③对编辑有着特殊的专业素质要求。

2. 按图书的销售情况分

按图书的销售情况，图书分为畅销书和常销书两类。

（1）畅销书

我国目前对于畅销书还没有具体明确的界定。中国书刊发行协会每年举办一次全国优秀畅销书评选活动，入选畅销书最低标准销量在 2 万册以上。畅销书的产生在一定程度上是社会文化大众化、出版运作市场化和读者阅读时尚化相互作用的结果，是出版业发展的必然。

畅销书的特性：①主导性；②时效性；③概念性；④聚焦性；⑤预测性。

（2）常销书

常销书一般不具有爆发性的热销势头，其价值主要是通过不断的重印来实现的。与畅销书的爆发性销售相比，常销书是一种细水长流式的销售。

常销书的特点：①积累性，与畅销书相比，常销书一般都有比较厚重的文化底蕴，有较大的文化积累和保存价值；②独一性，是指出版社在常销书选题的策划和制作中，达到了全国同类出版社难以达到的水平，或是以全取胜，或是以特取胜，或是以独有的市场占有率取胜，形成了自己独特而稳定的读者群，掌握了市场竞争的主动权。

3. 按中国图书馆图书分类法分

《中国图书馆分类法》，原名《中国图书馆图书分类法》（以下简称为《中图法》），是我国图书馆和情报单位普遍使用的一部综合性的分类法。由中国图书馆图书分类法编辑委员会编写。《中图法》使用字母与数字相结合的混合号码，基本采用层累制编号法。《中图法》主要供大型图书馆图书分类使用。

《中图法》分为五大部分，22 个基本大类，包括“马列主义、毛泽东思想、哲学、社会科学、自然科学、综合性图书”五大类，22 个基本大类，具体如表 6－1 所示。

表 6－1　　《中国图书馆分类法》图书分类一览

基本部类	标记符号	类目名称
马列主义、毛泽东思想	A	马克思主义、列宁主义、毛泽东思想、邓小平理论
哲学	B	哲学、宗教

续 表

基本部类	标记符号	类目名称
社会科学	C	社会科学总论
	D	政治、法律
	E	军事
	F	经济
	G	文化、科学、教育、体育
	H	语言、文字
	I	文学
	J	艺术
	K	历史、地理
自然科学	N	自然科学总论
	O	数理科学和化学
	P	天文学、地球科学
	Q	生物科学
	R	医药、卫生
	S	农业科学
	T	工业技术
	U	交通运输
	V	航空、航天
	X	环境科学、安全科学
综合性图书	Z	综合性图书

4. 按国际图书集成分类一般规则分

本分类法为七级划分，基本划分为五级，作为常识处理。各中央书院、各综合分馆、专业馆、学科资料室均可运用本分类级别划分图书。

第一级，以宇宙属性为标准分为人文类图书和自然类图书。

第二级，以图书基本学科属性为标准划分。

人文类基本学科：A 哲学、B 宗教、C 伦理、D 逻辑、E 美学、F 心理、G 语言、H 文学、I 艺术、J 政治、K 经济、L 军事、M 法律、N 教育、O 体育、P 传媒、Q 资讯、R 管理、S 商贸、T 历史、U 考古、V 民族、W 生活、

X财经、Y统计、Z社会。

自然类基本学科：a天文、b地理、c数学、d物理、e化学、f生物、g机械、h电信、i水利、j电力、k纺织、l食品、m建筑、n矿山、o冶金、p能源、q交通、r航天、s医学、t工学、u农学、v林学、w养殖、x电脑、y环保、z信息。

第三级，以图书附属学科标准划分。

第四级，以图书的功能属性划分（著述、学术、教学、帮助）。

第五级，以图书品种属性划分著作（作品、理论著作、应用著述）、学术（注释、评析、争鸣、研讨、研究、考证、翻译）、教学（学校教材、社会培训教材、自修教材、参考资料、讲义、学习资料，普及读物、实验实习、试题习题、教学大纲）、帮助（词典、百科、类书、政书、年鉴、手册、书目、索引、文摘、表谱、图录、标准）。

第六级，根据图书国际空间划分为本国和外国原版图书（非学科定义空间）。

第七级，以图书时序划分（非学科时序）。

二、图书行业的概念

图书行业指的是图书出版到发行以及分销等整个产业链内所有参与者行动的行业。

图书出版是指书籍、地图、年画、图片、画册，含有文字、图画内容的年历、月历、日历，以及由新闻出版总署认定的其他内容载体形式的编辑（包括组织、采录、收集、整理、纂修、审定），并通过印刷发行向社会出售的活动。或者说，是指依照国家有关法规设立的图书出版法人实体的出版活动。根据国家统计局制定的《国民经济行业分类与代码》，中国把图书出版归入新闻出版业（国家统计局代码R85）中的出版业（R852），其四级统计码为R8521。图书发行是图书的流通环节，泛指图书从生产者到消费者的过程。

三、我国图书行业发展现状及趋势

近年来随着国民经济增长及文化消费升级，图书行业经历了产业规模的持续扩张，图书种类、印刷册数、销售码洋不断增长；人口结构、收入水平、受教育程度、年龄结构、城镇化等社会因素带来国民阅读需求的分化，图书行业逐渐形成若干特点显著的细分市场；互联网与手持电子设备的普及，带来了在线阅读产业与电子书的发展，不仅改变了文字的载体，而且引发了阅读内容的深刻变革，同时电子商务对传统的图书发行渠道及实体书店形成了冲击。图书市场总体状况与发展趋势如下。

（一）行业规模与市场容量持续增长

在图书、杂志、影视和娱乐、音乐、游戏等内容创意型产业中，图书市场规模最大，约为1510亿美元，而2012年中国图书市场规模达到140亿欧元，成为仅次于美国的世界第二大图书市场，并占据全球图书市场12%的份额。内容创意产业市场规模对比如图6－1所示。

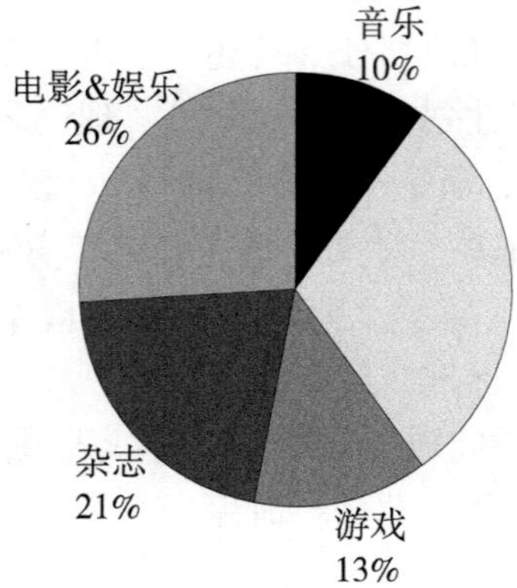

图6－1　内容创意产业市场规模对比

1. 出版图书种类与定价总金额

根据国家新闻出版广电总局2005—2014年《全国新闻出版业基本情况》统计，自2005年以来，每年新出版的图书种类及定价总金额逐年稳步增长，2014年全国出版图书44.84万种，总印数81.85亿册，定价总金额1363.47亿元。2005—2014年出版图书种类与定价总金额如图6－2所示。

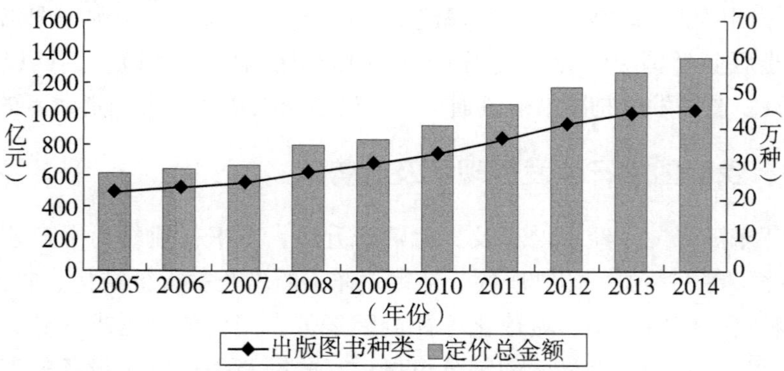

图6－2　2005—2014年出版图书种类与定价总金额

2. 出版物销售数量与销售码洋

根据《全国新闻出版业基本情况》，通过全国新华书店系统、出版社自办发行的出版物销售码洋稳步增长，销售数量呈现波动中增长的趋势。2005—2014 年出版物销售数量与销售码洋如图 6 - 3 所示。

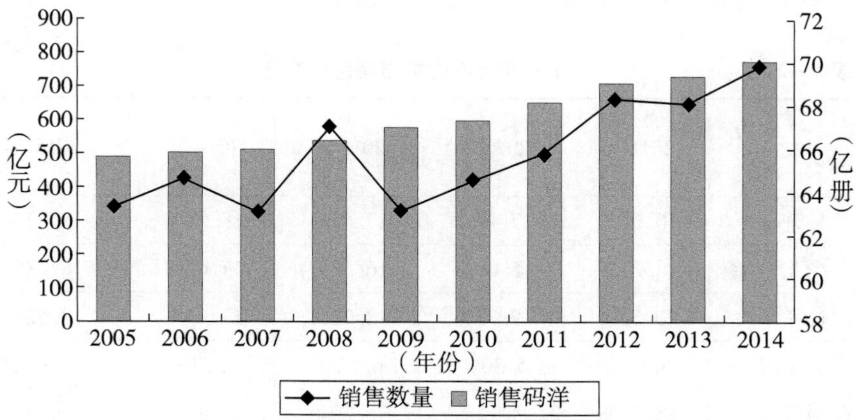

图 6 - 3　2005—2014 年出版物销售数量与销售码洋

（二）细分市场结构变化，逐渐向大众图书倾斜

根据开卷信息的分类方法，图书市场按照内容与功能的差异可以区分为教辅教材、社科、文艺、少儿、语言、科技、生活休闲、综合图书八个细分市场，各细分市场的产品特点、消费群体、竞争程度、市场周期都有所不同，伴随着图书出版行业市场化改革进一步深入、文化消费升级、新媒体的发展，图书市场呈现明显的向大众图书倾斜的趋势。2015 年各图书细分市场码洋占比如图 6 - 4 所示。

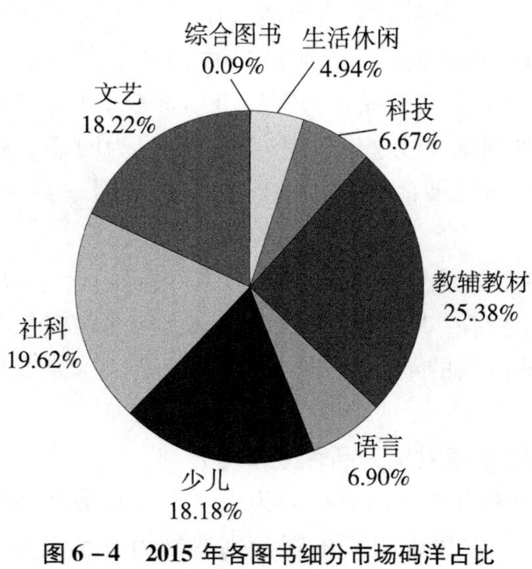

图 6 - 4　2015 年各图书细分市场码洋占比

据开卷信息2015年数据显示，社科、文艺、少儿、生活休闲四类大众图书合计占据图书销售总码洋的60.92%，大众图书成为图书市场的主体。2011—2015年图书市场结构变化如表6－2所示。

表6－2　2011—2015年图书市场结构变化

图书种类＼年份	2011年	2012年	2013年	2014年	2015年
文艺	16.61%	17.49%	17.67%	18.27%	18.22%
少儿	14.21%	15.08%	16.53%	17.65%	18.18%
社科	20.58%	19.38%	18.22%	17.97%	19.62%
生活休闲	5.47%	5.30%	6.02%	5.77%	4.94%
教辅教材	23.30%	24.12%	25.20%	25.49%	25.38%
科技	10.24%	9.09%	8.00%	7.40%	6.67%
语言	8.34%	8.34%	8.24%	7.35%	6.90%
综合图书	1.25%	1.20%	0.11%	0.10%	0.09%

自2011年以来，文艺、少儿类图书增长趋势稳定，而社科、语言类图书持续下降，文艺、少儿类图书展现出广阔的市场空间。

（三）畅销书贡献主要市场份额，少儿与文艺类成为主体

中国图书零售市场存在典型的“80/20效应”，即占市场在销品种比例不高的畅销书却能够为整个图书零售市场贡献高比例的销售码洋。根据开卷信息对地面书店销售监测数据显示，2015年中国图书市场动销的168万种图书当中，销量排名前5%的图书品种为零售市场贡献了64.43%的市场销售码洋（见图6－5），这种现象在线上销售渠道中表现更为明显。畅销书已经成为拉动中国图书零售市场发展的重要力量，也是出版社、图书公司主要的利润来源。

根据开卷信息统计的历年大众畅销书排行榜显示，少儿类、文艺类图书占据畅销书品种的主体，并且自2010年以来，少儿、文艺图书占比上升，成为大众图书板块最活跃的细分领域。2008—2015年大众畅销书TOP100品种结构比较如图6－6所示。

（四）图书品种增速放缓，品种效率提升

2015年中国图书市场动销品种数为168万，新书品种数为19.67万，在销品种规模巨大，一方面说明了出版业创造能力旺盛及读者购书选择广泛，另一方面也反映出图书行业严重的产能过剩的供需格局。长期以来，由于图书行业供应链落后、信息透明度低，出版社、图书策划机构缺乏对市场需求的精确把握，只能采取横向扩张的策略，盲目扩大品种规模，造成市场上跟风出版、盲目出版、品种效率低下、图书生命周期较短，库存积压问题严重，形成了非理性的业务循环，依靠品种规模支撑增长的业态已不可持续。

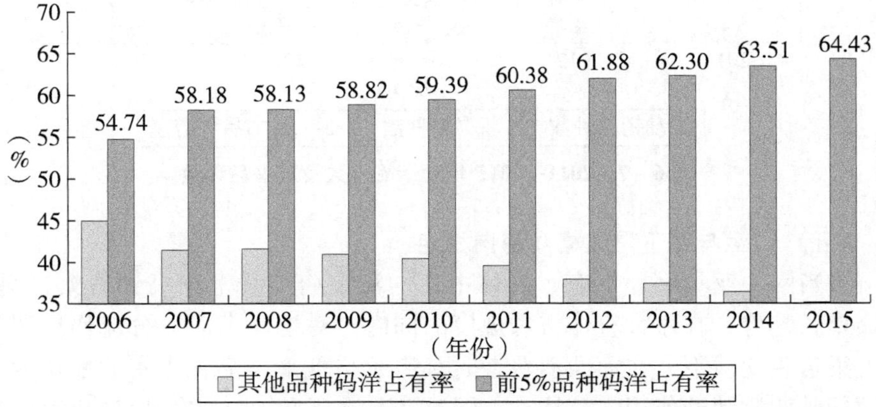

图 6－5　2006—2015 年销量排名前 5%的图书品种对市场的码洋贡献率

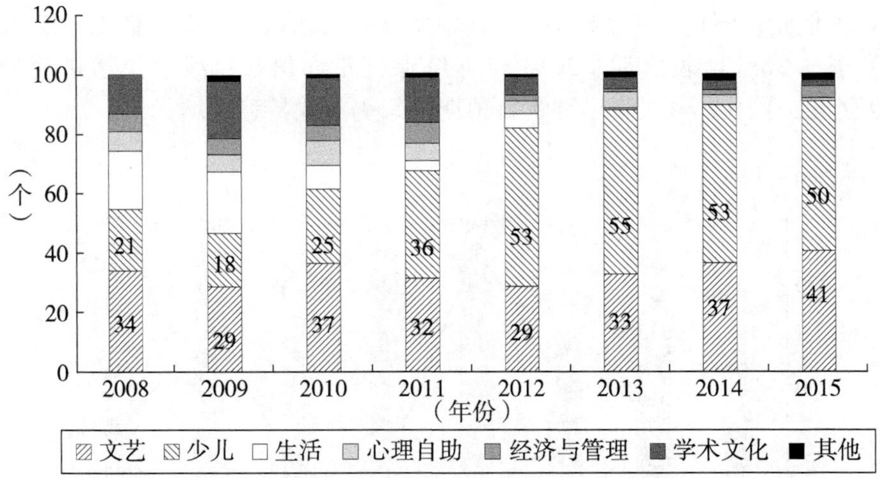

图 6－6　2008—2015 年大众畅销书 TOP100 品种结构比较

2011—2015 年图书动销品种数增速逐渐放缓（见图 6－7），体现了图书行业由数量导向到质量导向的经营思路的转变、由扩大品种规模到提高品种效率的转变、由粗放式扩张到精细化增长的转变。

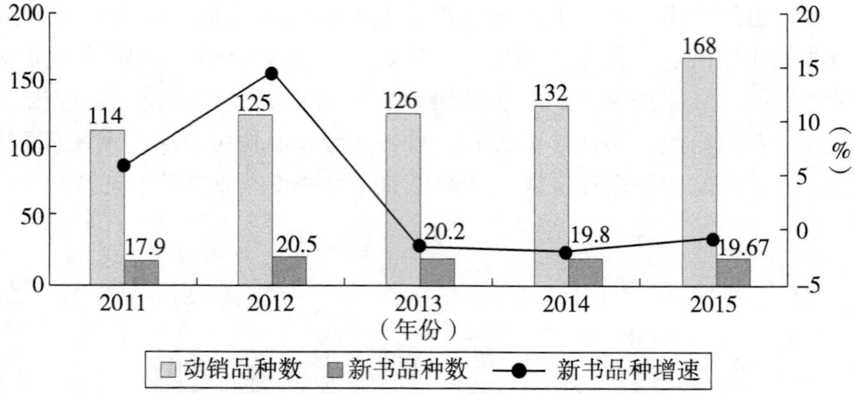

图 6-7　2011—2015 年动销品种数及新书品种数

（五）线上与线下渠道格局趋向稳定

当当网、亚马逊、京东、实体书店、淘宝店等线上图书销售渠道呈现明显增长趋势，在做大整体市场规模的同时，对地面书店的分流作用明显。线上渠道相比线下，在面向消费者时具有价格低廉、品种丰富、配送便捷、活动促销刺激消费作用强等特点，同时还具有无租金成本、信息化程度高、采购仓储物流上的规模效应等经营性优势，2008—2015 年实体书店销售码洋及增速如图 6-8 所示。根据开卷信息统计，2015 年全国图书销售码洋超过 624 亿元，同比增长 12.80%；其中实体书店销售码洋 344 亿元，继 2014 年实现 3.26% 增长之后，2015 年继续保持正向增长；线上渠道销售码洋 280 亿元，同比增长约 33.21%，预期未来仍将保持稳健增长。

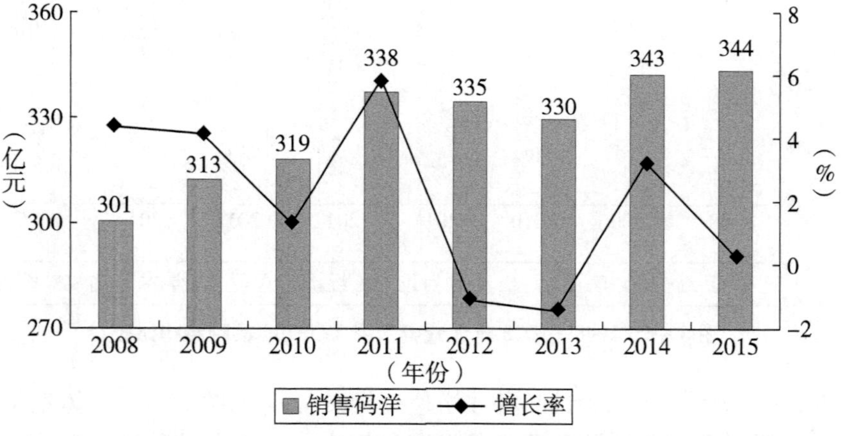

图 6-8　2008—2015 年实体书店销售码洋及增速

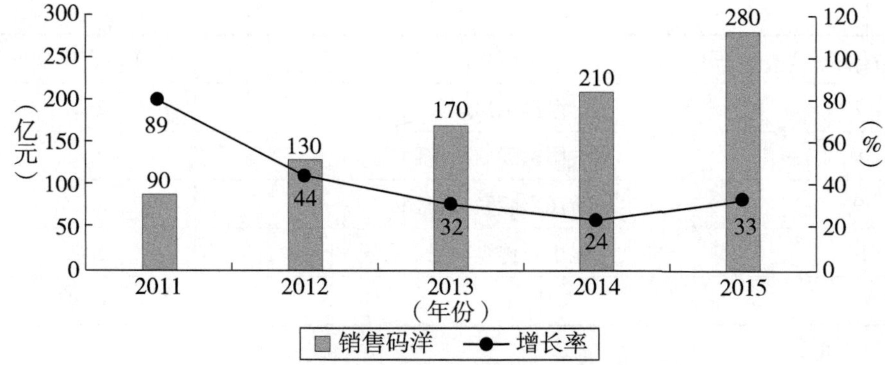

图6－9　2011—2015年线上渠道销售码洋及增速

由图6－9可以预计，未来线上渠道将持续分流实体店份额，但实体书店提供的阅读体验式消费并不能被线上渠道完全取代，线上对线下的分流会遭遇增长极限。最终线上线下渠道份额会平稳在一定比例，形成互为补充的市场格局。

（六）行业集中度提升，大型传媒集团成为发展趋势

根据开卷信息《中国图书零售市场年度观测报告》，截至2016年1月1日，全国共有出版社581家，其中35家出版集团下属出版社294家，30家出版集团市场码洋占有率合计达50.65%，大型出版集团竞争力进一步增强，国家关于推动文化企业并购重组、组建大型出版传媒集团的发展规划初见成效。出版集团之间走向跨地域、跨类别的直接竞争，图书发行市场的地域分割、市场分割格局逐渐式微，竞争程度日趋充分。

据开卷信息统计，2010年全国前十大出版集团合计码洋占有率为28.56%，2015年则达到31.91%，市场集中度快速提升，出版集团的竞争优势凸显，资源集聚进一步强化，规模效应显著。2015年图书零售市场前十大出版集团和公司如表6－3所示。

表6－3　　2015年图书零售市场前十大出版集团和公司

排名	出版集团	码洋占有率（%）
1	中国出版集团	6.18
2	吉林出版集团	3.74
3	凤凰出版传媒集团	3.35
4	中国工信出版传媒集团	3.22
5	中南出版传媒集团	2.92
6	长江出版传媒集团	2.91

续 表

排名	出版集团	码洋占有率（%）
7	上海世纪出版集团	2.67
8	中国国际出版集团	2.63
9	浙江出版联合集团	2.24
10	中文天地出版传媒股份有限公司	2.05
合计		31.91

第二节　图书物流的内涵及发展

一、图书物流的含义

（一）图书物流的韩念

图书物流是图书商品及其原材料由供应者向需求者的物理性流动，是图书储存、运输、包装、装卸、搬运、配送及其信息处理等系统和相关管理活动的有机结合。

这里，广义的“图书”指的图书出版业，包括图书编辑出版业、图书印刷业和图书发行业。“图书物流”也就包括印刷业的物流、出版社的物流和图书发行企业物流。上述是一个广义的概念，狭义的“图书物流”则不把前端的原材料采购物流和印刷出版活动中的物流包括在内，只是指图书制品从出版社到终端读者之间的物流活动，这也是书业物流活动的主体。本章主要立足于狭义物流概念。

（二）图书商品流通的概念

图书商品流通是指图书从出版社生产出来，在还没有进入消费领域之前的整个买卖过程，或指图书从出版者到读者之间转移的活动，是以货币为媒介的图书交换连续进行的整体，它由购进、销售、运输、储存四个主要环节组成。

购进：图书流通的起点，以货币为手段取得图书商品。

销售：图书流通的终点，将图书商品转化为货币。

运输：图书商品在流通中位置转移，弥补图书生产与销售的空间距离。

储存：图书商品在流通中的停留，弥补图书生产与销售的时间距离。

（三）图书物流与商流的关系

“图书商流”是指以货币为媒介的图书商品所有权发生转移、价值形态发生变化的过程，又可称为图书商品的“价值流”；“图书物流”是指图书商品以实体形态流转的过程，而图书实体承载着图书商品的使用价值，故可称图书商品的“使用价值流”。

图书商流与图书物流的关系是前提与条件的关系：商流是物流的存在前提，没有商流就没有物流；而如果没有物流作为条件，即使发生了商品所有权的转移，商流活动和商品流通都不能最终完成。

一个完整的图书商品流通概念和过程是由图书商品的商流与物流共同构成的，两者缺一不可，并且商流的发展规模与速度必须与物流的发展规模与速度相适应。

二、图书物流的特点

（一）商品标准化要求高，反应要求快

图书类商品具有较高的标准化程度，要求作业流程、操作的程式化和规范化，以减少标准差异造成的兼容障碍和成本浪费。同时客户对于图书的时效性具有较高的要求，所以需要构建高效的图书物流网络体系，并通过技术、管理水平的提升，实现对市场和用户需求的快速响应。

（二）工作量大，需要大量人员配置

图书物流除了提供物流基本服务，还需要向上延伸至市场信息调研、图书采购及订单处理，向下延伸至图书配送、货款回收与结算和物流培训等一系列增值服务，物流作业作业量大，人员需求量多。特别是对于一些受自动化机械使用局限性大的库存拣选分拣作业和盘点作业等，更需要配备大量工作人员。

（三）信息化水平要求较高

品种繁多是图书行业的显著特点，一个大型仓库的品种数量可能是上百万，每个品种都对应一个数据，采集、反馈这些数据是一项庞大的工作。需要利用现代信息技术实现系统内信息的有效交换，提高效率。

（四）图书退货问题突出

图书退货在行业中不是偶然现象，而是整个行业的最常规问题，目前，美国、日本、英国、加拿大等出版大国的平均退货率均超过30%，中国的平均退货率也在20%以上。同时，图书的类别不同，退货比例也不同；并且有一些图书如教辅类图书还具有很强的季节性。因此，图书退货在全世界的图书出版行业中已经成为一个难以解决的顽疾。

三、我国图书物流的现状

图书物流建设是随着中国出版业的改革而发展的，例如，培育现代物流

体系、开设超级书店，逐步走向连锁书店经营，进而促进集团化建设并对出版单位进行转企改制等。

（一）企业物流规模逐渐壮大，引领作用不断凸显

21 世纪以来，中国的出版业物流出现了规模化发展的趋势，在这样的背景下，以新华书店为代表的大型图书企业，也逐步向规模化、集团化迈进。各地图书企业积极组建出版集团，进行资源组合，这就极大地促进了出版业物流的发展。目前，全国业已建立了若干有代表性的大型图书物流中心，这些物流中心都配备了自动化分拣系统和传输系统。例如，北京出版发行物流中心，是华北最大的出版物发行物流集散平台，集信息流、商流、物流、资金流和综合配套服务于一体，图书的进货、存储、配送、退货均实现自动化作业；西北出版物流基地，以陕西省为中心，辐射西北、西南、中原地区，兼具出版物展示展销、批发零售、分拣分包、仓储运输、代储代包、电子商务第三方物流、网点配送、综合服务等功能；江苏新华发行集团物流中心，是仓储配送一体化、立足江苏省辐射全国的图书物流配送基地。

（二）出版企业积极创新转型，多元推动物流发展

当前，随着互联网技术不断地发展，人们的阅读习惯也随之发生了明显的改变。因此，出版企业的实体书店受到了来自网上书店和电子出版物的强烈冲击，一度出现了严重的萎缩。在这种形势下，许多出版企业开始在商业模式、经营方式上积极创新，实力得到进一步壮大。

大型出版企业除了自己的实体书店外，纷纷开始自建网上书店，或与网络公司合作扩展网上书店业务。如安徽省最大的出版发行企业——皖新传媒集团，联合腾讯公司，共同构建体验式 O2O（线上对线下）书店。中小型出版企业一般与大型网上书店，如当当、京东以及亚马逊等综合性网站合作，利用网站的合作平台扩大自身的影响力及宣传范围，从而提升竞争力。蒲公英童书馆就是得益于互联网渠道的一家童书出版专业机构，通过与当当的成功合作，其已成为网上年销售码洋过亿的出版机构。

（三）传统物流与电商融合，促进物流平台资源共享

在网购的情形下，传统物流只是进行商品的送达，而线上的交易忽视了消费者的体验。送达和体验对消费者而言都是不可或缺的，因此线下的传统物流业必须推行信息化转型，物流业只有与互联网融合、发展，物流业“互联网 +”策略才能实现。基于此，电商的整体发展策略开始从单纯的自营物流业务转向与传统图书物流企业合作，形成共享物流资源、共担经营风险的合作机制。例如，一些传统自营电商创建开放平台，吸引出版发行单位入驻，以图共赢发展。

（四）社群营销异军突起，成为图书物流新平台

基于互联网思维的营销将变革传统物流营销模式。物流业的营销思路必须面临新的转型，谁手上掌握了物流行业最有影响力、最有价值的粉丝群体，谁将是最大的营销平台。社群是在兴趣和价值观相同的基础上形成的圈子，社群营销则是通过微信、微博、博客、QQ 群、论坛等自媒体凝聚社群里的人，使其进入网络销售渠道。社群电商相比平台型电商而言对出版机构开展营销活动更为有利，比如，布衣书局的微群拍卖活动，收益颇丰；北京王府井书店通过微信开发了微书城，未来也将会成为一种理想的物流平台。

四、图书物流的发展趋势

（一）绿色物流受到重视，有关法规不断完善

图书物流为满足人们的精神文化追求带来了便利，但同时也不可避免地会对环境造成污染。这种污染主要发生在运输的各个环节，比如运输车辆的选择、运输时间的安排等。运输车辆排污量大，就会对环境造成污染。运输时间安排在高峰拥堵的时段，整个运输时间就会延长，其后果是对环境的污染也随之增加。此外，作为图书物流的一大特点，就是逆向物流。对逆向物流中回收的出版物（包括电子出版物）的无公害处理，即绿色处理也是未来图书物流发展的趋势。这就需要制定专门的图书绿色物流法规，并随着图书物流行业的发展，构建完善的绿色物流法规体系。

（二）精准营销势在必行，配送系统趋于完整

畅销书的营销，包括教育领域的各种国家统一的教材的营销，是面向大众群体的，因而受到图书营销商和物流商的高度重视。另外，人们的个性化需求越来越高，一些面向小众（读者群小）的所谓“冷销”出版物的营销也越来越受到人们的关注。这种面向个性化要求和将出版量小的出版物精准送达给其读者的营销就是精准营销。精准营销势在必行，这就要求物流配送系统的精准配送。精准配送的重要条件之一是对读者信息的精确把握。建立高效运作的供应链和完善的配送系统是最终实现精准营销的保障。

（三）第三方物流成为主流，共同配送成为主导

当前，出版商尤其是大出版商都有自己的物流中心。据不完全统计，全国成规模的现代化物流中心有 30 多个，它们大都从属于图书出版集团。此外，还有专门从事图书物流的企业，它们不从属于某个出版集团，而是独立的第三方物流企业。随着中国出版业改革的深入进行和社会对图书物流日益增长的需求，越来越多的图书物流中心从出版企业剥离出来，成为第三方物流企业。第三方物流企业可以打破出版企业之间的壁垒，为多个出版企业和图书营销商服务。不同的客户在某一时段配送的数量不同，数量小的客户单独使用物流企业就会增加物流成本。这就产生了多个物流客户与同一家第三方物流企业签约，由第三方物流企业将这几家的物流业务安排在同一物流配送流水线上，这种合理化的配送，就是共同配送。随着绿色物流理念的深入人心，共同配送正在成为图书配送的发展趋势。

（四）多种群体参与物流，众包成为物流新态势

传统概念下的图书物流，是由专门从事物流行业的人完成的。随着社会经济文化的发展，这一概念正在发生着变化。人们在做好本职工作的同时，追求自我价值的不断完善与提升，对于网上书店“最后一公里”的配送业务的参与就是其中的一种体现。很多社会群体，特别是青年人，他们尝试着帮助网上书店将出版物送至客户手中，从而丰富自己的人生体验与人生价值。当然，开拓这一新型物流模式的电商也会给他们一定的回报。这种由非物流人员完成某种物流配送作业的模式，在国际上称为众包（Crowdsourcing）。众包不仅提升了人们的自我价值，也为网上书店打造了新的 O2O 服务平台。众包正在成为图书物流的一种新态势。

第三节　图书物流的运作与管理

一、图书物流配送模式

图书物流配送是为了实现不同规模的图书超市的需求，以计算机智能化管理为基础，连接货源给主体和销售主体克服时间和空间上的障碍，提供综合和完善的服务，经济、快速、有效地形成优化组合的图书经济活动。

（一）物流配送模式

1. 自营配送模式

自营配送是指企业物流配送的各个环节由企业本身筹建并组织管理，实现对各连锁门店进行配送的模式。在国际上，自建配送体系的代表性企业是美国沃尔玛公司，沃尔玛成为零售巨头的重要因素之一就是拥有庞大的物流配送系统。沃尔玛于 1970 年在公司总部所在地建立了第一个配送中心，到目前为止已建立 62 家配送中心，为全球近 5000 家门店提供配送服务，整个公司销售商品的 85%都是由这些配送中心供应，而其竞争对手只有 50% ~65%的商品集中供应。目前，大部分省级书店均采用这种模式，其优点主要有以下几个方面：首先，便于各环节的协调配合，使书店对物流系统运作全过程具有自控权。其次，能够更为迅速地响应各连锁店铺的需求，提高顾客服务质量。最后，还可以降低交易成本，书店通过内部行政权力控制采购和销售，可不必就相关的运输、仓储、配送问题进行谈判，减少交易费用。

但书店在采用这种物流模式时也往往存在一些问题或制约，主要包括以下几个方面：首先，需要书店投入大量的资金和精力进行物流工作的建设，据有关资料报道，建设一个5000平方米的标准化配送中心，投入将达2000万元左右。其次，对于书店这样的连锁企业，销售存在旺淡季且地区差异明显。最后，企业自营物流导致的专业性欠缺，书店的物流配送过程往往缺乏有效的优化和规划，造成物流资源配置不合理，物流公司忙闲不均，物流成本也居高不下。总体来说，目前大部分书店的内部物流公司还没有达到大型专业物流公司的要求，比如华东某省新华发行集团，其物流硬件条件虽然比较成熟（在省会城市建设成立了一个占地214亩、总建筑面积10万平方米的现代大型物流配送中心），但在软件方面则相对落后，主要表现在内部管理还比较粗放，特别是信息化水平还有待提高，尚不能支持物流、商流以及财务的一体化，系统平台也不够开放，不利于新业务的开展。因此，对于书店来说，自主统一配送的优势还有很大的挖掘空间。

2. 第三方物流（3PL）模式

第三方物流模式就是连锁零售企业将其物流配送业务部分或者全部委托给专业的物流企业来运营的一种运作模式。第三方物流可以提高物流的效率和专业化水平，这也将成为出版发行企业降低总成本和提高核心竞争力的一个重要手段，而随着书店供应链竞争格局的形成以及物流复杂化、专业化的发展，引入第三方物流的做法将成为未来企业物流管理模式的趋势。据统计，目前欧洲主要连锁零售业的物流配送中61%的业务是交给第三方物流公司做的，这个事实为书店探寻物流发展道路提供了一个参考。

（二）物流配送模式选择的因素

一般来讲，连锁企业在选择物流配送模式时，配送能力、配送成本、配送服务评价和合作风险是影响决策的核心要素，这四个指标之间保持了相互独立性和完整性。

1. 配送能力

配送能力是书店物流配送模式选择的重要因素之一。由于配送中心的建立和管理，物流设施设备等需要大量投资，因此资本投资规模、设备先进水平、信息技术能力和管理水平等因素成为影响图书物流配送模式选择的重要方面。

2. 配送成本

配送成本也是书店物流配送模式选择要考虑的重要因素之一，不同配送模式下实现配送规模效益的程度不同，这样就决定了配送成本高低不同，比如某省新华书店采用自营物流的方式，为了保证物流的到货率，实行省会城市店一天调度两次，其余地区每天一次，全省覆盖，导致物流成本非常高。由于配送成本体现的是一个负向指标，所以需要对其处理换算成正向指标后再进行评价。

3. 配送服务评价

配送服务评价是指书店的运作模式对物流服务的要求。物流配送服务的整体水平（可靠性、柔性或弹性、顾客满意度等）反映了某种物流配送模式与企业发展战略（包括业务定位）的匹配程度。其中可靠性是指送货的及时和准确程度，是反映配送服务质量的关键因素；柔性或弹性狭义上是指应对突发情况（如紧急配送）的能力，而其广义的理解还应包括该物流配送模式适应书店发展的能力。

4. 合作风险评价

合作风险评价反映了不同配送模式下图书物流的合作风险大小，通过协调控制能力和商业信息保密性对其进行评价。

综上，在方案层中组合权重最大的那个元素对应的即是模式最佳决策方案。对书店而言，可以根据实际情况摒弃以往绝对、单一的配送模式，采用混合配送模式。

二、物流中心的组织管理

物流中心的组织管理涉及绩效考核问题和组织架构问题。

绩效考核的核心是建立科学合理的关键绩效指标体系，也称 KPI 体系。目前业内物流部门的 KPI 考核体系由人力资源部门制订，部分聘请了外部管理咨询公司或参考业内同行制订。很多 KPI 专业性差，无法真正起到树立标杆、督促改进、提升业绩的作用，有的甚至纯粹是工作量统计表。由于专业性强，企业应该聘请专业物流咨询公司设计 KPI 考核体系。

仓储行业的 KPI 体系，应该从两个维度设计：过程维度——收货、上架、存储、订单拣货和发货 5 个部分；结果维度——财务、作业量、利用率、质量和周转时间 5 个部分，两者交叉形成 25 项基础 KPI 指标，在基础 KPI 上可以根据不同单位、不同情况取得不同倾向的指标体系。譬如每个订单行收货成本、上架成本、拣货成本、发货成本，每个订单行存储面积，由此可以计算出每个客户订单行内部作业成本、单位存储成本和单位收货成本。

物流中心的组织架构大都属于直线职能型架构，按照作业流程和岗位功能设置部门，比如沃尔玛物流配送中心由四个部门组成：文件处理部（信息处理部门)、质检部、收货部和发货部。国内部分图书物流中心按照业务(如教材、音像)设置部门，这不够合理，人员管理和作业效率不够高效，应该按具体作业分部门，再在部门内部按业务(如教材、音像)分组；另外很多图书物流中心设立调度部门的做法值得提倡，由此把计划、执行和考核有效分开，利于管理体系良好运行。

图书物流最终必将从服务于内部的企业物流向服务于第三方的物流企业转型，将和社会物流竞争。为此，图书物流部门应重视解决上述问题，由此提高竞争优势，物流才有可能成为书业新的增长点。

三、物流作业管理

物流作业由收货、储存、拣货和发货以及退货等逆向物流五部分组成。

(一) 收货作业

收货作业，是指从收到业务部门采购订单开始到货物上架产生库存为止。

目前业内对收货普遍不太重视，自动化程度较低，作业流程不连贯，效率也不高。绝大部分物流中心的收货现场，书目需要样本抽样录入、采购预分信息也不能提前获知、出版社的提前到货通知更很少获得，这样收货效率自然不高。尤其图书样本抽样录入，需要拆包抽样拿到办公室去录入然后回样，完全打断了本该流畅的收货流程。

根据上述分析，要想解决收货作业问题首先要把流程设计好，将收货、存储和拣货有机连接在一起；其次要做到采购预分信息和出版社提前到货通知的提前获取；最后需要自动识别书目的设备。除了上述措施，收货作业还可以在三个方面考虑提高效率：大型出版集团和发行集团可以考虑托盘租赁，发货采用代板运输，即带托盘发货和带托盘收货，可5~8倍提高装车和卸车速度；采用伸缩皮带机进入货车的辅助装置，可1~2倍提高装车和卸车速度；收货暂存场地采用驶入式货架或立体仓库，提高收货暂存区的使用效率和后续作业效率。

(二) 储存作业

储存作业，是指库内存货管理，如调整、盘点、冻结等作业。

目前业内在存储方面主要存在两个问题：认识上过于追求储存量，但现代物流储存是为了更好地发出去，而不是长期储存，特点在“移动”而不是“存”；设备选型和存储原则陈旧，设备选择以传统托盘货架和中型隔板式货架为主，储存原则以遵循过去传统手工管理的按照类别和出版社的分类储存为主。

储存作业的问题需要通过三方面结合进行解决：首先，从储存系统经济性方面做自动化储存设备和传统人工货架的结合，譬如结合隔板式货架和自动化立体仓库；其次，从存储系统效率上做高密度和高速度存储系统的结合，譬如高密度驶入式货架和高速度自动化立体仓库的结合；最后，存储原则应按照物动速度和订单相关性来结合，譬如分畅销品、常销品、速动品和长尾品等进行管理，按照计算机分析品种出现在同一订单的频率决定是否相邻存放等。

与此同时，有两种设备值得关注：驶入式货架和多层穿梭式自动化立体仓库，前者存储密度最大、后者存取效率最高。

（三）拣货作业

拣货作业，也称订单拣货作业，是指从接受客户订单到打包结束的整个作业。

在这方面，目前存在两个问题。拣货作业认识问题：业内对拣货作业的认识仍然停留在电子显示标签辅助拣货的时代，认为拣货不是摘果式就是集货播撒式，其实这种说法存在很大的误区——把工艺设计简单化，实质上针对订单和品种，一对多和多对一仅是诸多关系中的两种，订单和品种的关系远非这两种这么简单。拣货手段单一：普遍采用无线手持终端 RF + 输送机的拣货方法，拣货效率大部分低于每人每小时 80 次，拣货误差率在万分之五以上，效率和准确性指标不高。目前物流行业拣货效率最高已经达到每人每小时 600 ~ 800 次，作业误差低于十万分之一。

要解决上述问题，最主要是采用货到人的拣货作业和系统，这将使拣货效率达到每人每小时 400 次以上，拣货误差率达到十万分之五以下。拣货分整件和拆零两类。拆零的比例在目前门店配送中基本超过 70% 且比例越来越大，电商配送上则全是拆零。因此，拣货的核心问题就是拆零拣货效率和准确性。拆零拣货主要有两类作业——“人到货”和“货到人”系统，两类系统效率的差别最根本原因是“货到人”作业大幅缩减了行走和信息处理比例，同时复核、错误纠正也得到极大优化。

（四）发货作业

发货作业，是指依据调拨凭证进行图书分发包装完成到装车发货作业，直到客户成功收到货物的整个作业，实施图书商品转移的业务。其基本要求是：票签保证质量、配发准确无误、包装合格牢固、单据实物一致、严格交换手续、发货流转迅速。

图书发货常用方式如下。

（1）一单一书发货：一份调拨单只开一种图书，并据以实施发货作业的发货方式。特点：简便、灵活、快速，有利于加快图书快速流转，缩短发货周期。但在图书品种多、订数小、发运起点低的情况下，邮包会增多、费用会加大。

（2）一单多书发货：一份调拨单开列多种图书，同时配发合并包装的发货方式。特点：具有集零为整、零担发运起点低的效果，有利于缩短发运周期，但配发、并包作业较复杂，零书并包的要求较高，需要工作人员密切配合、协调一致，防止差错。

（3）上下箱发货：对于数量少、不够大包的零星图书，上箱待并包（一般采用定期或定量下箱并包）发运的发货方式。特点：适应图书品种多、发货数量少的矛盾，在一定期限内集零为整，提高发运起点。

目前业内对于发货作业主要存在三个问题：对外部运输信息无法准确把握；发运部门主要靠人工进行发运调度；路向分流无论上包件分拣机或斜轮分拣机由于路向分流口有限，发运部门仍要进行二次理货，工作量很大，成为发货瓶颈。解决前两个问题需要运输管理系统和有调度功能的仓储管理系统。第三个问题的核心是如何减少甚至消灭二次理货，可在拣货完成后进行缓存排序然后再去打包，这个过程就是理包的过程，由此解决二次理货的问题。

（五）逆向物流作业

逆向物流指客户或门店的退货处理作业系统。

退货是随着新的购销方式（经销、寄销等）出现而出现的逆向物流。在退货中，接受退货方为收退方，退货方为付退方。退货原因：①发货差错；②图书印装有问题或图书在途破损；③未售出的图书，根据合同允许退货或换货的。

逆向物流是图书物流的一个难点，目前业内除了手工方法外还有两种方法：用轻型滑块分拣机；用带电子显示标签的货格。这两种方法都需要进行二次分拣，有效作业效率每人每小时不超过 60 次。两种方法从投入产出比看货格更划算但并不能真正高效解决问题。逆向物流如何高效处理是一个复杂问题，首先针对设计思路和认识，要把逆向物流和正常的收货拣货一样看待，其次逆向物流作业也是由收货、存储、拣货和发货组成，只不过拣货是货源合并，发货不是客户而是供应商。

四、图书电商物流管理

图书电商物流管理是指对来自互联网客户的订单履行作业系统。

图书电商物流传统作业步骤分收货、上架存储、拣货、输送、分类、增值服务（如礼品捆扎）、包装、发货分流八个步骤。电商物流最大的特点是品种多、订单多、订单所含品项少，速度和准确性要求高。

以华章公司正在做的某电商物流为例，全国五大物流中心的品种数超过50万，每日订单量50万~70万张，订单品项平均在2.3个，要求订单到后台开始到出货至发货待运不超过3个小时，错误率低于十万分之五。要解决这些难题，首先，必须解决效率问题，否则人工成本会让一切利润归零。华章公司目前开发了多种货到人设备和工艺，除了半自动化的解决方案也开发了全自动拣货系统。不过，它们对物品的适应性还不够，仅适应有规则外形且有包装的物品，每次仅可捡一件，预计2015年推向市场。未来，大部分拣货工作都会被机器人替代，最终90%的物流作业都会被机器替代。其次，目前的规划理论有待突破，物流设计的空间利用率普遍偏低，平均不超过35%。只有在时间和空间上获得极大改进，物流才能适应目前电商的高速发展。

目前，为应对图书市场的不确定性，有必要考虑把物流处理品类扩充到常温小件品品类，建设全渠道物流中心是必然趋势。其最大难题是不同订单类别如何融合、不同包装方式如何融合、不同存储需求的融合。因此，首先需将拣货单元最小化，使得不同特征的订单融合在一个系统里；其次注意包装的标准化；最后存储问题要将物动速度、订单品种相关性、库存品种规模大小三者综合考虑。

五、图书物流设备系统选择

就目前物流设备的建设，并结合图书的特点来看，图书配送中心的物流设备系统选取可以分为三大部分。

第一，自动拣选系统。该系统相对于人工拣选来说，可接受计算机管理系统的信息，继而自动完成商品定位、数量确认、货位确认等工作。

第二，分拣系统。分拣系统承担两项功能：按照配送方式形成配送数据，通过机械设备分发给客户；把各基层书店的退货分拣为退回供货单位的货物和退回物流中心的货物两大类。

第三，报件分拣系统。该系统可自动识别报件所属的客户，进行打包处理之后，进入货位。该系统利用条码技术，具有自动纠错能力，可以协助有关工作人员确认某书箱图书数量、图书品种是否正确，具有较高的准确度。

本章小结

随着图书发行体制改革的深化，出版社自办发行量都在增长，直接向各渠道销货店供货量大幅度增加，发货频繁。为了适应这一形势，各出版社都从人员、设备上充实了物流部门，越来越多的人意识到做好物流工作对于提高本版图书供货率、市场占有率，加强周转，满足读者需求的重要性。本章首先对图书的概念、分类，图书行业的概念、现状及趋势进行了分析；其次从图书物流的概念、特点，图书物流的现状及发展趋势等角度说明了服装物流的内涵及发展；最后在这些基础上从图书物流作业流程、物流中心的组织管理、配送管理、电商订单管理和物流设备系统选择等方面对图书物流运作和管理进行了说明。

案例分析

株式会社阳光书社的运作管理

（一）基本介绍

株式会社阳光书社是日本出版社图书流通业务代理行业中的大型企业，在日本拥有约 56 万 m^2 的图书保管和流通加工仓库，为各出版社保管和流通加工的图书达 8000 万册。该株式会社采用的联机网络信息系统和退货图书全自动改装线等均具有高度自动化水平，领先于同行业企业。2001 年 4 月他们引进的退货图书自动分类系统，已在茨城县稻敷郡关东物流中心正式启用。

株式会社阳光书社的主要业务，虽然可以用一句话概括，即“出版社图书管理和图书流通业务代理”，但这还不能具体体现该公司的业务实际，因为图书流通业过去分为四种类型，一是退货图书改装（精美装饰）业；二是图书运输业；三是图书保管业；四是废旧图书回收处理业。而目前出现的图书流通代理行业源于上述四类企业。也就是说，许多企业开始仅从出版社那里承揽某一部分业务，后来服务的范围不断扩大和延伸，并且向专业化方向发展。阳光书社也不例外，开始从图书的改装业务起家，逐渐扩大到图书的库存保管、运输和图书物流业务管理。

目前它是一个不隶属于任何出版社系列的独立企业。该公司在茨城县稻敷郡建立的大型物流据点，关东物流中心和筑波物流中心，负责十个仓库和事务所以及公司本部的图书物流业务，利用 20 多辆卡车搞运输和配送。通过计算机联机系统，将各个出版社的图书库存管理和销售信息等连成信息网络，称为“阳光网络系统”，其业务规模堪称世界第一。

该公司原来从事的传统图书改装业务，现在也引进了新设备，简化了作业程序，实现了自动化作业。这种图书改装业务，关键的环节是掌握：哪种书、何时、从何处退回，改装后的库存册数等数据。因为出版社需要依据这些数据决定图书的改装数量和再版数量，这也是出版社销售战略的重要组成部分；阳光书社目前已经能够利用联机网络和传真通信，每天向日本130家出版社提供退货图书及其库存信息。

不仅如此，该公司还通过自己独创的程序，为出版社预测近几个月，哪种图书可能会销售多少册，建议退货图书中改装哪一种、改装多少册，为出版社最终决定图书的改装数量提供有力的判断依据，同时也充分发挥了专业出版流通企业的特长。类似阳光书社这种不单单向客户提供运输和保管服务，而且同时又能利用本企业的信息管理系统和自动化作业机械设备，在保证为客户进行高度的精细流通加工的同时，作为经营伙伴，向客户提供具有经营战略意义的指导性建议方案，真正体现了出版界第三方物流企业的本来风格。

（二）新型物流系统的建立

新系统使阳光书社真正成为高效物流公司。阳光书社一直比较重视提高效率，积极推进企业现代化。上述这种自动化图书改装线、信息通信系统以及各仓库使用手持终端进行出入库管理等做法，足以说明这一点。但是，过去有的环节仍然还是人海战术。如从各个代销店退货的图书，由于送来时是按价格分类的，所以要在这里重新按图书名称进行分类整理，仍需要大量的人手。

关东物流中心主要负责流通量相对较大的新书和丛书的加工处理，因为从两年前开始，一些新兴的大型出版社开始大批出版丛书，阳光书社在承接这类新版丛书的物流业务的同时，还大量处理退货图书。通常委托销售的图书退货率都不低于40%，即便是畅销书也有20%～30%的退货比例。

过去，关东物流中心负责退货图书处理的人员，包括一名计算机操作员，共13人，每3个人为一组，即便是四个作业组拼命地工作，也忙不过来。为此，该公司社长西浦善彦先生决定引进自动分类设备，并立即着手可行性分析和调研。一年后，即2000年12月，与东洋热力共同设计制造的设备主体安装完毕，于2000年4月底正式启用。

该系统上线后，只要将新书和丛书搬放在流水线上设定好，就能够按照书名和定价进行自动分类与堆码。同时，通过对条码的自动读取，计算机会立即把退货图书的各种数据传送给出版社。该系统投资额虽然只有约3000万日元，但却取得了良好的效益。过去，13名工作人员每日只能处理图书3万册，现在9名工作人员每日可处理图书35000册～36000册，实际相当于节省了5～6名劳动力。

（三）系统具体运作方式

1. 入库及分类准备

图书入库：关东物流中心负责处理的图书，一部分是经销店委托公司本部事务所处理的新书和丛书，每天用10吨卡车送至物流中心，另一部分是出版社直接委托茨城事务所改装和分类的退货图书。叉车将堆码在平托盘上运来的图书从卡车上卸下来后，再搬入库内货架上存放的图片。出版业目前流通的托盘尺寸还不统一，造纸企业、印刷企业和经销店所使用的托盘均混有非标准托盘。

入库信息输入：在物流中心先根据送货单输入预定入库数据，最终还要与自动分类机实际处理的数据核准、确认。

自动分类准备：准备当日进行自动分类的图书，从托盘上取下来放在带轮子的作业台上，打开包装后按图书价格顺序排好。照片后面书架上摆放的是分类后剩下的零头入库图书，书架下面也带有轮子。作业平台面对分类机的感应装置，书架与滑槽成直角，均便于图书的搬进搬出。

2. 向自动分类机摆放图书

感应式传送带：只要将从作业台上搬过来的图书书背朝上摆放在感应式传送带上，一打开开关，传送带启动，书就会一本一本地被传送到主作业线上，速度为每秒钟 2 册。

条码读取：图书在翻过来（背面朝上）地状态下进入分类作业线后，条码读取器立即对书上的两排条码进行读取，这样一来，按照图书名称退回来的图书数量等数据便被存储起来。关东物流中心每周一、周三、周五接收退货图书，如果是出版社靠近截止日期，即便是当日，也可以提供上述数据（系统使用前需要提前一周）。

3. 滑槽分类作业

分类机构：系统采用的分类机构为左右旋转皮带推压式，通过左右推压换向达到图书分类的目的。这种被称为扫出式的分类机构，最近已不多见，但操作简单，作业准确无误。

向滑槽分类、堆码：扫出式换向装置将图书推压到辊道滑槽中。堆码装置将滑落下来的图书一本一本地堆码起来，高度约 30 厘米。堆码成一摞一摞的图书被推出辊式滑槽后，落至刮板输送机中。

4. 分类后的图书作业工序

由于条码漏读而没有分类的图书被送至主作业线最前端的堆书机内。

分类后的图书包装：在滑槽前面的作业台上，将分类好的图书每 15 册捆成一个包装单位，然后放在托盘上。垂直搬运分类完毕的图书中需要改装而临时存放的部分，用电动式手推车，利用电梯运至 B 栋二楼和三楼。

5. 自动图书改装生产线

拆除封皮和书绳：在该生产线上有一个感应式拆除装置，只要将书放在下面，即可自动拆除图书封皮和书绳。机器中央的两本书就是拆除封皮和书绳后的裸书。

拆掉条签：图书条签拆除装置，利用该装置可以一次拆除五本书的条签。

磨光机：机器是图书自动打磨机，除图书封皮外，其余三个面均可打磨。

装封皮、查条签：退货图书经过上述工序后，重新装上封皮、书绳和条签，然后，再由经销店卖给书店，摆在书架上出售。近年来，各出版社为了尽量节约费用，减少浪费，严格控制图书印刷数量和改装册数，所以改装的图书批量变少，册数变小，生产线工序变换越来越频繁。目前的两条线每日仅改装3万~4万册。材料保管库房：改装图书用的材料，如封皮、书绳和条签等都存放在楼上的移动货架上，保管数量相当于5000本书的用量。库存减少时，反映改装的图书量在增加，立即向出版社提议追加图书印刷数量。

这套全自动图书改装线和自动退货图书分类系统，可以说是日本物流业比较先进的物流处理方式代表。虽然其流程相对复杂，除了传统的物流服务、逆向服务、物流信息服务外，甚至还提供了部分加工服务。不过其处理方式绝对值得我国物流企业参考，尤其是在当前国内出版业逐步放开的环境下。

（资料来源：http：//info.10000link.com/newsdetail.aspx？doc=2009061200015）

问题：

1. 试描述图书退货物流的流程。

2. 我国应该学习哪些先进经验？说明其原因。

第七章　农产品行业物流管理

导入案例

四大鲜果是2014年5月聚划算推出的鲜果预售活动，活动选了四种颇具代表性的水果：山东烟台大樱桃、山东胶南蓝莓、广东茂名红荔枝、浙江仙居杨梅。活动重点推的是山东烟台大樱桃，操盘樱桃是一家新开的叫“中国地标馆”的淘宝店。运作模式上，樱桃采用农产品经纪人+电商操盘手；蓝莓是品牌企业——“佳沃蓝莓”+合作淘宝电商。樱桃销量最好，共卖出2万多箱，200万左右的销售额，紧随其后的蓝莓售出2000多份，荔枝杨梅都是几百份。樱桃虽然战绩骄人，但同样在发货后遭遇噩运，店铺评分从开店的5.0一下子降到4.1，目前店铺依然存在，评分已在4.0以下，有大约20%的客户给了不满意的评价。其中最主要的差评，除了口感一般外，多集中在了生鲜产品在物流配送上，而配送时间长、质量无法保障是最主要的原因。物流配送已成为制约农产品，特别是生鲜农产品销量的最重要瓶颈之一。

问题：

1. 你认为农产品物流配送难在何处？
2. 对于货值相对较小的农产品来说，该如何组织物流？

第一节　农产品基本行业情况概述

一、农产品的概念和分类

（一）农产品的概念

农产品是指种植业、养殖业、林业、牧业、水产业生产的各种植物、动物的初级产品及初级加工品。具体包括种植、饲养、采集、编织、加工以及捕捞、狩猎等业的产品。这部分产品种类复杂、品种繁多，主要有粮食、油料、木材、肉、蛋、奶、棉、麻、烟、茧、茶、糖、畜产品、水产品、蔬菜、花卉、果品、干菜、干果、食用菌、中药材、土特产品以及野生动植物原料等。

初级农产品是指种植业、畜牧业、渔业产品，不包括经过加工过的这类产品。初级农产品包括谷物、油脂、农业原料、畜禽及产品、林产品、渔产品、海产品、蔬菜、瓜果和花卉等产品。

初级加工农产品是指必须经过某些加工环节才能食用、使用或储存的加工品，如消毒奶、分割肉、冷冻肉、食用油、饲料等。

名优农产品是指由生产者志愿申请，经有关地方部门初审，经权威机构根据相关规定程序，认定生产的生产规模大、经济效益显著、质量好、市场占有率高，已成为当地农村经济主导产业，有品牌、有明确标志的农产品。产品种类包括粮油、蔬菜、瓜果、畜禽及其产品、水产、棉麻、花卉、药材、食用菌、种子、苗木等。

转基因农产品是指利用基因转移技术，即利用分子生物学的手段将某些生物的基因转移到另一些生物的基因上，进而培育出人们所需要的农产品。

（二）农产品的分类

按传统和习惯一般把农产品分为粮油、果蔬及花卉、林产品、畜禽产品、水产品和其他农副产品六大类。

1. 粮油

粮油是对谷类、豆类、油料及其初加工品的统称。按粮油植物学科属或主要性状、用途可将粮油分为原粮（禾谷类、豆类、薯类）、成品粮、油料（草本油料、木本油料及非食用油料、食用油料）、油脂（食用油脂、非食用油脂）、粮油加工副产品、粮食制品和综合利用产品七大类。又可分为主粮和杂粮、粗粮和细粮、夏粮和秋粮、贸易粮、混合粮等。

2. 果蔬及花卉

（1）蔬菜和果品

果品和蔬菜，尤其蔬菜是人们日常生活中不可缺少的副食品。

蔬菜按食用部位可分为：①根菜类：如萝卜、豆薯；②茎菜类：如莴笋、竹笋、莲藕、芋头；③叶菜类：如小白菜、大白菜、大蒜、大葱；④果菜类：如茄子、黄瓜、菜豆；⑤花菜类：主要有黄花菜、菜花；⑥食用菌类：如香菇、木耳。按农业生物学可分为根茎类、白菜类、芥菜类、甘蓝类、绿叶菜类、葱蒜类、茄果类、瓜类、豆类、水生菜类、多年生菜类和食用菌类12类。

果品按果实构造可分为：①仁果类：如苹果、梨、山楂；②核果类：如桃、枣；③浆果类：如葡萄、香蕉；④坚果类：如核桃、板栗；⑤柑橘类：如柑、橘、甜橙、柚、柠檬；⑥复果类：如菠萝、菠萝蜜、面包果；⑦瓜类：主要指甜瓜、西瓜。按商业经营习惯果品可分为鲜果、干果、瓜类以及它们的制品四大类。鲜果是果品中最多和最重要的一类。为了经营方便又把鲜果分为伏果和秋果，还分为南果和北果。

（2）花卉

“花卉”一词从字面上讲，就是开花的植物。广义上的花卉是指凡是花、叶、果的形态和色彩、芳香能引起人们美感的植物都包括在花卉之内，统称为观赏植物。但“花卉”一词人们已形成习惯，可一并使用。

根据花卉的形态特征和生长习性可分为草本花卉、木本花卉、多肉类植物、水生类花卉和草坪类植物。①草本花卉可分为一年生草花（如一串红、鸡冠花等）、二年生草花（如金鱼草、石竹等）、多年生草花（如菊花、荷花、大丽花等）；②木本花卉可分为乔木花卉（如梅花、白玉兰等）、灌木花卉（如月季、牡丹等）、藤本花卉（如凌霄、紫藤等）；③多肉类花卉常见的有仙人掌科的昙花、令箭荷花、蟹爪兰，龙舌兰科的龙舌兰、虎尾兰，萝藦科的大花犀角、吊金钱，凤梨科的小雀舌兰等；④水生类花卉常见的有荷花、睡莲、王莲、凤眼莲、水葱、菖蒲等；⑤草坪植物常见栽培的有红顶草、早熟禾、野牛草等。

根据花卉的观赏器官可分为：①观花类（如菊花、仙客来、月季等）；②观叶类（如文竹、常春藤、五针松等）；③观果类（如南天竹、佛手、石榴等）；④观茎类（如佛肚竹、光棍树、珊瑚树等）、观芽类（常见的有银柳等）。

根据花卉的经济用途可分为：①观赏用花卉。花坛用花：如一串红、金盏菊等；盆栽花卉：如菊花、月季等；切花花卉：如菊花、百合等；庭院花卉：如芍药、牡丹等。②香料用花卉：如白兰、水仙花、玫瑰花等。③熏茶用花卉：如茉莉花、珠兰花、桂花等。④医药用花卉：如芍药、牡丹、金银花等。⑤环境保护用花卉：具有吸收有害气体、净化环境的花卉，如美人蕉、月季、罗汉松等。⑥食品用花卉：如菊花、桂花、兰花等。

3. 林产品

林产品是指把开发森林资源变为经济形态的所有产品。近代林产品主要是木材及其副产品。可分为两大类，一类是木材及各种木材加工制品，另一类是经济林及森林副产品。

4. 畜禽产品

畜禽产品从广义上讲，主要是指肉、乳、蛋、禽、脂、肠、皮张、绒毛、鬃尾、细尾毛、羽毛、骨、角、蹄壳及其初加工品等。但从狭义上讲，即从我国商品经营分工的角度来看，肉、乳、蛋、脂、禽属食品和副食品范畴，也就是我们这里所说的畜禽产品。皮张、绒毛、鬃尾、细尾毛、羽毛、肠衣属畜产品，而骨、角、蹄壳分别属废旧物资和中药材商品。

5. 水产品

水产品是指水生的具有一定食用价值的动植物及其腌制、干制的各种初加工品。水产品按生物学分类法可分为藻类植物（如海带、紫菜等）、腔肠动物（如海蜇等）、软体动物（如扇贝、鲍鱼、鱿鱼等）、甲壳动物（如对虾、河蟹等）、棘皮动物（如海参、海胆等）、鱼类（如带鱼、鲅鱼、鲤鱼、鲫鱼等）、爬行类（如中华鳖等）；按商业分类可分为活水产品（包括海水鱼、淡水鱼、元鱼、河蟹、贝类等）、鲜水产品（含冷冻品和冰鲜品，包括海水鱼、淡水鱼、虾、蟹等）、水产加工品（按加工方法分为水产腌制品和水产干制品：包括淡干品、盐干品、熟干品；按加工原料分为咸干鱼、虾蟹加工品、海藻加工品、其他水产加工品）。

6. 其他农副产品

其他农副产品主要是指除农产品的粮油、果蔬以及花卉、林产品、畜禽产品、水产品的主产品外的烟叶、茶叶、蜂蜜、棉花、麻、蚕茧、畜产品、生漆、干菜和调味品、中药材、野生植物原料等产品。

二、农产品的特征

（一）季节性、周期性

农产品一般都有一定的收获时期，即有淡旺季之分。同时无论是农作物耕种、畜牧养殖还是水产品养殖和捕捞，都有一定的生产周期，其产品不能在短期内收获，例如，农作物有一年一熟制、一年两熟制、两年三熟制等；林木产品生产周期较长，最快的人造经济适用林也需要 6 年以上的时间才可以砍伐；而畜牧产品如生猪养殖周期为 5 个月左右；水产品养殖如海胆养殖周期一般在 3 年左右、黄鱼生长周期一般经过 2 年左右；渔业捕捞有休渔期。

（二）区域性

农产品的生产受生态影响极大，不同地区，适宜生长的品种不同，优质产品有其适宜的产区同一种农产品，在不同地区生产，其生产时期、收获时期、收获量、品质、生产价格往往不同。

三、我国农产品流通产业发展现状

（一）农产品批发业发展状况

1. 批发市场数量稳步增长，规模不断扩大

全国各地城市、城镇的情况都表明，农产品批发市场数量、摊位数、营

业面积、交易总额及单位成交额等数据，均呈稳步增长的态势。同时，在农产品批发市场数量增长、规模扩大的同时，一批超大型现代农产品批发市场不断出现。2016 年全国农产品批发市场经销商数明显提升，销售额超亿元的经销商数同比增长 15.3%；0.5 亿元 ~1 亿元的经销商数同比增长 22.9%；0.1 亿元 ~0.5 亿元的经销商数同比增长 24.2%。

2. 农产品市场批发成交额持续提高，市场发展更趋专业化

2016 年农产品批发为主的市场成交额占全部农产品销售比重达到 76.3%。2016 年全国农产品批发市场交易额达 4.7 万亿元，交易额同比增长 8.8%，交易量达 8.5 亿吨，交易量同比增长 5.1，电子结算交易额同比增长 8.4%。专业农产品批发市场继续占据我国农产品批发市场的主导地位，市场数量、摊位数、年末出租摊位数、营业面积和成交额占比均在 60% 以上。

3. 农产品批发市场多集中在东部，分布区域差异性明显

具有规模效应和专业特色的农产品批发市场大多集中在东部地区，农产品批发成交额占比在 5% 以上成交额超过 1000 亿元的 6 个省市，即山东、浙江、江苏、广东、北京及河北，全部分布在东部地区。这种状况与城市化进程、农业产业化发展的情况基本一致。

（二）农产品零售终端发展状况

1. 农贸市场仍是零售主体

从 20 世纪 70 年代末 80 年代初开始，我国国民经济体制逐步从计划经济转向市场经济，计划流通的比重日益缩小，我国以农贸市场为核心的农产品销售终端体系逐渐形成。截至 2015 年年底，我国农贸市场多达 2 万多家。据调查，60% 以上的居民从农贸市场采购各类农产品。

2. 超市快速迅猛

目前我国的大中型超市遍布城市、城镇、郊区、乡镇。据中国连锁经营协会数据，2016 年连锁百强零售企业门店总数达 11.4 万个，同比增长 5.9%；商品销售额为 2.1 万亿元，同比增长 3.5%，占社会消费品零售总额的比重为 6.4%。超市以连锁方式经营农产品，农产品的销售额和市场份额大幅上升，已经形成农贸市场的强力竞争对手。

3. 直供直销成长快速

在国家财政大力支持下，各级政府采取多种措施推动发展农产品直供直销。主要有以下几种模式：鼓励蔬菜生产基地、农产品市场等建立小区直营菜市场和直营菜店，推动农产品批发市场向零售终端提供配送业务，引导大型连锁超市直接与农产品产地、农民专业合作社产销对接，加强农产品零售终端的基础设施建设。

4. 网上交易渐成发展趋势

信息技术的发展与广泛应用，电子商务和网络营销异军突起，在农产品零售终端方面呈现出广阔的发展前景。

第二节　农产品物流的内涵及发展

一、农产品物流的概念及特点

（一）农产品物流的概念

农产品物流并不是广泛意义中的农产品流通。从广义意义上来说，农产品物流是包含在农产品流通中的。农产品物流是克服了时间和地域的障碍，为了满足消费者的需求，通过增值的生产过程实现农产品的附加价值。具体地讲，它将农产品的供给者和需求者紧密地联系在一起，包括农产品生产后的加工、包装、运输等一切相关的物流服务，最终实现农产品的增值。

（二）农产品物流的特点

农产品自身的特点是决定农产品物流特点的原因之一，此外还由于农产品在生产、加工、销售等各个方面的独特性，也使得农产品物流不同于其他物流形式。其特点具体如下。

1. 农产品物流需求量大，产品种类繁多

我国是一个农业大国，丰富的土地资源适宜多种农作物的种植。近年来，由于农村市场经济的快速发展，农、林、牧、渔等农产品在满足了人们日常生活的同时，也作为原材料供应于工业生产中。为了提高农产品的竞争能力，必须提高农产品的质量。因此，农产品的种植必须因地制宜，考虑当地的自然条件合理种植。这样才能使农产品顺利地进入物流的环节。

2. 农产品物流环节的难度大

一方面，农产品是有生命的产品，为了使农产品在到达需求者时，仍然保持新鲜，在整个物流的环节中就要及时处理包装、运输、储藏等问题；另一方面，农产品供给者和需求者之间存在着时间和空间的差异。通过农产品物流的集中仓储、分期供应、区域间配送运输，可以解决农产品的区域性和季节性带来的问题。可是由于空间和时间上的差异必然会导致信息的不对称，这给农产品物流的发展带来了重重的障碍。

3. 农产品物流技术条件要求高

首先，多数的农产品在物流的环节中容易变质，它的生物特性就决定了农产品在流通的过程中，必须具备先进的技术来保证农产品的鲜活度。其次，为了提高企业利润必须控制物流环节的成本。最后，部分农产品在流通过程中有其特定的要求，如运用低温物流技术运送奶制品、肉类等。由于农产品的生长周期长而生命周期短暂，所以高效而及时的农产品物流是必要的。

4. 农产品物流环节中的增值必不可少

目前，农产品物流环节中的增值主要包括分类包装增值、适度小包装增值、配送增值、运输增值、仓储和管理增值等。农产品物流环节中的加工增值服务必不可少，它可以提高物流产品的竞争力，保证产品的质量。从各个方面的数据显示看来，我国农产品物流的技术尚有待提高。

5. 农产品物流通常较为独立

农产品物流的需求受到自然环境和经济因素两方面的影响。农产品的生长和生存受到自然环境的影响，而农产品的需求又受到经济的影响。农产品物流环节中所要满足的各种条件较为繁杂和特殊。以上这些原因导致了农产品物流相对独立。

6. 农产品物流呈现农村流向城市

城市是大量农产品消费者的聚集地，而农村是农产品的主要产出地，这必然导致农产品的物流方向是由农村流向城市。为了及时地满足工业生产和城市居民的消费需求，则需要农产品通过各种物流手段准确而快速地传递到城市。基于此，农产品物流方向呈现以城市为最终目的地的形式。

二、我国农产品物流的发展现状

（一）物流总量不断增长

国内农产品物流的数量同农业的市场化程度直接相关。据测算，目前我国的市场化程度大约是55%，也就是说，我国每年大约十亿吨的农产品中有5.5亿吨要通过市场化流通，因此我国农产品物流的数量是巨大的。

（二）农产品市场多元化主体竞争格局基本形成

改革开放以来，我国农产品市场竞争格局也发生了很大的变化，在计划经济体制下我国农产品市场是由国合商业组织掌控的，而在市场经济体系下，农产品市场主体也逐渐向多元化发展。20世纪90年代以后，随着市场经济体制的进一步完善，农产品市场主体的多元化也越来越明显。虽然和之前相比，国合商业组织的地位有所下降，但是其对于农产品流通的作用还是很大的；同时，农民个体运销户、经纪人正在日益发展，规模在不断扩大，农民合作经济组织、农业产业化龙头企业在农产品流通中的地位越来越重要。

（三）现代化农产品体系逐渐完善

我国农产品流通的主要渠道是通过农产品批发市场和农贸市场、菜市场，农超对接的销售方式为补充，再辅之以蔬菜直销、直供业态，这些流通方式共同构成了我国农产品流通体系。目前，在我国农产品的主要产区和主要城市之中都有大量的农产品批发市场和农贸市场，基本上实现了全方位的覆盖，大约 80% 的农产品实现了“农户—批发市场—农贸市场”销售。同时，农超对接模式也逐渐发挥其作用。

（四）全国性农产品物流通达加速形成

当前我国大宗农产品物流已经形成了一个较为稳定的格局，也就是北粮南运、西棉东运和水陆联运格局。一些大宗农产品物流通道也在日趋稳定和完善；鲜活农产品流通初步形成了“五纵二横绿色通道”的格局。

第三节　农产品物流的运作与管理

一、农产品物流运作模式

随着我国物流业的不断发展，物流运作主体呈现多元化特点，由此产生了不同的物流运作模式，总体来说可归纳为两大类：一是自营物流模式，二是第三方物流模式。

（一）自营物流模式

自营物流是指农产品生产者或相关企业（即包括物品的买方和卖方）借助于自身的物质条件自行组织物流活动的一种物流模式，它追求“大而全”“万事不求人”，利用自有的设备去运营物流业务。在自给自足的“小农”思想影响下，“大而全，小而全”成为主要物流运作模式。在这一模式中，部分农业大户或者农产品加工企业也会向运输公司购买运输服务或向仓储企业购买仓储服务，但这些服务只限于一次性或一系列分散的物流功能，而且是临时性纯市场交易的服务，物流公司并不按照企业独特的业务程序提供独特的服务，即物流服务与企业价值链是松散的联系。

无论是我国的农产品流通企业或加工企业还是国外的大型农场，农产品自营物流还在被不断采用，因为这种物流模式自身存在着诸多优点：①可以使农场主或农业公司对物流系统运作的全过程进行有效控制，对农产品的生产和销售中的各个环节、市场对农产品的品种及质量要求、批发商以及零售商的经营能力等，都能掌握最详尽的资料，以便能够随时调整自己的生产经营战略；②可以使企业在改造经营管理结构和机制的基础上充分利用原有物流资源，带动资金流转，为企业创造利润空间；③可以使生产者或加工企业有效控制原材料的采购和产成品的销售，不必就相关的运输、仓储、配送和售后服务的佣金问题进行谈判，避免多次交易花费以及交易结果的不确定性，降低交易风险，减少交易费用；④可以使企业根据消费者需求和市场动向及时调整物流系统，提高服务水平，从而提高企业的品牌价值和竞争能力，同时还可避免因物流外包造成的企业商业秘密的泄露。

当然，自营物流也存在不少缺点：①自营物流必须具备与生产能力相符的运输力量和仓储容量，不仅给企业带来资金方面的负担，而且由于市场的不确定性还给企业带来一系列风险，尤其是在销售淡季，因为大量的运输和仓储设施闲置会造成极大浪费；②由于企业内部物流部门与其他许多相关部门存在一定联系，而各部门之间又有着相互独立的利益，致使管理难度加大；③物流的运作要求具备专业物流知识和实践能力，企业选择自营物流，往往会因为物流不是企业主营业务，不具备相应优势而致使物流成本高、服务水平低。

（二）第三方物流模式

第三方物流是指成立专业的物流企业受卖方或买方委托，从事物流业务的一种物流外包模式。借助这一模式，既可以在专业化服务的条件下节约物流成本，提高物流效率，又可以使卖方企业或买方企业集中人力和物力搞好本企业的业气最终实现双赢目标。同自营物流相似，第三方物流同样具有自身的优势和劣势。其优势主要表现为：①农产品生产者或加工企业不仅可以通过第三方物流获得自己本身没有能力提供的或自己运行不具备任何优势的物流服务，而且可以摆脱自建物流设施和信息网络等物流专业设备所需的资金负担；②第三方物流服务业存在规模经济和范围经济，生产者或加工企业将物流外包给它们，比自身运营更有利于降低其运作成本，同时还可以帮助企业避免盲目投资，将资金用于适当用途；③由于第三方物流企业在信息网络和配送节点上具有资源优势，可以为消费者提供更满意的服务，增强企业的市场感召力。

第三方物流的劣势主要表现为：①由于将物流环节交给第三方来完成，往往使得货主或者企业对物流的控制能力降低，甚至出现物流失控的风险；②由于第三方物流通常并不只是面对一个客户，当信息在更多的企业间共享时，企业的商业秘密就可能被泄露；③还由于第三方物流商承担着执行某些战略的职能，通常对企业的战略具有很深的认识，能够得到与此有关的信息，致使企业核心战略被泄露的风险增加。

二、农产品物流组织模式

世界上的农产品物流模式主要有东亚模式、西欧模式和北美模式三种。

这三种模式各有其优势和劣势，值得我国借鉴和参考。在此，通过对我国农产品市场的研究和分析，目前我国的农产品物流可分为以下五种模式。

（一）农业合作组织为主导的模式

农业合作组织将小群体的农民生产结合起来，集合成大的团体，提高了农民的团结意识，增强了市场中的竞争力。在这种模式下，农产品的交易步骤减少，交易的成本自然就下降了。只需经过较少的环节，农产品就到达了需求者的手中，这对农民和消费者来说都是大有益处的。同时，由于农业合作组织的组织，农户可以集体采购所需的物资，统一进行农产品的运输、加工、装卸、仓储，较易形成规模优势。在这种情况下，农户对于市场供求信息了解得更加清楚和透彻，当然可以及时地调整经营策略，以求获得最大的利润。

（二）现代农产品批发市场为主导的模式

现代农产品批发市场的作用主要是建立一个中介性质的平台，以方便农产品的生产者、批发商和零售商进行农产品的交易。在该模式下，一般来说，农产品首先从农户手中转到农产品批发商或零售商手中，然后再到达消费者处，其中也许还会有其他的交易环节。总体来说该模式增加了交易的环节，同时也增加了物流的环节和物流技术对接的难度。由于在此模式下，一般不会有第三方物流的介入，不仅不能保证产品的质量，而且会增加物流的成本，形成人力物力极大的浪费。这种模式带来的好处就是使农产品交易的范围扩大，全国各地的农产品能够相互流通并满足消费者多样化的需求。

（三）以领军企业为主导的模式

这里所指的领军企业是那些大型的农产品加工企业，它们具备先进的加工技术和雄厚的经济实力，可以将分散的资源集合起来进行整合。这些企业具有强大的竞争能力，并有能力开拓海外市场。领军企业在对农产品进行加工增值后，由于农产品的附加价值高，更容易满足现代人对产品多样化和高质量的要求。一般这些企业会将自己的物流外包给第三方物流企业，这样不仅提高了物流的质量和标准，更重要的是大大地降低了原来的物流成本，提高了企业的利润。由于领军企业完善的管理系统和先进的技术，其物流信息化的程度不言而喻，在信息化越加重要的今天，信息化的管理也是该模式的一大优点。

（四）现代化物流园区为主导的模式

现代化物流园区有十分强的综合性，它将商流、物流、资金流很好地结合起来，具备了几乎所有的物流功能，拥有高水平的物流技术和管理技术。建立在此基础上的农产品物流模式能够提供完善健全的物流服务，提升整个供应链的物流能力。通过运用现代化的物流技术和管理技术大大地提高了流通的效率并有效地进行了资源的整合利用，从而形成了规模经济的优势。在该模式下，企业通过专业化的管理可以相互取长补短，不断地完善和加强供应链和销售渠道。与此同时，全国各地的农产品和信息集中在物流园区里，再通过交易和处理发散到各地，扩大了农产品的交易半径。

（五）现代化连锁超市为主导的模式

现代化连锁超市运用第三方物流的优势，形成了物流的网络链条，有效地将闲置资源集中起来予以利用并促使其形成规模经济。现代化连锁超市的物流运作减少了许多物流环节，自然就大大地降低了物流的成本，加之有序的管理方式又提高了农产品流通的效率。现代连锁超市能够及时掌握消费者的需求动向和收集市场信息，并可根据市场动向迅速地调整对农产品的采购，农户此时又可根据连锁超市的订单来调整农产品的生产以避免不必要的资源浪费和损失。在此模式下，由于有第三方物流管理模式和技术的介入，不仅在农产品流通的效率上有了极大的提高，对于农产品质量的监督和管理也一并提高了。为了保证现代化连锁店的质量和信誉，超市总部自然会对连锁分店严把质量关，实行奖惩制度，建立严格的质量监督和管理体系。同时，政府也便于对质量不过关和贩卖假冒伪劣产品的超市进行处罚和勒令其停业整顿，有利于形成一个良性循环的农产品市场。

三、冷链物流作业管理

与其他物流管理一样，冷链物流管理的内容也由以下主要部分组成。

（一）订单处理作业

冷链物流作业起始于客户的咨询、订单的下达，而后进行订单的接收处理，并将订单信息传达给仓储、运输等作业部门做相应准备。如果出货日的存货状况、装卸货能力、流通加工负荷、包装能力、配送负荷等无法满足客户要求，需提前回复客户并加以协调。订单处理作业还包括订单审核、导入、各种作业单据打印、整理和保存等。

（二）进货入库作业

库房管理员在接到订单信息时依据订单入库日期，做好入库作业排程、入库站台排程。当货品进入当天，做入库资料查核、入库品检，查核入库货品是否与订单内容一致，当品项或数量不符时即做适当的修正或处理，并将入库资料登录建档。入库管理员可依一定方式指定卸货及栈板堆叠。对于由客户处退回的商品，退货品的入库也须经过退货品检、分类处理而后登录入库。

一般商品入库堆叠于栈板之后有两种作业方式，一种方式为商品入库上架，储放于储架上，等候出库，需要时再予出货。商品入库上架由计算机或管理人员依照仓库区域规划管理原则或商品生命周期等因素来指定储放位置，或于商品入库之后登录其储放位置，以便于日后的存货管理或出货查询。另一种方式即为直接出库，此时，管理人员依照出货要求，将货品送往指定的出货码头或暂时存放地点。在入库搬运的过程中由管理人员选用搬运工具、调派工作人员，并做工具、人员的工作时程安排。

（三）库存管理作业

库存管理作业包含仓库区的管理及库存数控制。仓库区的管理包括货品于仓库区域内摆放方式、区域大小、区域的分布等规划；货品进出仓库的控制方式，进出货方式的制定包括：货品所用的搬运工具、搬运方式；仓储区储位的调整及变动。库存数量的控制则依照一般货品出库数量、入库所需时间等来制定采购数量及采购时点，并做采购时点预警系统。制定库存盘点方法，于一定期间印制盘点清册，并依据盘点清册内容清查库存数、修正库存账册并制作盘亏报表。

（四）补货及拣货作业

由客户订单资料的统计，即可知道货品真正的需求量，而于出库日，当库存数足以供应出货需求量时，依据需求数印制出库拣货单及各项拣货指示，做拣货区域的规划布置、工具的选用及人员调派。出货拣取不只包含拣取作业，更应注意拣货架上商品的补充，使拣货作业得以流畅不至于缺货，这中间包含了补货水准及补货时间、补货作业排程、补货作业人员调派。

（五）流通加工作业

商品送出之前可能需要进行流通加工处理，流通加工作业包含商品的分类、过磅、拆箱重包装、贴标签及商品的组合包装。而欲达成完善的流通加工，必须执行包装材料及容器的管理、组合包装规则的制定、流通加工包装工具的选用、流通加工作业的排程、作业人员的调派。

（六）出货作业

完成货品的拣取及流通加工作业之后，即可执行商品的出货作业，出货作业主要内容包含依据客户订单打印出货单据，制定出货排程，出货批次报表、出货商品上所需要的地址标签及出货检核表。由排程人员决定出货方式、选用集货工具、调派集货作业人员，并决定所需运送车辆的大小与数量。由仓库管理人员或出货管理人员决定出货区域的规划布置及出货商品的摆放方式。

（七）配送作业

配送商品的实体作业包含将货品装车并实时配送，而达成这些作业则须事先规划配送区域的划分或配送路线的安排，由配送路径选用的先后次序来决定商品装车的顺序，并于商品的配送途中做商品的追踪及控制、配送途中意外状况的处理。

（八）会计作业

信息业务部门根据客户商品出入库信息提供报表，由业务部门制作应收账单，并将账单转入会计部门作为收款凭据，并由会计部门制作各项财务报表以供营运政策制定及营运管理参考。

（九）营运管理及绩效管理作业

除了上述实体作业之外，良好的物流运作更要通过各种考核评估来反映物流管理的效率，并制订良好的营运决策及方针。而营运管理和绩效管理可以由各个工作人员或中级管理阶层提供各种资讯与报表，包含出货统计资料、客户对配送服务的反应报告、配送商品次数及所用时间的报告、配送商品的失误率、仓库缺货率分析、库存损失率报告、机具设备损坏及维修报告、燃料耗材等使用量分析、外雇人员、机具、设备成本分析、退货商品统计报表、作业人力的使用率分析等。

冷场食品日配作业的流程如图 7－1 所示。

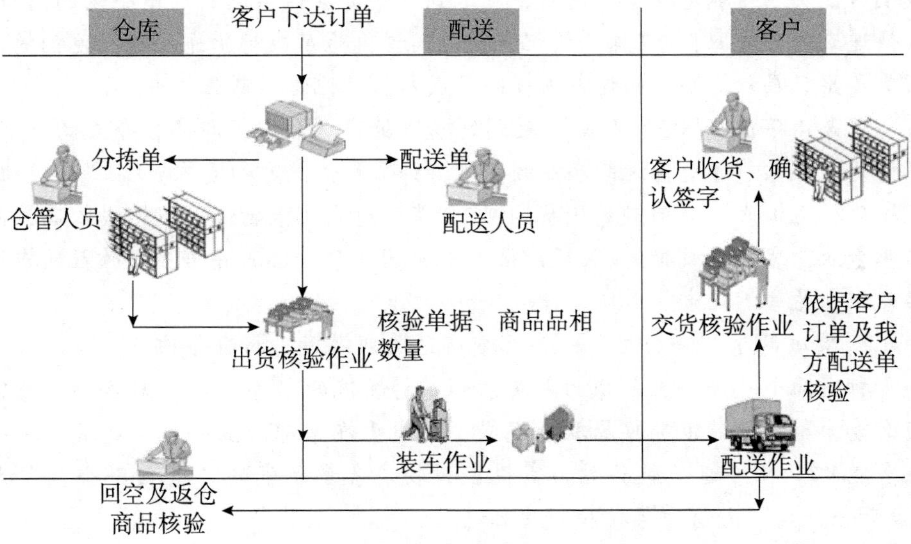

图 7－1　冷藏食品日配作业的流程

本章小结

农产品行业是我国国民经济的重要组成部分，农产品物流的发展对于整个农业行业的壮大有着重要的作用。本章介绍了农产品物流管理的有关知识。本章首先介绍农产品物流的主体农产品概念、分类、特征和行业发展现状概括，接着介绍了我国农产品物流的概念、特点及发展现状，最后分析了对我国农产品物流在物流运作模式选择、组织模式的管理以及物流作业等方面的管理。

案例分析

进村入社解鲜活农产品物流之难

1. 京郊农人之痛——鲜活农产品物流老大难太棘手

在“密农人家”的宣传展板上，映入眼帘的第一张照片是一辆满载快件的电动三轮车。而这张看上去并不新奇的照片，背后却是孔博回乡创业时遇到的农产品物流之痛。

“因为在农村，快递觉得我们远，加上我们的件少，都不愿意过来取件，我们只能买了这辆电动车，用它把货送到一个离县城不远的别墅小区的门口，让快递到那里去取！”孔博告诉记者。他还说，为了应对快递配送，他们的包装需要里三层外三层，而这大大提高了成本，让他倍感创业之难。

这是4年前，“密农人家”碰到的物流故事。然而，即使在今天的京郊，不管是新农人，还是传统的农业经营者，许多人依然在饱受农产品“物流难、运输难、运输贵”等难题的困扰。“我们尝试过自己做物流，不但成本高，而且不专业，容易造成损失。”延庆区“北菜园”农产品产销专业合作社的市场经理张春乾告诉记者。

2. 突破两个“一公里”——“农邮通”服务站进村进合作社

打通两个“一公里”成为解决京郊农村物流的当务之急。2015年，北京市交委、市农委、市邮政局联合发文，提出要在京郊形成一批功能叠加、一点多能的“农邮通”服务站，实现农村物流各类物资的“最初一公里”和“最后一公里”的有序集散和高效配送。

2015年，大兴区马村“农邮通”服务站成立，这是全市首个“农邮通”服务站，特点是提供快递包裹寄送转投服务。目前，圆通、申通、中通、韵达等多家快递企业已入驻马村开展快件代收转投业务，实现了村邮站搭载快递代收转投功能，有效提升了当地快件的投送效率。

马村“农邮通”服务站给村民带来了实惠，目前每日转投的快件在70件左右。

而对于“北菜园”合作社来说，2016 年 5 月初市邮政公司为其开通的以农产品专线配送为特点的“农邮通”服务站，直击合作社蔬菜宅配物流遇到的“痛点”。

“不管是节假日，还是刮风下雨天，通过邮局的专线配送，我们的蔬菜从基地到客户手中只需 5 小时。此外，他们不仅负责回收合作社运输蔬菜的周转箱，而且还帮助我们对客户结算货款，这些都是其他物流所不能比拟的。”张春乾对“农邮通”服务站感到十分满意。

据悉，“北菜园”以宅配模式销售的蔬菜已全部由“邮政配送服务专线”配送。目前已累计配送 1000 多单，妥投率 100%，实现了客户零投诉。

3. 无序需求组织起来——打造区域农产品集散配送中心

“我们将拿出一部分场地，为那些遇到发件难的新农人，提供统一揽收、统一发件的服务，我们也愿意加入‘农邮通’的新农人共享配送资源，通过抱团取暖，降低物流成本。”遭遇过物流之痛的孔博告诉记者，他希望这个平台能够成为有志于从事农业电商的新农人的孵化器，共同打造密云农业的集体品牌。

为了支持区域农产品集散配送中心，密云区投入资金，在“密农人家”建立起现代化仓储物流分拣车间，引进农产品检测设备、分拣设备和包装设备，今后将实现统一仓储、统一包装、统一配送、统一生产、统一检测、统一品牌的“六统一”目标，以塑造和打响密云农业的品牌。

目前，“密农人家”的“农邮通”服务站已为该区域 4 家合作社提供了集中配送场所的服务，其集中配送的成本相比之前通过第三方物流单独配送节省了 50%。

“从本质上说，‘农邮通’服务站就是提高京郊农产品流通组织化水平的一个载体，把无序的农产品物流配送需求组织起来，通过区域农产品集散配送中心聚集，从而扩大物流规模、优化流通渠道，有助于解决鲜活农产品配送中快递企业不愿去、配送贵和时效性差等问题，降低全社会的物流成本。”市委农工委副书记刘福志告诉记者。

（资料来源：农民日报，2016 年 7 月 9 日）

问题：

1. “农邮通”建立的背景和原因是什么？

2. 你认为“农邮通”物流中心应该开设哪些物流服务？

第八章　电子商务行业物流管理

导入案例

从广东省清远市阳山县县城出发，沿着崎岖的山路行驶一个多小时，就来到阳山县海拔最高的镇——江英镇。由于海拔高、空气好、无污染，这里的蔬菜品质颇高，而此处出产的江英鸡作为清远鸡的一个分支，更是远近闻名，皆因地理位置的特殊性而有独特口味。同时，因为交通不便、没有规模等原因，这里的农产品以往很难卖出去。而村民们要买东西，还得坐一个多小时的中巴去到县城。网购就更不用想了，因为如此偏远快递都不到达。即使网购了之后还得自己坐车到县城的配送点去取包裹，往返一次至少得花三个小时。

但是，2013 年 11 月，江英镇网购的村民突然多起来了。阳山县成为阿里巴巴农村淘宝全国第二个、广东第一个试点县。短短两个月内，阳山就建立了 32 个农村淘宝村级服务站。江英村的代购员侯国明透露，“双十一”当天，村民让他上网代购了洗衣机、电饭煲、电视机、手机、衣服等 125 件商品，交易金额达 2 万多元。

阿里巴巴在 2014 年宣布“千县万村”计划，在 3 ~ 5 年内投资 100 亿元，建立 1000 个县级运营中心和 10 万个村级服务站。京东也明确表示电商业务向农村市场的下沉和相关的物流布局，是其重要的战略之一。

问题：

1. 阿里巴巴和京东为何要花大量财力物力进行农村物流布点？
2. 你认为这种物流布局战略是否合理？原因是什么？

第一节　电子商务行业基本情况概述

一、电子商务的概念及类型

（一）电子商务的概念

美国学者瑞维 · 卡拉科塔和安德鲁 · B. 惠斯顿在他们的专著《电子商务

的前沿》中提出：广义地讲，电子商务是一种现代商业方法。这种方法通过改善产品和服务质量、提高服务传递速度，满足政府组织、厂商和消费者的最低成本的需求。

欧洲议会关于“电子商务”给出的定义是：“电子商务是通过数字方式进行的商务活动的过程。它通过数字方式处理和传递数据，包括文本、声音和图像。它涉及许多方面的活动，包括货物数字贸易和服务、在线数据传递、数字资金划拨、数字证券交易、数字货运单证、商业拍卖、合作设计和工程、在线资料、公共产品获得。它包括产品（如消费品、专门设备）和服务（如信息服务、金融和法律服务）、传统活动（如健身、体育）和新型活动（如虚拟购物、虚拟训练）。”

1996 年 11 月 6 日至 7 日在法国首都巴黎，国际商会举行了世界电子商务会议，对电子商务做了如下阐述：电子商务（Electronic Commerce），是指对整个贸易活动实现电子化。从涵盖范围方面可以定义为：交易各方以电子交易方式而不是通过当面交换或直接面谈方式进行的任何形式的商业交易；从技术方面可以定义为：电子商务是一种多技术的集合体，包括交换数据（如电子数据交换、电子邮件）、获得数据（共享数据库、电子公告牌）以及自动捕获数据（条码）等。

联合国国际贸易程序简化工作组对电子商务的定义是：采用电子形式开展商务活动，它包括在供应商、客户、政府及其他参与方之间通过任何电子工具，如 EDI、Web 技术、电子邮件等共享非结构化商务信息，并管理和完成在商务活动、管理活动和消费活动中的各种交易。

根据 GB/T 18811—2012《电子商务基本术语》，电子商务是指以电子形式进行的商务活动。它在供应商、消费者、政府机构和其他业务伙伴之间通过任一电子方式（如电子邮件、报文、万维网技术、电子公告牌、智能卡、电子资金转账、电子数据交换、数据自动采集技术等）实现标准化的、非结构化或结构化的业务信息共享，以管理和执行商业、行政和消费活动中的交易。

（二）电子商务的类型

1. 按照商务活动的内容分类

电子商务主要包括间接电子商务（有形货物的电子订货和付款，仍然需要利用传统渠道如邮政服务和商业快递车送货）和直接电子商务（无形货物和服务，如某些计算机软件、娱乐产品的联机订购、付款和交付，或者是全球规模的信息服务）。

2. 按照开展电子交易的范围分类

电子商务可以分为区域化电子商务、远程国内电子商务、全球电子商务。

3. 按照使用网络的类型分类

电子商务可以分为基于专门增值网络（EDI）的电子商务、基于互联网的电子商务、基于 Intranet（企业内部网）的电子商务。

4. 按照交易对象分类

（1）B2B

B2B = Business to Business（企业对企业）

商家（泛指企业）对商家的电子商务，即企业与企业之间通过互联网进行产品、服务及信息的交换。通俗的说法是指进行电子商务交易的供需双方都是商家（或企业、公司），他们使用互联网的技术或各种商务网络平台（如拓商网），完成商务交易的过程。这些过程包括：发布供求信息，订货及确认订货，支付过程，票据的签发、传送和接收，确定配送方案并监控配送过程等。

（2）B2C

B2C = Business to Consumer（企业对顾客）

B2C 模式是中国最早产生的电子商务模式，如今的 B2C 电子商务网站非常的多，比较大型的有天猫商城、京东商城、一号店、亚马逊、苏宁易购、国美在线等。

（3）C2C

C2C = Consumer to Consumer（顾客对顾客）

C2C 同 B2B、B2C 一样，都是电子商务的几种模式之一。不同的是 C2C 是用户对用户的模式，C2C 商务平台就是通过为买卖双方提供一个在线交易平台，使卖方可以主动提供商品上网拍卖，而买方可以自行选择商品进行竞价。

（4）ABC

ABC = Agent、Business、Consumer（代理、企业、顾客）

ABC 模式是新型电子商务模式的一种，被誉为继阿里巴巴 B2B 模式、京东商城 B2C 模式以及淘宝 C2C 模式之后电子商务界的第四大模式。它由代理商、商家和消费者共同搭建的集生产、经营、消费为一体的电子商务平台。三者之间可以转化。大家相互服务，相互支持，你中有我，我中有你，真正形成一个利益共同体。

（5）B2M

B2M = Business to Manager（企业对管理者）

B2M 是相对于 B2B、B2C、C2C 的电子商务模式而言，是一种全新的电子商务模式。而这种电子商务相对于以上三种有着本质的不同，其根本的区别在于目标客户群的性质不同，前三者的目标客户群都是作为一种消费者的身份出现，而 B2M 所针对的客户群是该企业或者该产品的销售者或者为其工作者，而不是最终消费者。

（6）B2G（B2A）

B2G ＝ Business to Government（企业对政府）

B2G 模式是企业与政府管理部门之间的电子商务，如政府采购、海关报税的平台、国税局和地税局报税的平台等。

（7）M2C

M2C＝Manager to Consumer（生产厂家对消费者）

M2C 是针对于 B2M 的电子商务模式而出现的延伸概念。B2M 环节中，企业通过网络平台发布该企业的产品或者服务，职业经理人通过网络获取该企业的产品或者服务信息，并且为该企业提供产品销售或者提供企业服务，企业通过经理人的服务达到销售产品或者获得服务的目的。

（8）O2O

O2O ＝ Online to Offline（线上对线下）

O2O 是新兴起的一种电子商务新商业模式，即将线下商务的机会与互联网结合在了一起，让互联网成为线下交易的前台。这样线下服务就可以用线上来揽客，消费者可以用线上来筛选服务，还有成交可以在线结算，很快达到规模。该模式最重要的特点是：推广效果可查，每笔交易可跟踪。

（9）C2B

C2B ＝ Consumer to Business（顾客对企业）

C2B 是电子商务模式的一种，即消费者对企业。C2B 模式的核心，是通过聚合分散分布但数量庞大的用户形成一个强大的采购集团，以此来改变 B2C 模式中用户一对一出价的弱势地位，使之享受到以大批发商的价格买单件商品的利益。

（10）P2D

P2D ＝ Provide to Demand（供给对需求）

P2D 是一种全新的、涵盖范围更广泛的电子商务模式，强调的是供应方和需求方的多重身份，即在特定的电子商务平台中，每个参与个体的供应面和需求面都能得到充分满足，充分体现特定环境下的供给端报酬递增和需求端报酬递增。

（11）B2B2C

B2B2C ＝ Business to Business to Consumer（企业对平台对顾客）

所谓 B2B2C 是一种新的网络通信销售方式。第一个 B 指广义的卖方（即成品、半成品、材料提供商等），第二个B指交易平台，即提供卖方与买方的联系平台，同时提供优质的附加服务，C即指买方。卖方可以是公司，也可以是个人，即一种逻辑上的买卖关系中的卖方。

（12）C2B2S

C2B2S = Consumer to Business - Share（顾客对企业平台）

C2B2S模式是C2B模式的进一步延升，该模式很好地解决了C2B模式中客户发布需求产品初期无法聚集庞大的客户群体而致使与邀约的商家交易失败。全国首家采用该模式的平台：晴天乐客。

（13）B2T

B2T = Business To Team（企业对团队）

B2T模式是继B2B、B2C、C2C后的又一电子商务模式，即为一个团队向商家采购。团购B2T，本来是“团体采购”的定义，而今，网络的普及让团购成为了很多中国人参与的消费革命。网络成为一种新的消费方式，所谓网络团购，就是互不认识的消费者，借助互联网的“网聚人的力量”来聚集资金，加大与商家的谈判能力，以求得最优的价格。

二、我国电子商务的发展阶段及特征

在过去的近二十年里，中国电子商务行业经历了萌芽与起步期（1997—1999年）、冰冻与调整期（2000—2002年）、复苏与回暖期（2002—2005年）、崛起与高速发展期（2006—2008年）和转型与升级期（2009年至今）。

（一）萌芽与起步期（1997—1999年）

国内第一批电子商务网站的创办时期始于1997年起步的三年。当时互联网全新的引入概念鼓舞了第一批新经济的创业者，他们认为传统的贸易信息会借助互联网进行交流和传播，商机无限。于是，从1997—1999年，美商网、中国化工网、8848、阿里巴巴、易趣网、当当网等知名电子商务网站先后涌现。

（二）冰冻与调整期（2000—2002年）

2000—2002年，在互联网泡沫破灭的大背景下，电子商务的发展也受到严重影响，创业者的信心经受了严峻的挑战，尤其是部分严重依靠外来投资“输血”，而自身尚未找到盈利模式具备“造血”功能的企业，经历了冰与火的严峻考验。于是，包括8848、美商网、阿里巴巴在内的知名电子商务网站进入残酷的寒冬阶段，而依靠“会员+广告”模式的行业网站集群，则大都实现了集体盈利，安然度过了互联网最为艰难的“寒潮”时期。

（三）复苏与回暖期（2003—2005年）

电子商务经历低谷后，在2003年一场突如其来的“非典”后，出现了快速复苏回暖，部分电子商务网站也在经历过泡沫破裂后，更加谨慎务实地对待盈利模式和低成本经营。

（四）崛起与高速发展期（2006—2008 年）

互联网环境的改善、理念的普及给电子商务带来巨大的发展机遇，各类电子商务平台会员数量迅速增加，大部分 B2B 行业电子商务网站开始实现盈利。而专注 B2B 的网盛生意宝与阿里巴巴的先后上市成功引发的“财富效应”，更是大大激发了创业者与投资者对电子商务的热情。IPO（首次公开募股）的梦想、行业良性竞争和创业投资热情高涨这“三驾马车”，大大推动了我国行业电子商务进入新一轮高速发展与商业模式创新阶段，衍生出更为丰富的服务形式与盈利模式，而电子商务网站数量也快速增加。

（五）转型与升级期（2009 年至今）

全球性金融海啸的不期而至，全球经济环境迅速恶化，使我国相当多的中小企业举步维艰，尤其是外贸出口企业随之受到极大阻碍。作为互联网产业中与传统产业关联度最高的电子商务，也难免独善其身。受产业链波及，外贸在线 B2B 首当其冲，以沱沱网、万国商业网、慧聪宁波网、阿里巴巴为代表的出口导向型电子商务服务商，纷纷或关闭或裁员重组或增长放缓。

同时，在外贸转内销与扩大内需、降低销售成本的指引下，内贸在线 B2B 与垂直细分 B2C 却获得了新一轮高速发展，不少 B2C 服务商获得了数目可观的 VC（风险投资）的资本青睐，传统厂商也纷纷涉水，B2C 由此取得了前所未有的发展与繁荣。而 C2C 领域，随着搜索引擎巨头百度的进入，使得网购用户获得了更多的选择空间，行业竞争更加激烈化。

三、全球电子商务发展特点

1995 年，亚马逊和易贝在美国成立。此后，这种以互联网为依托进行商品和服务交易的新兴经济活动，迅速普及全球。新一轮科技革命和产业变革交汇孕育的电子商务，极大地提高了经济运行的质量和效率，改变了人类的生产生活方式。2016 年，全球电子商务市场规模超过 25 万亿美元，成为世界经济的亮点和新增长点。当前，全球电子商务呈现以下四个特点。

（一）市场规模不断扩大

根据国际知名调查公司 E－marketer 的数据，2011—2016 年，全球网络零售交易额从 0.86 万亿美元增长至 1.92 万亿美元，年平均增长率达 17.4%。未来五年，随着全球智能手机保有量不断提升、互联网使用率持续提高、新兴市场快速崛起，全球网络零售仍将保持两位数增长。预计 2020 年，全球网络零售交易额将超过 4 万亿美元，占全球零售总额的比例从 2016 年的 7.4%

增长至14.6%。

跨境电子商务尤其是跨境B2C日益活跃。根据埃森哲的研究报告，2015—2020年全球跨境B2C年均增速约27%，2020年市场规模将达到9940亿美元。

（二）地区差距逐渐缩小

欧美地区电子商务起步早、应用广。2016年美国网络零售交易额达到3710亿美元，比2015年增长8.5%，占美国零售总额的比例约8%。目前，80%的美国制造商拥有自己的网站，60%的小企业、80%的中型企业和90%的大型企业已经开展电子商务应用。2015年欧盟28国电子商务B2C交易额为4074亿欧元，增幅为13.4%。英国、法国、德国、西班牙、意大利五国的市场份额最大，占欧盟电子商务市场总量的77.5%；英国、丹麦、卢森堡、德国和荷兰五国的网购用户渗透率最高，均超过了70%。

亚洲地区电子商务体量大、发展快。电子商务起源于欧美，但兴盛于亚洲。亚洲地区网络零售交易额已占全球市场的46%。中国、印度、马来西亚的网络零售年均增速都超过20%。中国网络零售交易额自2013年起已稳居世界第一。全球十大电商企业，中国占4席、日本占1席。其中，阿里巴巴以26.6%的市场份额排名全球第一，京东商城名列亚马逊、易贝之后，位居第四，小米和苏宁也入围前十。印度电子商务市场过去几年保持约35%的高速增长。中印两国网民人数占到全球网民人数的28%，每年还将新增1亿人，巨大的网民红利将继续支持亚洲市场发展。

拉丁美洲、中东及北非地区电子商务规模小、潜力大。拉丁美洲是全球B2C电子商务发展最快的区域之一，近5年交易额均保持两位数增长，2015年达到590亿美元。网民增长红利、互联网普及度提升、本土技术创新等是拉美电子商务市场被看好的主要原因。非洲地域广阔，人口分布不均，实体店数量少，居民购物不便，电子商务发展存在刚性需求。近年来，非洲各国更加重视电子商务发展，加大了电子商务基础设施建设力度。研究机构预算，2025年非洲主要国家的电子商务交易额将占其零售总额的10%。

（三）企业并购趋于频繁

互联网经济具有天然的规模效应，随着竞争加剧以及投资人的撮合，竞争对手有动力、有条件进行合并，市场集中度不断提高。《福布斯》杂志近日评选最有投资价值的10大公司，9家是互联网企业，其中阿里巴巴位居榜首，脸书和优步分列第二和第三。2012—2016年，全球私营电子商务企业共获得467亿美元投资，其中，美团大众点评获得33亿美元投资，位列首位。获得1亿美元以上投资的企业主要分布在中国、美国和印度，分别有25家、20家和10家。2016年，中国电子商务领域重大并购达15起，涉及资金超过1000亿元人民币。其中包括腾讯以86亿美元收购芬兰移动游戏开发商84.3%股权，京东以98亿元人民币并购沃尔玛控股的一号店，阿里巴巴以10亿美元收购东南亚知名电商企业来赞达（Lazada）等，每一项市场并购都对行业发展产生重要影响。

目前，全球领军互联网企业都已构建以平台为核心的生态体系。亚马逊、阿里巴巴等以电商交易平台为核心，向上下游产业延伸，构建云服务体系。谷歌、百度等以搜索平台为核心，做强互联网广告业务，发展人工智能。脸书、腾讯等以社交平台为核心，推广数字产品，发展在线生活服务。苹果、小米等以智能手机为核心，开拓手机应用软件市场，开展近场支付业务。以平台为核心的生态体系不断完善，将吸引更多用户，积累更多数据，为平台企业跨界融合、不断扩张创造条件。互联网领域“强者恒强”的趋势更加明显。

（四）共享经济异军突起

共享经济伴随着移动互联网的发展而迅速崛起，共享领域不断拓展。从最初的汽车、房屋共享发展到金融、餐饮、空间、物流、教育、医疗、基础设施等多个领域，并向农业、能源、生产甚至城市建设扩张。共享经济让全球数十亿人既是消费者，也是经营者，最大限度地提升了资源利用效率，带来了就业方式的变革，但同时也带来一些新问题，对监管提出挑战。全球咨询公司罗兰贝格测算，2018年全球共享经济市场规模有望达到5200亿美元。其中，中国共享经济有望达到2300亿美元，全球占比由33%提升至44%，成为领军力量。

目前，全球估值超过100亿美元的共享经济企业有四家，分别是优步（Uber）、爱彼迎（AirBnb）、滴滴和联合办公（WeWork）。其中，优步估值高达680亿美元。中国是全球规模最大的共享汽车和共享单车市场，2016年共享出行次数超过百亿次，占全球市场的67%。共享单车的月活跃用户数超过2000万人。前不久，北京外国语大学做了一项调查，外国留学生将“共享单车”以及网购、支付宝和高铁，称为中国“新四大发明”。虽然这一说法并不准确，但也表明了共享经济在中国拥有广阔的市场前景和全球影响力。

四、我国电子商务发展的特点和趋势

（一）我国电子商务的发展特点

1998年，阿里巴巴、中国制造网等B2B电子商务企业成立；2003年，淘宝网、京东商城等B2C电子商务平台崛起，中国电子商务开启了快速发展的二十年。2016 年，我国电子商务交易额已相当于国民生产总值的 35%，对推动供给侧结构性改革的作用日益突出。当前，我国电子商务呈现以下 8 个特点。

1. 市场规模持续增长

从 2012—2016 年，网络购物用户人数从 2.42 亿人增长至 4.67 亿人，增长近一倍；电子商务交易额从 8.1 万亿元增长至 26.1 万亿元，年均增长 34%；网络零售交易额从 1.31 万亿元增长至 5.16 万亿元，年均增长 40%，对社会消费品零售总额增加值的贡献率从 17% 增长至 30%；直接和间接带动的就业人数从 1500 万人增长至 3700 万人。2016 年电子商务产生消费增量带动生产制造、批发、物流增量创造税收超过 2000 亿元。

2. 产业支撑不断改进

网络基础条件逐步改善，企业入网率不断提升。2016 年，企业在线销售、在线采购的开展比例增长超过 10 个百分点，分别达到 45.3% 和 45.6%。电子商务服务业快速发展，市场规模达到 2.45 万亿元，同比增长 23.7%，其中电子商务平台服务业营收规模达到 4000 亿元；电子支付、物流快递、电子认证等支撑服务业市场规模达 9500 亿元，全国快递业务量的 70% 来自于电子商务；网店建设、代运营、信息处理、数据分析、人员培养等各类衍生服务业快速发展，市场规模达 1.1 万亿元。

3. 服务业电商快速发展

从消费群体看，2016 年，我国在线教育用户规模达 1.38 亿人，增长率为 25%。互联网医疗用户规模达 1.95 亿人，年增长率为 28%；网上外卖用户规模达到 2.09 亿人，年均增长 83.7%。网络约车用户规模达 2.25 亿人，增长率为 41.7%。在线旅游预订网民规模 2.99 亿人，年增长率 15.3%。从市场规模看，2016 年，我国本地生活服务 O2O 交易额达到 7291 亿元，同比增长 64.2%。

4. 线上线下融合步伐加快

国务院办公厅印发《关于深入实施“互联网 + 流通”行动计划的意见》进一步提振了流通企业线上线下融合发展的信心。一方面，线上企业加速布局线下。阿里巴巴收购银泰、三江购物，和苏宁交叉持股，与上海百联开展战略合作。京东、当当、聚美优品等纷纷开设实体店；另一方面，线下企业主动拥抱互联网。永辉超市、徐工集团、宝钢等通过与线上企业合作或自身发展电子商务，探索商业模式转型升级。线上线下正从渠道、供应链、数据、场景等多方面逐步打通，为消费者提供全方位、不间断、跨时空的服务，打造零售新生态。

5. 新业态新模式层出不穷

租车、租房、租设备等分享经济新业态，众创、众包、第四方物流等协同经济新业态，团购点评、体验购物、主题酒店等体验经济新业态百花齐放、争奇斗艳。分享经济使得消费者之间通过互联网直接建立联系，提升闲置资源的利用效率。滴滴快车分享了闲置的汽车运力，人人快递分享了闲置的人力资源，小猪短租分享了闲置的住房空间。体验经济促使线下企业通过互联网与消费者开展互动，打破信息壁垒，畅通消费渠道。广东省开业了66家跨境电商O2O体验店，展示进口商品，感受消费场景，匹配消费需求。

6. 农村电商蒸蒸日上

2016年，我国农村网络零售市场交易规模达到8945.4亿元，占全国网络零售总额的17.4%。在农产品上行方面，从2012—2016年，农产品网络零售交易额从200亿元增长至1589亿元，增长近8倍。2014年以来，商务部会同财政部、国务院扶贫办，安排中央财政资金84亿元，以中西部地区为主，在27个省区市的496个县开展电子商务进农村综合示范。重点加强农村物流体系建设、乡村网点信息化改造、农村产品网络销售和人才培养等，建设完善农村电子商务运营网络。目前，电子商务进农村综合示范引导带动邮政、供销等传统渠道，以及京东、苏宁等电商企业加快布局农村电商市场，在1000多个县建设了40万个电商村级服务点。农村电商已经成为推进城乡协同发展，加快城乡市场一体化步伐，促进农业特别是县域经济转型升级，助力精准扶贫、精准脱贫的重要途径。

7. 跨境电商如火如荼

2015年3月和2016年1月，国务院先后批准设立杭州、天津等13个跨境电子商务综合试验区。2016年，13个综试区跨境电商进出口超1600亿元人民币，增长1倍以上，其中，跨境电商出口拉动杭州出口增长10%以上，占全市出口的13%。目前，跨境电商综试区B2B出口占综试区进出口总额的比重约七成，依托互联网，助推产业转型升级。郑州带动周边地区服装产业集群发展，大连推动东北老工业基地2000多家中小微企业触网。跨境电商已成为加快外贸转型升级、推进内外贸协同发展、实现国际国内市场一体化的重要举措，为促进外贸回稳向好做出了重要贡献。

8. B2B电商迎来新机遇

国家推动供给侧结构性改革给B2B电商发展提供了重要发展契机。近年来国内钢铁、石油化工、煤炭、有色金属等B2B电商发展迅速，相关平台总数超过1100家。一呼百应等综合B2B电商，将原材料的供应商与采购商通过平台直接对接，提高了交易效率，降低了下游采购商的成本。找钢网将传统的钢铁交易环节缩短，大幅提升了供应链效率。B2B 电商正发挥互联网高效连接的功能，实现上下游供需的高效对接，帮助企业化解产能过剩、流通成本高、有效供给不足等问题。发展 B2B 电子商务已成为传统工业企业转型的重要途径之一。

（二）我国电子商务的发展趋势

展望未来，随着“互联网 +”和数字经济的深入推进，我国电子商务还将迎来新机遇。新一轮科技革命为电子商务创造了新场景，新一轮全球化为电子商务发展创造了新需求，经济与社会结构变革为电子商务拓展了新空间，我国电子商务将步入规模持续增长、结构不断优化、活力持续增强的新发展阶段。总体来看，我国电子商务将呈现服务化、多元化、国际化、规范化的发展趋势。

1. 线上线下深度融合，电子商务转变为新型服务资源

未来围绕消费升级和民生服务，电子商务的服务属性将更加明显。电商数据、电商信用、电商物流、电商金融、电商人才等电子商务领域的资源将在服务传统产业发展中发挥越来越重要的作用，成为新经济的生产要素和基础设施。以信息技术为支撑、以数据资源为驱动、以精准化服务为特征的新农业、新工业、新服务业将加快形成。

2. 网络零售提质升级，电子商务发展呈现多元化趋势

随着人民生活水平的提升和新一代消费群体成长为社会主要消费人群，消费者将从追求价格低廉向追求产品安全、品质保障、个性需求及购物体验转变。社交电商、内容电商、品质电商、C2B 电商将成为市场热点，新技术应用更快，电子商务模式、业态、产品、服务将更加丰富多元。

3. “丝路电商”蓄势待发，电子商务加快国际化步伐

“一带一路”高峰论坛的成功召开进一步促进了沿线国家的政策沟通、设施联通、贸易畅通、资金融通、民心相通，为电子商务企业拓展海外业务创造了更好的环境和发展空间。商务部会同发展改革委、外交部等围绕“一带一路”倡议，加强与沿线国家合作，深入推进多层次合作和规则制定，推动“丝路电商”发展，服务跨境电商企业开拓新市场。

4. 治理环境不断优化，电子商务加快规范化发展

电子商务相关政策法律陆续出台，“通过创新监管方式规范发展，加快建立开放公平诚信的电子商务市场秩序”达成共识和政策合力。发展改革委、中央网信办、商务部等 32 个部门建立了电子商务发展部际综合协调工作组，为加强电子商务治理提供了组织保障。电子商务企业成立“反炒信联盟”等自律组织，不断强化内部管理，促进电商生态规范可持续发展。

第二节　电子商务物流的内涵与发展

一、电子商务物流的概念及特点

（一）电子商务物流的概念

电子商务物流由于是近几年才新兴的词语，目前尚无统一的定义，可以简单理解为电子化、网络化、自动化的现代物流。市面上一些主流的对于电子商务物流的定义可以总结为以下几种。

（1）物流管理的电子化，即利用电子商务技术（主要是计算机技术和信息技术）对传统物流的改造，是物流企业的电子商务化。

（2）电子商务物流就是与电子商务这一新兴商务模式相配套的物流。

（3）电子商务物流是指在实现电子商务特定过程的时间和空间范围内，由所需位移的商品、包装设备、装卸搬运机械、运输工具、仓储设施、人员和通信设施等若干相互制约的动态要素所构成的具有特定功能的有机整体。

总之，电子商务物流是在传统物流的基础上增加电子商务的特性，即通过先进的网络技术有效地将物流、信息流、商流、资金流完美的结合。电子商务物流过程包括运输、保管、装卸、包装、流通加工以及与其相关联的物流信息处理，它们相互联系，构成物流系统的功能组成要素。

（二）电子商务物流的特点

电子商务时代的来临，给全球物流带来了新的发展，使物流具备了一系列的新特点。

1. 信息化

电子商务时代，物流信息化是电子商务的必然要求。物流信息化表现为物流信息的商品化、物流信息收集的数据库化和代码化、物流信息处理的电子化和计算机化、物流信息传递的标准化和实时化、物流信息存储的数字化等。

2. 自动化

自动化的基础是信息化，自动化的核心是机电一体化，自动化的外在表现是无人化，自动化的效果是省力化，另外还可以扩大物流作业能力、提高劳动生产率、减少物流作业的差错等。物流自动化的设施非常多，如条码、语音、射频自动识别系统，自动分拣系统，自动存取系统，自动导向车，货物自动跟踪系统等。

3. 网络化

物流的网络化是物流信息化的必然，是电子商务下物流活动的主要特征之一。这里指的网络化有两层含义：一是物流配送系统的计算机通信网络，包括物流配送中心与供应商或制造商以及下游客户的联系可以通过计算机网络自动完成；二是组织的网络化，即所谓的企业内部网（Intranet）。

4. 智能化

在电子商务物流中，实物进行位移的整个过程，其自动化、半自动化程度高，且在供应链过程处理上进行实时监控。这是物流自动化、信息化的一种高层次应用，如库存水平的确定、运输（搬运）路径的选择、自动导向车的运行轨迹和作业控制、自动分拣机的运行、物流配送中心经营管理的决策支持等问题都需要借助于大量的知识才能解决。

5. 柔性化

在电子商务物流中，柔性化是指适应生产、流通和消费的需求，它是一种新型物流模式，其实质是将生产、流通进行集成，根据需求端的需求组织生产、安排物流活动。

另外，物流设施、商品包装的标准化，物流的社会化、共同化也都是电子商务下物流模式的新特点。

二、我国电商物流的发展现状

近年来，随着电子商务的快速发展，我国电商物流保持较快增长，企业主体多元发展，经营模式不断创新，服务能力显著提升，已成为现代物流业的重要组成部分和推动国民经济发展的新动力。

（一）发展规模迅速扩大

2015 年，我国电子商务交易额预计为 20. 8 万亿元，同比增长约 27%。全国网络零售交易额为 3. 88 万亿元，同比增长 33. 3%，其中实物商品网上零售额为 32424 亿元，同比增长 31. 6%。2015 年，全国快递服务企业业务量累计完成 206. 7 亿件，同比增长 48%，其中约有 70% 是由于国内电子商务产生的快递量。总体看，电子商务引发的物流仓储和配送需求呈现高速增长态势。

（二）企业主体多元发展

企业主体从快递、邮政、运输、仓储等行业向生产、流通等行业扩展，与电子商务企业相互渗透融合速度加快，涌现出一批知名电商物流企业。

（三）服务能力不断提升

第三方物流、供应链型、平台型、企业联盟等多种组织模式加快发展。服务空间分布上有同城、异地、全国、跨境等多种类型；服务时限上有“限时达、当日递、次晨达、次日递”等。可提供预约送货、网订店取、网订店送、智能柜自提、代收货款、上门退换货等多种服务。

（四）信息技术广泛应用

企业信息化、集成化和智能化发展步伐加快。条码、无线射频识别、自动分拣技术、可视化及货物跟踪系统、传感技术、全球定位系统、地理信息系统、电子数据交换、移动支付技术等得到广泛应用，提升了行业服务效率和准确性。

三、电商物流行业面临的形势

中投顾问在《2016—2020 年中国电商物流行业投资分析及前景预测报告》中表示，随着国民经济全面转型升级和互联网、物联网发展，以及基础设施的进一步完善，电商物流需求将保持快速增长，服务质量和创新能力有望进一步提升，渠道下沉和“走出去”趋势凸显，将进入全面服务社会生产和人民生活的新阶段。

（一）电商物流需求保持快速增长

随着我国新型工业化、信息化、城镇化、农业现代化和居民消费水平的提升，电子商务在经济、社会和人民生活各领域的渗透率不断提高，与之对应的电商物流需求将保持快速增长。同时，电子商务交易的主体和产品类别愈加丰富，移动购物、社交网络等将成为新的增长点。

（二）电商物流服务质量和创新能力将显著提升

产业结构和消费结构升级将推动电商物流进一步提升服务质量。随着网络购物和移动电商的普及，电商物流必须加快服务创新，增强灵活性、时效性、规范性，提高供应链资源整合能力，满足不断细分的市场需求。

（三）电商物流“向西向下”成为新热点

随着互联网和电子商务的普及，网络零售市场渠道将进一步下沉，呈现出向内陆地区、中小城市及县域加快渗透的趋势。这些地区的电商物流发展需求更加迫切，增长空间更为广阔。电商物流对促进区域间商品流通，推动形成统一大市场的作用日益突出。

（四）跨境电商物流将快速发展

新一轮对外开放和“一带一路”倡议的实施，为跨境电子商务的发展提供了重大历史机遇，这必然要求电商物流跨区域、跨经济体延伸，提高整合境内外资源和市场的能力。

第三节　电子商务物流的运作与管理

一、电子商务物流运作模式

电子商务物流模式主要指以市场为导向、以满足顾客要求为宗旨、获取系统总效益最优化的适应现代社会经济发展的模式。

（一）自营物流模式

自营物流是在电子商务刚刚萌芽的时期产生的，那时从事电子商务的企业多选用自营物流的方式。企业自营物流模式意味着电子商务企业自行组建物流配送系统，经营管理企业的整个物流运作过程。

目前，在我国，采取自营模式的电子商务企业主要有两类：第一类是资金实力雄厚且业务规模较大的电子商务公司，电子商务在我国兴起的时候，国内第三方物流的服务水平远不能满足电子商务公司的要求；第二类是传统的大型制造企业或批发企业经营的电子商务网站，由于其自身在长期的传统商务中已经建立起初具规模的营销网络和物流配送体系，在开展电子商务时只需将其加以改进、完善，可满足电子商务条件下对物流配送的要求。选用自营物流，可以使企业对物流环节有较强的控制能力，易于与其他环节密切配合，全力服务于本企业的运营管理，使企业的供应链更好地保持协调、简洁与稳定。此外，自营物流能够保证供货的准确和及时，保证顾客服务的质量，维护了企业和顾客间的长期关系。但自营物流所需的投入非常大，建成后对规模的要求很高，大规模才能降低成本，否则将会长期处于不盈利的境地。而且投资成本较大、时间较长，对于企业柔性有不利影响。另外，自建庞大的物流体系，需要占用大量的流动资金。更重要的是，自营物流需要较强的物流管理能力，建成之后需要工作人员具有专业化的物流管理能力。

（二）第三方物流模式

第三方物流通常又称之为契约物流，是指从生产到销售的整个流通过程中进行服务的第三方，它本身不拥有商品，而是通过合作协议或结成合作联盟，在特定的时间段内按照特定的价格向客户提供个性化的物流代理服务。由于技术先进，配送体系较为完备，第三方物流以其配送速度快、效率高成为电子商务物流配送的理想方案之一。除了有实力自建物流体系的大企业之外，更多的中小企业倾向于采用这种“外包”方式。实践证明，第三方物流的高效服务既满足了客户复杂多变的物流服务要求，同时又减轻了电子商务企业的负担，从而推进了社会化分工。

（三）第四方物流联盟

第四方物流的概念是由埃森哲咨询公司首先提出并注册的，它将第四方物流定义为：“所谓第四方物流是一个供应链的整合者以及协调者，调配与管理组织本身与其他互补性服务所有的资源、能力和技术来提供综合的供应链解决方案。”

作为一个全新的概念，第四方物流联盟的提出融合了诸多现代管理思想。

从本质上讲，“第四方物流供应商”是一个供应链的集成商，它充分利用包括第三方物流、信息技术供应商、合同物流供应商、呼叫中心、电信增值服务商、客户以及自身等多方面的能力，对公司内部和具有互补性的服务供应商所拥有的不同资源、能力和技术进行整合和管理，提供一整套供应链解决方案。除此之外，第四方物流还要对第三方物流资源进行整合，统一规划为企业客户服务。

总的来说，第四方物流服务供应商可以通过物流运作的流程再造，使整个物流系统的流程更合理、各个环节的合作更紧密，从而在提高效率的同时，使整个物流系统所产生的利益在各个环节之间进行均衡，使各个环节的利益都得到保障。

二、采购管理

实施物流管理的目的就是要在尽可能最低的总成本条件下实现既定的客户服务水平。因此成本因素是物流运作管理所应首要考虑的问题。进货成本是电商企业的成本发生的源头，因而成为电商企业成本管理控制的重点和关键，对其控制水平的高低决定了电商企业能否在激烈的竞争中占有主动权。

（一）加强对市场采购信息的收集和分析

市场采购信息是多方面的，主要有货源信息，包括货源的分布、结构、供应能力；流通渠道的变化和竞争信息；价格信息；运输信息；管理信息等。由于市场信息具有社会性、有效性、连续性和流动性，借助于计算机建立一套完整的信息分析和管理系统，可以对市场信息进行收集、整理、分析，提供各种决策方案供决策者参考。

（二）制订采购预算与采购计划

制订采购预算的行为，就是对组织内部各种工作进行稀缺资源的配置。预算是计划的一个方面，也是对组织政策的延伸，还是一种控制机制，起着一种比较标准的作用。制订采购预算，是在具体实施物资采购行为之前对物资采购成本的一种估计和预测，是对整个采购资金的一种理性的规划。它不但对物资采购资金进行了合理的配置和分发，同时建立了一个资金的使用标准，以便对采购实施行为中的资金使用进行随时的检测与控制，确保采购资金的使用在一定的合理范围内浮动。

有了采购预算的约束，能提高采购资金的使用效率，优化采购管理中资源的调配，查找资金使用过程中的一些例外情况，有效控制采购资金的流向和流量，从而达到控制物资采购成本的目的。

（三）确定采购价格

采购价格的确定，直接影响到企业的成本，是采购控制环节中的重中之重。在确定采购价格时，弱化采购人员与领导的个人行为，注重产品市场价格调查。一方面，利用网络平台，对采购物资的价格进行市场信息收集，着重了解和掌握商品的成本价及利润构成；另一方面，采取与各投标单位开展竞争性谈判方式。

（四）利用采购环境

物资市场供求关系的外部环境对采购策略的制订、采购计划的实施会产生重要的影响，需要熟悉市场情况、了解市场行情、掌握有关所需物资多方面的市场信息，建立良好的市场信息机制，是有效降低采购成本的途径之一。

要用统一的信息化管理采购工作，即卖家（制造厂）和买家（企业用户）共用一个信息平台，要通过充分利用数据、信息、知识、计算机网络等资源，实现采购信息共享，发挥采购信息的计划、协调、控制的功能，有效地组织和控制采购工作的全过程，使各个采购管理环节有机地联系起来，提高采购工作效率，减少采购管理和决策的盲目性，降低决策风险，达到降低采购成本、提高企业核心竞争力的目的。

（五）采用集中采购策略

规模效益是通过“统一进货、统一配送、统一管理”来降低经营成本的，统一进货集中采购形成了电商企业的谈判优势。集中采购可以减少企业的谈判费用、信息收集费用，也可有效防止采购腐败对企业利润的侵吞，借此获得价格优势转而支撑电商企业的低价竞争战略。

（六）供应商战略管理

工业社会发展到现在，零售商与供货商之间的关系将从互相制约的关系向新型的互相合作的双赢伙伴关系发展。零售商帮助供货商了解市场、了解消费者需求，供货商根据市场需求调整自己的生产，使产品适销对路。这种新型合作伙伴关系的形成和发展，可以给双方都带来极大的利益。

对供应商管理实行战略合作伙伴式的运行模式，即把供应商的生产成本、技术研发、管理费用纳入到公司的管理体系中来。通过数据库把所有的商店的库存信息、销售信息、产品价格信息、客户反馈信息、内部经营计划信息等与供应商进行共享，从而降低了外部市场的交易成本，同时通过及时市场信息反馈，保证产品质量和创新速度。

三、库存管理

高水平的库存管理不仅能保证电商企业经营过程中实现及时、准确、质量上乘的货物供应，而且有利于企业在占用较少的流动资金情况下，加快资金的周转速度，提高企业的盈利能力。

（一）加强入库管理

在货物进入仓库之前应做好如下工作：第一，人员准备。如相关质量检查人员，装卸搬运人员。第二，工具准备。对于需要检验核定的货物必须配置相关辅助工具。如器皿、台秤等。第三，货位准备。对于即将到的货物应提前按照货物数量、类别进行货位和一些辅助材料的准备，如草垫、毡垫等。第四，当货物到达仓库时要核对相关单证。仓库保管人员要审查入库通知单、订货证单证。一一核对相符后才能进行下一步工作，若证件未到或不齐，不能验收入库。第五，货物验收。仓库保管人员应验收品名、规格、数量等信息，若在验收过程中发现有问题的货物，应先单独存放或及时办理退货、换货。

（二）注意入库货物的保管与控制

货物的保管工作内容：包括仓库的选址、货物分区、分等级存放和货物盘点、货物养护等管理作业内容。

1. 加强货物的经常性管理

（1）合理选择货架。对于经常进出库的货物最好使用通用货架，其他重要的货物选用专用货架。像杯、盘、碗、碟等物品应选用低层货架。

（2）提高货物盘点的准确度。为了确保库存数据的准确性，使账本上所显示的货物信息与库存内实有货物核对一致。

（3）核对数量。确保盘点数量与账本相一致。

（4）检查货物损耗情况。检查货物是否有破损、腐蚀、变质、被盗等问题。

（5）检查保管现状，目的是为了防患于未然。

（6）经常检查安全库存量状况。

2. 科学设计货位编号

货位编号在保管工作中有着重要的作用。在货物收发作业过程中，按照编号可以迅速方便地查找，既能提高工作效率又能减少差错。许多电商企业的仓库属于流通性仓库，实践中可以引用一种既简单又实用的货位编号方法，即四组数字表示法。四组数字依次代表库房编号、货架编号、货架层数编号、货架格数编号。根据货位编号就可以迅速地确定某种货物具体存放的位置。

3. 货物养护

为了保证货物质量稳定，需“以防为主，防治结合”，最大限度地避免和减少货物的损失，降低保额损耗。

四、加工管理

电商企业所进行的商品加工管理主要有以下两大类。

（一）分装加工

许多商品零售起点小，而生产企业为了保证高效运输，出厂包装大。为便于销售，商品购进后要按所要求的零售起点进行重新包装。大包装改小包装，散包装改小包装，运输包装改销售包装。

（二）分选加工

如果购进的农副产品质量规格参差不齐，把这样的商品卖出去一是不受顾客欢迎，二是销售价格低，如果按质量、规格用人工或机械方式进行分选，并分别包装，质优价优，质次价低，适合不同层次人们的需要，还可以提高商品的附加价值。

五、配送管理

随着电商业的迅猛发展，电商企业对于物流水平的要求越来越高，物流配送水平成了衡量一个电商企业的管理现代化水平的关键标准。配送能力的强弱直接决定着电商企业的经营成本的高低，影响企业盈利的能力。

目前我国电商企业尚存在着配送率低、信息化程度低、经营管理水平低等一系列问题，要解决我国电商企业物流配送现有的问题，就必须构建合理化的物流配送体系，实现电商企业物流配送的合理化。

（一）电商企业物流配送模式选择管理

电商企业物流配送模式选择管理电商企业采取怎样的物流模式却是根据电商企业经营的不同阶段和规模的不同而不同的。

1. 大型电商企业以自建为主、外包为辅的综合物流模式

对于大型电商企业应采用综合物流模式，一方面，加快其自建物流配送中心系统的步伐，做好重点商品的配送业务，增强其核心竞争力；另一方面，在部分区域可以外包一部分重要商品的配送业务，利用第三方物流的优势，与其结成紧密的纵向协同的战略企业联盟，达到资源和优势互补。

2. 中小型电商企业以外包为主，重点建设物流管理系统

由于中小型电商企业物流业务量相对较小，可与社会性专业物流企业结成战略联盟，有效利用第三方物流配送，完成仓储和配送任务。

3. 向供应链发展，与供应商协作实现“双赢”的物流运作

由供应商直接进行商品配送，这种由供应商直接配送的优点在于：大大降低电商企业成本和运作的复杂性。目前在我国大部分电商企业在没有完善的物流体系条件下，为不断加强其核心竞争力和核心业务，都采用了这种配送模式，甚至其全部物流都依赖这种模式。但是目前除了一些大型生产企业物流体系较为完善外，大部分批发供应商物流水平不高，因此，电商企业的

发展速度会受到信息交流效率低、配送不及时等供应商物流水平的限制。

（二）提升信息技术管理

随着电子技术的普及和推广，通过采用先进的物流信息系统构造一个现代化的管理平台，建立电子数据交换系统（EDI）、自动订货系统（EOS）、销售以及库存的统计管理系统等，改进配送调度、进行动态库存管理、实现网上在线交易处理系统，并延伸到商品管理、销售分析、成本核算等业务中，真正把商流、物流、资金流、信息流集成到一起。

电商企业和第三方物流信息系统之间，要求达到硬件、软件和数据报表等的匹配和兼容；信息流程清楚和功能明确；商流、物流、资金流、信息流的协调和整合。要把信息网络体系建设纳入电商企业发展和物流配送网络体系的重要内容。

第一，加强信息网络基础设施和体系建设。

第二，加强物流服务企业之间、区域之间、物流中心与电商企业之间的协调与合作。

第三，加强信息收集及信息传递、跟踪、反馈，提高经营决策和综合服务水平。通过信息系统平台的对接，实现从制造到销售，产品营销能力的提升，使得厂商之间简单的贸易关系提升为更具内涵的合作模式。

（三）多方面培养高素质的物流配送人才

物流配送所需的人才可以采用四种方式进行培养：一是选派物流工作人员出国考察和委托国外先进企业进行培训深造；二是设立企业自己的培训机构，对物流配送中心的高层管理人员进行系统培训；三是加强物流行业协会建设，增进物流管理人员相互交流学习；四是依靠高等院校、科研单位的力量，联合培养高素质的电商经营和物流人才。

六、物流绩效评价

电商企业物流绩效评价是对物流价值的事前计划与控制以及事后的分析与评估，以衡量企业物流运作系统的投入与产出状况的分析技术和方法。依托现代信息技术和分析工具，电商企业物流绩效评价成为一个不断分析、控制和修正的动态过程。

科学地进行电商企业物流绩效评价，就必须始终坚持评价的原则思想，即系统性、科学性、公正性和真实性原则。运用比较法、比率法、功效系数法和综合分析判断法等，对其物流基本绩效和主要物流活动绩效进行评价。

电商企业物流基本绩效的评价通过净资产收益率、总资产报酬率、总资产周转率、流动资产周转率、资产负债率、已获利息倍数、营业收入增长率和资本累积率等指标的计算分析来实施。主要针对电商企业物流经营管理的财务效益、资产营运、偿债能力和发展能力四大方面的状况进行分析研究，以总结经验，吸取教训，进一步提高电商企业物流的基本绩效。

为了更准确、全面地评价企业物流经营的绩效，在电商物流企业物流经营基本绩效分析的基础上，需对电商企业的主要物流活动做进一步的分析和评价。电商企业主要物流活动有物流服务、运输、库存、配送和供应链运行等。其主要物流活动的绩效评价就是要通过相关指标的分析来揭示电商企业主要物流活动的经营状况，合理地评价主要物流活动的业绩与问题，为进一步加强电商企业物流管理打好基础。

本章小结

电子商务主要是以物流产业为支撑系统，若物流业不能与电子商务产业发展同步，会使电子商务产业举步无路、面临失败，物流在电子商务上的位置异常重要，所以，重视物流产业即推动电子商务发展。本章介绍了电子商务物流管理的有关知识。第一节分析了全球以及我国电子商务行业的基本状况，第二节分析了我国电子商务物流的概念、特点及发展的现状及面临形势，最后一节分析了电子商务物流运作模式选择及相关的采购、库存、加工、配送等作业管理。

案例分析

京东物流加持“当日达”城市增六倍 良品铺子美味传递更快

自2006年在湖北武汉开设第一家店以来，截至2015年12月，良品铺子在中国湖北、湖南、江西、四川、河南5个省份，苏州、深圳、西安、重庆四个城市经营了2100家零售店。

2012年，随着互联网经济的高速发展、零食互联网品牌快速崛起，良品铺子决定打破传统的纯线下模式销售，与时俱进将零食放在网上售卖，着手开拓线上市场。2013年良品铺子在京东开设品牌旗舰店，随后2014年又在京东开设了自营店铺。

“与京东达成合作，是希望借助京东的平台和强大的物流体系，将我们最新鲜的美食第一时间带到消费者的手中。时间证明，京东确实给了我们很多惊喜!”赵刚说。

入驻京东以后，良品铺子的销售得到了快速增长。2015年实现同比增长

3 倍；2016 年、2017 年均保持同比 2 倍的高增速。良品铺子在京东的增速一直保持全电商渠道第一。

“我们参与过京东超级品类日、吃货节等大型营销活动，其中，超品日销售额环比增长 6 倍，吃货节销售额环比增长 2 倍。除此之外，在‘欢乐颂’这个 IP 走红的时候，良品结合‘五美’元素为京东独家定制了良品铺子京美欢乐大礼包，受到粉丝热捧，销量迅速突破 1 万箱。”良品铺子相关负责人说，京东巨大的平台流量和营销资源，帮助品牌在线上实现了快速增长和扩张。

除了提供平台外，京东还为良品铺子卖向全国提供了优质的仓储物流服务。2016 年京东物流向全社会开放，并与良品铺子达成战略合作后，京东物流为良品铺子提供一地入库、全国铺货、七地入仓的转运和仓储服务，可以覆盖全国销售和配送。良品铺子与京东物流合作半年内，配送时效提升 301%，复购率上升 28.34%，同时其产品在京东旗舰店的销售额较上年同期增长了 113%。

“随着良品铺子在京东业务的不断壮大，对物流环节的效率要求进一步提升。”此前，良品铺子京东旗舰店和自营店分别有两个团队运营，分属两个仓库周转储存，运营和库存管理成本较高。2017 年，良品铺子将京东旗舰店和自营店打通，成为京东首家品牌官方旗舰店接入智能库存管理系统的商家。

此前，良品铺子旗舰店是通过良品铺子自己在全国的 8 个仓库进行发货，现在则可以用京东在全国的 48 个仓库进行发货，能实现“当日达”的城市数量是以前的 6 倍。

赵刚给记者算了一笔账，“建一个最基本的 2000 平方米的仓库，成本在 50 万元～100 万元，这还不包括一些智能分拣系统。如果全部由我们自己投建，成本不菲。京东拥有强大的自营物流体系，与京东的合作将帮助我们突破物流瓶颈，强化供应链，将美味更快地送到全国消费者手中，给消费者更极致的购物体验。”

接入智能库存管理系统后，良品铺子在京东的旗舰店和自营店还将能够共享库存，智能补货，“双 11”大促期间，消费者再也不用担心喜爱的美味缺货了。“此前‘京东 618’‘双 11’大促期间，良品铺子均排名行业前三。2017 年‘双 11’，我们和京东会有更深入的合作，还将结合京东大数据独家定制一款全新的海盐草本系列坚果。我们力争能够成为京东坚果类目销售排名第一。”赵刚说。

未来一年里，良品铺子还将和京东在更多领域探索合作模式，基于京东大数据和消费者画像等，与京东超市发布多款战略产品，并基于消费者购物习性来展开更广泛的活动。另外，良品铺子也将在产品保鲜和用户体验等方面与京东一起进行进一步探索与合作。赵刚说，作为京东“双百亿品牌俱乐部”的品牌之一，良品铺子有信心于2018年在京东继续实现3倍增长，携手京东全新开启一体化的“无界零售”。

（资料来源：http：//www. chinairn. com/news/20171105/163206302. shtml）

问题：

1. 良品铺子为何要与京东合作？京东物流相对于良品铺子的优势是什么？

2. 良品铺子采取的是哪种物流运作模式？其在天猫上是否能获得同样的效果？

第九章　快递业物流管理

导入案例

人不在家，快递无人签收？没有合同约定，物业能否代收快件？时下，网购盛行，由快件引发的一系列问题接踵而至。为方便业主收寄邮件，扬州市物业行业创新服务方式，建立小区快递服务中心，给业主带来了便利，解决了快件“最后一公里”难题。

2013 年，全扬州市首个快递服务中心在锦苑小区成立，为小区 1000 多户业主提供快递服务。此后，经扬州市邮政管理局和房管局联合推广，越来越多的小区出现了快递服务中心。据统计数据监测，截至 2015 年年底，扬州市小区快递服务中心已由 2013 年 9 月开始试点的一家，增至 25 家。此外，扬州市 25 个小区快递服务中心 2015 年累计收件 677950 件，同比 2014 年的 386616 件，2015 年快件量增长 291334 件，涨幅超 75%。

未来，快递服务中心也将不仅仅局限于 25 个小区，而会覆盖更多的小区。“快递服务中心”是扬州“智慧物业”的一部分，下一步肯定会覆盖更多的小区。市物业管理中心主任尹锋表示，下一步，市房管部门将进一步扩大“智慧物业”的应用范围，2016 年将覆盖市区 20% 的新建住宅小区，力求“十三五”期间实现全覆盖。

问题：

1. 扬州市为何要增加快递服务中心社区覆盖？
2. 你还能想到哪些创新服务模式可以解决快件“最后一公里”难题？

第一节　快递业内涵及与电商物流的关系

一、快递的概念及分类

（一）快递的概念

快递是指快速收寄、分发、运输、投递单独封装、具有名址的信件和包裹等物品，以及其他不需储存的物品，按照承诺时限递送到收件人或指定地点，并获得签收的寄递服务，是物流的重要组成部分，其特点就是在于“快”字。

（二）快递的分类

1. 按运输范围分类

按照运输范围可以分为国际快递、国内异地快递和同城快递，通常可以把国内异地快递业务和同城快递业务统称为国内快递业务。

2. 按重量和尺寸分类

按照重量可分为文件类快递（0.5 千克以下）、包裹类快递（0.5 千克以上）和物流配送类快件（每批在 30～200 千克）。

另外不同的公司内部也有不同的划分方法，例如，宅急送根据物品的重量和形状，将快递划分为小件和大件两大类。小件是指长 + 宽 + 高≤100 厘米，且重量≤10 千克的物品，大件则是指长 + 宽 + 高 > 100 厘米，或重量 > 10 千克的物品。

此外，还根据客户要求送达的时间分快件和普件，一级城市快件一般只要一天就可以到达，通常采用的是航空运输；普件采用的是班车运输和铁路运输。

二、快递业的基本特征

快递业具有服务性、网络性、时效性和规模经济性的基本特征。

（一）服务性

快递需求是衍生需求，快递产业属于第三产业中的服务行业。服务性是快递产业的基本特征，因此服务质量直接决定了企业的运营状况。

（二）网络性

网点的增加对业务量的影响有两个，一是由于新增网点的快递业务直接增加业务总量；二是由于便利性提高及公司影响的扩大，原有网点的业务量也间接增加。但是，网点增加会带来成本的增加，增加网点是否能够使整体盈利增加，以及网点覆盖面扩大到什么程度能够实现利润最大化，值得已经具有较大规模的民营快递企业思考。

（三）时效性

在全球都讲究效率的前提下，时效性更是快递的本质要求，时效性是信息、物品类传递服务的基本要求。快递的实物传递性，决定了快递服务在保证安全、准确的前提下，传递速度是重要的服务质量衡量标准之一。

（四）规模经济性

规模效应是所有企业都追求的，当然也包括快递业。当快递的数量达到一定规模时，无论是分拣还是运输效率都会得到很大的提高。

三、快递与物流的区别

人们经常认为物流和快递的区别，体现在承运物的重量和体积的不同上，快递就是小件，物流就是大件；快递就是快速，物流就是慢一点；快递就是货量少批次多的零散件，物流就是货量大批次少的集中件。但其实快递和物流，特别是综合型物流有很大的不同，具体有以下几点。

（一）服务对象不同

快递业务一般的客户为末端消费者，多为个人业务，如针对电商的 B2C 和 C2C 业务做海量的标准件快递服务，少数可能有针对公司需求的，如合同、商务信函之类的快递服务。

需要提供综合类服务的客户多为制造类和销售类企业，服务多以合同物流或者项目物流的形式与企业合作。用日本的近铁物流来举例，其服务对象几乎都为日本的大型制造类企业（电子类、汽车类），它的客户门槛基本要求对方是 500 强企业，日本企业更为优先，一是方便合作（系统对接、操作标准等），二是方便管理，有类似的企业文化。

（二）末端递送模式不同

快递服务、末端递送，一般为递送员送到客户手中，较小的递送工具可以是三轮车、电单车之类的，方便穿梭在大街小巷、人群密集的住宅区等地。

而物流公司由于为客户的运送量较大，所以较小的递送工具也是面包车，即使是供应大型商场里客户门店的小件类货品。

（三）货物储运环节不同

由于快递公司的运营模式在整个流程中并不需要长时间存储承运货品，所以尽快地处理并转运才是快递的主要功能。因此快递类型企业一般没有长时仓储环节，都是使用快速转运仓来进行区域内部的快件分拨、转运，其自动化的设施主要用于快速分拣，这也是为了支持快递服务特点——高时效快速分拨转运而产生的。

而综合物流型企业会提供不同类型的仓储服务，有些可能需要做长期封存，甚至需要进行选择性废旧品处理和报废处理。在遇到 SKU（库存量单位）特别复杂的项目，相应地与之匹配的仓储系统也会十分复杂，可能会采用全自动立体货架之类的自动化储存设施。

（四）服务深度和服务标准不同

快递企业由于其需要接受大量零散的订单，所以必须设立一定的门槛来快速筛选承运物，这样就造成了快递相比物流的一个很大的特点就是标准化。

综合物流服务有一个特点就是定制化，面对不同消费者提出的特别需求，需要依照客户需求，尽量在技术上提供可能去满足，为了具体项目去设计解决方案，如有时会根据客户要求进行一些如贴标签等简单加工活动。

（五）与客户关系的紧密程度不同

快递业务与客户的契合程度主要是靠快递员，一般是相应业务员负责相应片区的收取件，频率并不固定。对于公司客户来说，有固定订单且数量有保证的话，快递公司会安排每日定时上门收取件。

而综合物流公司与其客户的关系就要紧密很多，比如，之前的瑞典某家居品牌项目是为其做深圳地区配送的，并可提供安装服务。但公司需要帮该公司做相关员工培训，让其学会使用公司自有收货流程，并以 EDI 与本公司信息系统对接。

四、快递与电商物流的关系

（一）电商是快递的主要服务对象及业务来源

快递行业随电商兴起而发展壮大。由于中国传统零售业发达程度不及美国、中国人口密度大的现状更宜发展电商、中国互联网需求提前爆发的原因，2005 年之后中国网购需求持续爆发式增长。C2C 电商（以淘宝天猫为代表）对社会化快递的依赖是 100%。网购零售带来的业务量占快递总量一半以上。淘宝、天猫包裹数达到 90.74 亿只，占全行业的 65%。电商自建物流不可能做完整个市场，第三方快递仍将快速发展。

目前快递对电商的依赖很大。2015 年，全国快递业务量 206.7 亿件，长三角、珠三角、环渤海湾地区分别占比 40%、29%、16%，而业务量排名前十五的城市也大多位于这些地区。对比阿里系商家集中的地区，两者高度重合。根据阿里研究院发布的 2013 年中国电子商务发展城市排名，电子商务发展排名前十的城市中有八个快递业务量排名也是前十。

从数据来看，2010—2015 年，电商规模复合增速达到 32%，电商的快递发展（尤其是网络购物的增长）直接带动快递业务量的跨越式增长。2015 年，我国快递业务量规模达到 206.7 亿件，2010—2015 年，行业复合增速达到 55%，如图 9－1 所示。

2015 年，行业支撑网络零售交易额超 3 万亿元，快递已经成长为支撑电商发展的主渠道。同时，随着快递服务产业链的进一步延伸，快递业务板块也由原来的“1＋1”向“1＋3”拓展，逐步实现了向电子商务、制造业、跨境贸易的多点开花发展。但电子商务服务需求仍然是快递业的主要业务来源，远大于企业文件等的业务需求。

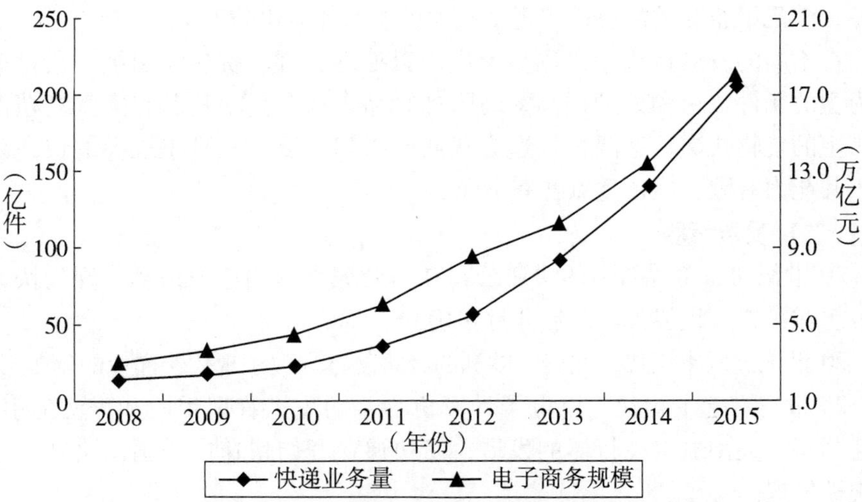

图 9－1　2008—2015 年快递业务量与电商规模增长曲线复合

（二）快递服务是电商物流的重要组成部分

根据电子商务的交易类型分类可以知道，电商物流也包含了 B2B、B2C、C2C、ABC 等形式。而根据前面快递与物流的区别以及实际快递业务的观察，我们可以看到，快递服务主要是针对终端个人用户也就是末端消费者进行的服务，其服务对象主要是针对 B2C 的电商平台，而对于 B2B、A2B 等企业间服务需求，还是通过物流服务来完成的，因此，快递的定位主要是电商物流中针对末端消费者的送达服务，是其中的一个环节，是 B2C、C2C 模式电商物流的核心参与者，而不是电商物流的全部。

第二节　快递业的发展历程及趋势

一、快递业产生背景及发展历程

（一）产生背景

现代快递业的发展甚至与世界各地区的经济发展密不可分。随着全球经济一体化进程不断加快，各国间的贸易壁垒不断消除，国际贸易和国内贸易活动愈加活跃，生产、经营和社会活动趋于高效率和快节奏，时间价值越来越重要，大量的样品、单证、商务函件、资料的快速传递需求，为函件快递业者提供了大量的货源。同时，随着科学技术的发展，产品的科技含量增加，高科技企业的大量产品，体积小、重量轻，货值却很高，占用流动资金很大，快递运输能将这些产品尽快送给客户，并提供良好的包装、仓储、报关物流服务，满足了企业的需要，实现了最大可能的社会化分工。

在不断的发展过程中，逐步形成了以处理文件、资料、图纸、贸易单证等为主的函件快递和处理样品、高附加物品、社会活动礼品和家庭高档商品等为主的货物快递，这两种快递方式同时得到发展，只是小规模的快递公司由于其能力有限，经营重点各有不同。

（二）发展历程

20世纪初，世界著名的快递公司在一个城市内的业务活动，现代快递业的设想在第二次世界大战之后才逐步确立。

20世纪五六十年代，北美、欧洲的经济复苏导致了现代快递业的逐步形成。

20世纪六七十年代，以电子计算机为主的先进管理手段和方法的引入，高速公路、大型航空飞行器的发展，使快递业开始快速向全国网络和全球网络规模发展。

20世纪70年代以后，日本经济开始起飞，日本几家濒临倒闭的按传统经营的公司纷纷效仿西方，转变成经营快递的公司，并引入符合日本特点的服务项目，从而使日本的快递服务业青出于蓝而胜于蓝。

20世纪80年代，“亚洲四小龙”的崛起，世界各大快递公司纷纷捷足先登，使得韩国、中国香港、中国台湾和新加坡的快递业从无到有。20世纪末期，这些地区成为大型快递公司的主要货源集散地。

中国邮政于1980年开办了国际特快专递业务，1984年开办了国内特快专递业务，开中国大陆快递业之先河。

同期，全球各大快递公司均看好中国市场，1986年，DHL（敦豪航空货运公司）通过与中外运合资，率先进入中国市场。此后，UPS（美国快递公司）、FedEx（美国联邦快递）、TNT（托马斯全国性交通工具）等国际快递公司也陆续介入。

20世纪90年代，珠三角和长三角地区经济发展迅速，对商务文件、样本传递的时效性、安全性、方便性要求越来越高，催生了以顺丰和“三通一达”为代表的民营快递业。

据国家邮政局统计，“十二五”时期，中国快递业年支撑国内网购交易额突破3万亿元。快递业务量和业务收入分别增长7.8倍和3.8倍，行业收入占GDP比重从0.3%提高到0.6%，新增就业岗位100万个以上。统计显示，2015年，快递业务量完成206.5亿件，同比增长48%。最高日处理量超过1.6亿件，快递业务收入完成2760亿元，同比增长35%。2015年，全国乡镇快递服务营业网点覆盖率提升至70%，其中江苏省、上海市、天津市实现100%全覆盖。

2016年我国快递业务量已突破300亿件、同比增长53%，继续稳居世界第一。得益于“快递下乡”工程的推进，我国乡镇快递网点覆盖率已提升至80%。据统计，2016年前11个月，全国快递服务企业业务量累计完成278.9亿件，同比增长52.8%；业务收入完成3544.1亿元，同比增长44.3%；11月成为史上“最忙快递月”，日均快递业务量超过1.25亿件，是2016年同期的1.4倍。在2017年的“双12”，全天邮政企业、快递企业共揽收快递包裹1.76亿件，比2016年同期增长55.75%。

2017年3月28日，国家邮政局发布《2016年中国快递发展指数报告》显示，中国快递业务量规模继续稳居世界首位，在全球占比超过四成，对世界快递业务量增长的贡献率达60%。报告统计，从2010年每10万人4.8个快递网点、增加至2016年每10万人15个快递网点；从2010年每千平方千米6.7个快递网点，增加至2016年每千平方千米19.1个快递网点。

二、快递行业发展现状

（一）快递需求增长快速

近年来，中国电子商务市场保持高速增长，市场规模从2008年的0.13万亿元上升至2015年的3.8万亿元。电子商务市场的高速增长产生了大量的快递需求，尤其是C2C电商，对第三方快递的依赖几乎是100%，如图9-2所示。

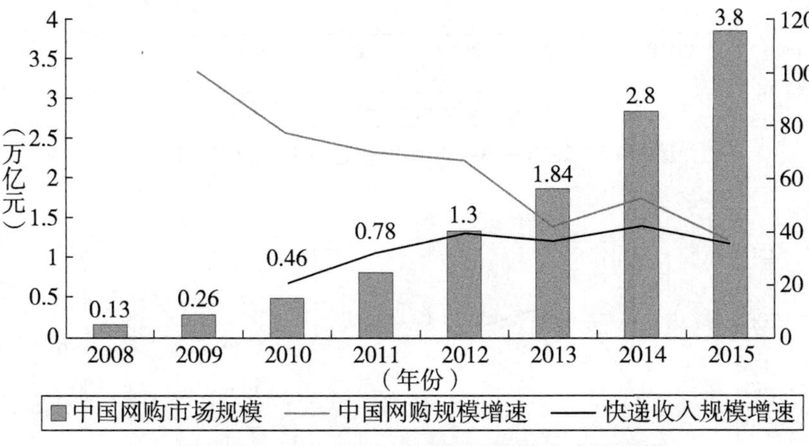

图9-2　2008—2015年我国电子商务市场规模

2015年，中国人均GDP（国内生产总值）约合8016美元，处于美国1976年水平，当时美国快递业正处于高速发展期，并在1990年以后逐渐形成了双寡头垄断的局面，而当时电子商务刚兴起不久，因此在美国市场集中度提升的过程中，商业需求一直占据主导地位。有别于美国快递市场，中国快递市场形成了电商件为主、商业件为辅的市场特征。主要原因为中国线下渠道效率极为低下，电子商务井喷式发展，在社会零售总额中的占比已经超过美国。

（二）快递收入及业务规模不断增长

受益于电子商务的高速增长，我国快递业虽然起步较晚，但发展极快。2015 年，中国快递业务量达到 206.7 亿件，同比增长 48%，2010—2015 年的复合增速为 43.7%；收入规模达到 2770 亿元，同比增长 35%，2010—2015 年的复合增速为 30.0%。近两年快递业件量和收入增速虽然有所下滑，但考虑到网购市场空间和国内快递市场巨大的地域差异，我们预计行业未来 3 ~ 5 年仍将保持较高增速，如图 9 – 3 和图 9 – 4 所示。

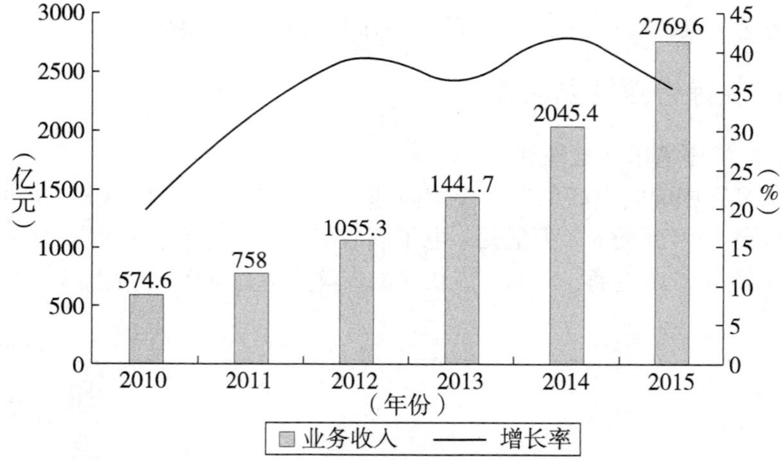

图 9 – 3　2010—2015 年中国快递收入规模与增速

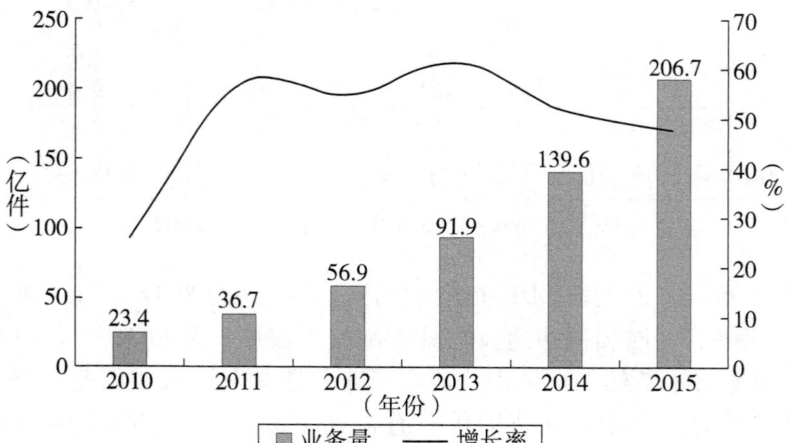

图 9 – 4　2010—2015 年中国快递业务量规模与增速

（三）区域业务量及收入发展不平衡

2009—2014年，我国东部地区无论是业务量还是业务收入都占全国快递市场80%左右，占据绝对的主导地位。但从2014年、2015年两年数据可以看到，东部地区业务量占比保持不变，业务收入占比下降了0.9%，如图9－5和图9－6所示。

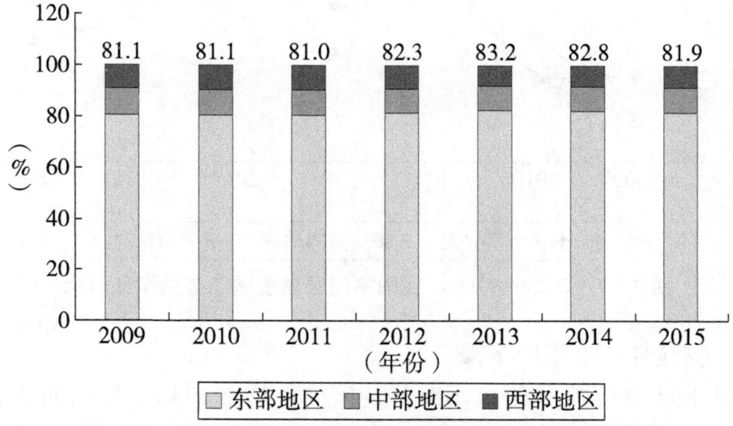

图9－5　2009—2015年中国规模以上快递收入的地域占比

图9－6　2009—2015年中国规模以上快递业务量的地域占比

东部地区快递市场业务量目前已趋近饱和，增速连续两年下滑。与此同时，随着国家快递向西向下战略的逐步实施，中部地区市场的发展潜力日益显现。2015年中部地区业务量增速为56%，同比上升7%，高出全行业快递业务量增速8%。我们预计中部地区快递业务量占比将进一步提升，但东部地区由于经济发达、网购普及率高、基础设施健全等优势，仍将占据主导地位，如图 9－7 所示。

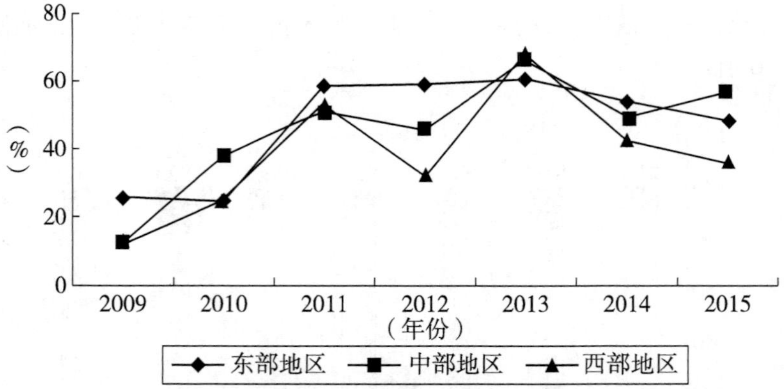

图 9－7　2009—2015 年我国不同区域快递业务量增速对比

（四）快递件均价不断下降

互联网极大地降低了信息不对称，国内快递业产品高度同质化、价格透明，激烈的市场竞争导致件均价持续下滑。2007—2015 年，全国快递件均价从 28.5 元下降至 13.4 元，降幅为 53%，如图 9－8 所示。

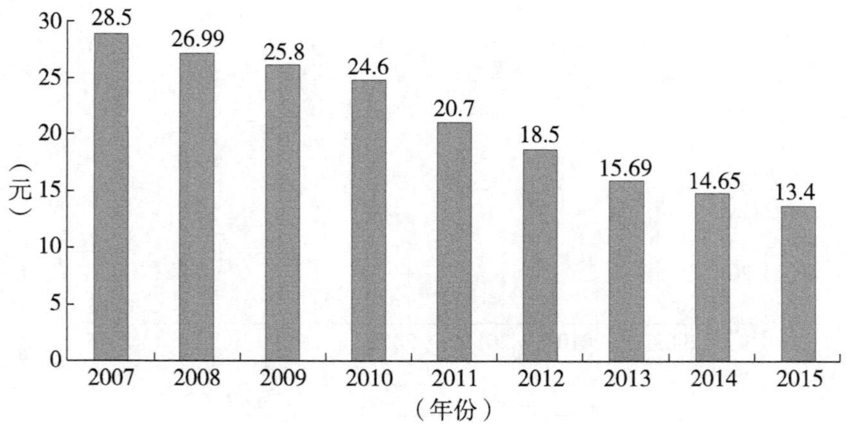

图 9－8　2007—2015 年国内快递行业平均单价

现阶段国内快递企业要提升盈利能力，首先要解决产品同质化问题，依托自身优势打造特色产品。比如，顺丰在国内快递公司中，航空运力首屈一指，因此顺丰快递的时效性短期内是“三通一达”难以望其项背的。而 EMS 业可以借助其在营业网点上的优势做文章。

三、快递行业发展趋势

（一）产业规模继续扩大

我国国民经济的持续快速增长为快递业的发展奠定了广阔的前景。从近几年来快递业务收入的增长速度来看，快递业的增长速度是我国国内生产总值的两倍左右。近年来日益繁荣的电子商务也强有力地带动了快递业的发展。可以说，电子商务的发展也是我国快递业发展的写照。

随着人们消费观念的转变，购物方式也会发生变化。在信息时代成长起来的新一代消费者会更加乐于网络购物，而网络购物为我国快递业提供了巨大的商机。有关资料说明，我国近年来快递业业务量的三分之一是靠电子商务带动的。

另外，以美国为例，目前美国每年快递业产生了75亿件的业务量，我国与之相比差距甚大，而美国只有不到3亿人，我国则有13.75亿人（截至2015年）。所以说，我国快递业的产业规模继续扩大，增长速度仍然会较快。

（二）行业集中度趋于提高

中国登记备案的快递企业已经超过5000家，行业集中度不高，市场上存在着大量的小型快递企业，这些企业如前面所述，存在着小、散、差的问题。从近期来看，促使我国快递业行业集中度提高的最直接原因就是新《中华人民共和国邮政法》（以下简称为《邮政法》）的实施。

新《邮政法》规定，在省、自治区、直辖市范围内经营的，注册资本不低于人民币50万元，跨省、自治区、直辖市经营的，注册资本不低于人民币100万元，经营国际快递业务的，注册资本不低于人民币200万元。这就大大提高了行业的准入门槛。大批达不到要求的小快递企业会退出市场或被大企业并购。

以美国快递业来类比，美国快递业基本上被三家快递巨头所垄断，这三家的市场份额分别为：UPS占51%、FedEx占31%、美国邮政占13%。从某种程度上来讲，国外发达国家快递业的高行业集中度也是我国快递业未来的一个发展趋势。

目前，我国国内物流快递业风云变幻，联合、并购案层出不穷，包括中外运速递股权转让给中外运敦豪；“四大国际物流快递”的三家以并购的方式进入中国国内物流快递市场及快运市场；北京知名物流快递公司之一的小红马物流快递服务有限公司宣布自2009年10月1日起，正式退出中国物流快递市场，2010年3月29日阿里巴巴入股星辰急便；2010年5月10日，海航集团与天天物流快递签订最终协议，收购后者60%的股份，联邦快递收购大田快递、顺丰速运并购星程宅配等落地配公司等。

近年来，我国在快递业政策和行业准入上不断放宽限制，并对快递行业的发展提供支持。同时，整个行业在监管方面也逐步严格，主管部门对行业的规范性要求也逐步增加，这将促进行业内的整合和优胜劣汰。例如，2011年《邮政局关于快递企业兼并重组的指导意见》、2015年《关于促进快递业发展的若干意见》等等，如表9－1所示。因此，业内加快兼并重组提升行业集中度是众望所归。

表9－1　　快递行业政策扶持一览

时间（年份）	政策	主要影响
2008	《快递市场管理办法，备案》	缩小了民营快递的营业范围
2009	《邮政法》修订，制定了快递市场准入制度	影响了外商快递的营业范围，进一步推动了快递行业发展
2009	《快递企业等级评定管理办法（试行）》	由单一的价格竞争向服务竞争转变
2009	《物流业调整和振兴规划》	促进物流业产业结构调整
2011	《邮政局关于快递企业兼并重组的指导意见》	鼓励指导快递企业兼并重组
2011	《邮政业发展十二五规划》	政策支持
2014	《物流业发展中长期规划（2014—2020）年》	推进普惠化、市场化、国际化
2015	《关于促进快递业发展的若干意见》	支持快递企业兼并重组、上市融资
2015	《电子商务物流服务规范》	提高快递的信息化科技水平

在内资物流快递企业之间合并、兼并、重组和退出将成为中小型物流快递企业发展的选择方式。预计物流快递企业的数量将减少30%以上，取得物流快递业务经营许可证企业的规模都将不同程度地扩大。

（三）企业竞争方式将有所变化

目前我国很多企业之间的竞争方式是大打价格战。这种依托廉价劳动力发展、服务同质化导致“低价”的恶性竞争是不可持续的。这种恶性竞争实际上是快递企业缺乏核心竞争力的表现。

随着我国快递业行业集中度的提高，我国会出现一批资金雄厚、管理先进的快递企业，大部分市场份额将会被这样的企业占据。而这些企业之间的竞争方式会从现在的价格战转变到以后的价值战，从单纯的价格之争发展到以后的综合竞争。快递企业多元化趋势将更加明显，越来越多的快递企业将通过多元化战略升级成为综合物流服务提供商，其将逐渐涉足物流、电商、金融、保险、咨询等综合业务，提升企业的综合竞争力。

（四）从业人员的素质趋于提高

由于物流快递业的准入门槛并不高，特别是我国本土物流快递企业队伍中的民营企业。据调查，民营物流快递企业中的许多从业人员都是初中毕业学历。由于门槛低，企业吸引高素质人才的能力有限，导致从业人员的素质整体上不高，由此带来的是企业服务质量的低下和服务意识的薄弱。

对此，必须要从上到下提高员工的素质，包括上门服务的收派员的素质，加强从业人员培训学习，提高诚信服务水准，更好地维护广大消费者合法权益。还有就是加强沟通技巧的改进和培养。

（五）快递企业破产重组会进一步增加

目前，快递行业收入规模占电商交易额的比重十分稳定，基本保持在7%左右。电商市场经过几年的高速发展，占社会消费总额的比例已经到了较高的水平，随着电商行业增速驱缓，快递业盈利能力也将进一步下降，整个行业面临“微利化”甚至无利化状态。预计未来企业破产数量增速将进一步加快。大量中小快递企业甚至大型快递企业正处于萎缩和亏损的状态，有的甚至已经破产。2010年，在华南地区具有一定影响力的深圳东道物流（DDS）快递倒闭。2012年，星晨急便宣告倒闭，同年上海希伊艾斯快递有限公司（CCES）倒闭，小型快递公司更是不胜枚举。预计未来企业破产数量增速将进一步加快。

第三节 快递企业的运作与管理

一、我国快递企业基本格局

2007—2015年，中国网络零售市场交易规模增长近70倍，网购需求的爆发式增长给快递行业带来了新的增长动力，催生出巨大的国内快递服务需求。在其巨大潜力驱使下，国内相继成立不同模式的快递公司，虽分属不同的运输系统，以不尽相同的经营模式，在不尽相同的快递市场中不断摸索和发展，但已显示了一定的活力。

据相关部门统计，目前在工商部门注册登记的快递企业已经达到2000多家，而分支机构多达5000多家，此外不少物流企业、运输企业也涉足快递业务。

中国国际快递以外资为主，四大国际快递公司占据了我国国际快递市场主要份额。国内快递则以国有为主导，民营为主体。城市内快递，民营约占

90%，省际间快递民营约占50%，如图9-9所示。

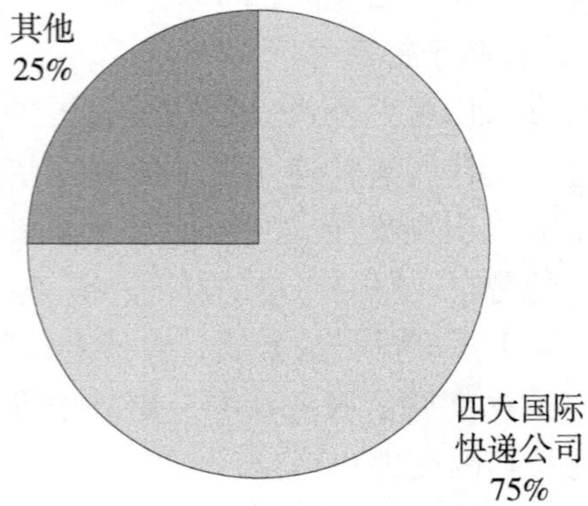

图9-9　我国国际快递市场格局

我国国内快递市场2014年CR4（行业前四名份额集中度指标）企业为申通、圆通、中通、顺丰，市场容量占49.9%，CR8占到了77.9%。国内快递行业现已呈现寡头垄断的格局，前8家企业市占率77%左右，已出现顺丰速运、申通快递、圆通快递等行业龙头企业。随着大型快递企业上市融资，相比其他中小快递公司，它们拥有压倒性的资本和规模优势，将成为未来推动行业并购的主体。

表9-2　国内2009年、2014年前八家快递公司业务量排名

公司	2014年排名	2009年排名
申通	1	3
圆通	2	4
中通	3	7
顺丰	4	1
韵达	5	5
EMS	6	2
百世汇通	7	8
京东	8	—

目前国内快递企业存在国有、外资和民营三大阵营，形成了国企、民营、外资三足鼎立局面的形成，如表9-3所示。

表 9－3　　中国快递企业的基本格局

	公司	国际快递的范围	中国国内快递的范围	发展备注
国有快递	EMS	全世界	全国	网络覆盖范围广，目前国内 27 个城市可以提供"次日达"
	中铁快运、民航快递	部分口岸城市的国际货代	国内大部分城市	运力资源优势
民营快递	顺丰、宅急送、申通、中通、圆通	部分城市代理国际快递业务	全国 200 多个城市	价格优势
	顺丰、启良、飞捷、玖亿	中国香港、中国台湾、日本	除顺丰外，其余网络布局在区域范围内部分城市	区域优势和价格优势
外资快递	UPS、FedEx、DHL、TNT	全世界，优势在美洲国家		FedEx 已收购大田国内快递网络，DHL 与中外运合作，TNT 与超马赫合作

二、快递企业经营模式

当前国内快递企业有两种主流经营模式——直营和加盟。顺丰和 EMS 采用了直营的模式，而以"四通一达"为代表的民营快递企业则纷纷采用了加盟制。

（一）直营模式

公司总部掌管所有权和经营权，所有成员企业由总部集中领导、统筹规划，实行统一的核算制度，各直营店实行标准化经营管理。快递直营中总部控制所有的快递节点，包括干线运输、枢纽转运中心、支线运输和落地配送，收派件取得的收入、发生的成本，人员福利、车辆购置等都纳入总部统一结算。

（二）特许加盟模式

总部通过契约方式，在品牌使用、网络间接入、服务标准和市场指导价等方面对加盟商做出要求，加盟商的其他经营活动及自身能力建设均独立自主开展。网点除了向总部缴纳加盟费用、面单费、中转分拨费、入库费和派件费以外，自担成本，自负盈亏，加盟商共用一个企业名称。总部在较少投入的情况下，可实现网点的迅速扩张，如表 9－4 所示。

表 9-4　　直营模式与加盟模式比较

	直营模式	加盟模式
优势	企业统一管理，服务标准化	发展成本低
	管理效率高	扩张速度快
	信息化水平高，操作规范	具备价格优势
劣势	人力、设备与管理成本投入大	统一管理难度大
	网络扩张缓慢	服务质量无法保证

20 世纪八九十年代，长三角和珠三角高度集中的加工贸易模式（前店后厂），产生了各自区域密集的、强度足够的快递服务需求；中国快递行业加盟模式创造性地解决了快递跨区域服务的问题，也解决了中小民营企业内源性和外源性融资难的问题。据我们推算，2006—2007 年以后，以淘宝为代表的电商产生的快递量大幅超过传统快递业务，极大地刺激了快递需求，促进了行业的加速发展。而电商对于成本比较敏感，让“三通一达”为代表的电商快递发展更快，市场占有率不断提升，延续至今。

（三）混合模式

直营的运营能力是有限的，随着直营的规模越来越大，边际的管理效应会逐步降低，那么成本就会上升。而直营模式相较于加盟模式，管理成本一般会上升 12% ~15% 。加盟模式最大的特点是权责明确，降低各种冗余管理成本，减少监督成本，做到“自己的事情自己干”，提高效率，将各种无效成本费用降到极低。在纯粹以成本为导向的细分市场里，这种模式具备极强的生命力，以申通为代表的加盟快递模式之所以能够崛起，恰如“包产到户”能够取代“集体公社”一样。但对于以商务件为代表的高端市场，加盟模式难以保证服务质量和速度。目前，除了 EMS、顺丰、外资 FedEx、DHL、UPS、TNT 等实现直营外，“四通一达”等品牌企业以加盟模式为主。

近年来，中国快递企业经营模式出现转化，呈现混合发展趋势，直营模式开始在终端采取代理合作或者员工加盟的模式，加盟模式也从总部开始实施股份制并购，以此来满足网点覆盖面不足和服务过程监督力不足等，如表 9-5 所示。

表 9-5　　快递企业的商业模式

类型	企业名称
直营企业	EMS、民航快递、顺丰速运、UPS、FedEx、中外运敦豪（DHL）、天地超马赫（TNT）、中外运欧西艾斯（CCS）、大众佐川急便

续　表

类型	企业名称
自营+加盟企业	宅急送
特许加盟企业	申通快递、圆通速递、韵达快运、中通速递、天天快递、汇通快递、宅急送、鑫飞鸿、快捷、速尔等

特许加盟模式将向“自营模式”为主转型或向“自营、加盟、代理混合模式”转型是必然趋势。终极是“自营为主，加盟、代理为辅”。目前，在世界500强的快递企业中，还没有一家是特许加盟模式快递企业的案例。预计，在未来10年内，单一的特许加盟模式一定会被淘汰出局。

三、快递企业网点的布局

（一）网点结构类型

一般快递企业在同一城市的网点结构基本上可以划分为三个层级：一级网点（城市分拨中心）、二级网点（营业所，城市中转场）、三级网点（营业厅，城市内网点）。一级网点主要承担国际、城际和部分同城快递的中转、分拣、装配等任务，业务量巨大；二级网点联系一、三级网点，也承担分拣、装配任务，数量多于一级网户点，业务量低于一级网点；三级网点向下直接联系快递员，向上联系二级网点，主要承担同城派送，并向客户收件、派件的任务，数量最多，分布最分散。

（二）网点布局影响因素

快递服务质量、服务效率和成本影响着快递企业的存亡。服务质量与快递企业的经营管理水平和理念、从业人员的素质、快件送达的效率等有关；服务效率除了取决于快递企业的管理水平外，还与快递企业的网点布局合理与否有直接的关系；快递成本构成则包含了各种设备费用、人员工资、运费、场地租金、维护管理费用等。

一般快递网点布局主要受到交通、人口、经济发展水平、场地租金、政策与法规等因素的影响，具体到不同层级网点因其功能、业务量等不同，影响又有所不同。具体有以下5点因素。

1. 交通因素

交通因素以运输成本、交通设备和人员费用及服务效率等形式影响快递网点布局。一级网点对交通因素依赖最大，需要与城市对外的大流量、高速的交通线路，以及城市对内主要交通线路保持便捷的联系，因此一般布局在城市内外交通联系的枢纽位置。二级网点在区位选择上要求较高的交通通达性和便利性，以便快速疏散车辆，加快配送的速度，因此，城市内部交通干线沿线和枢纽节点附近成为较为理性的布局区位。三级网点因连接末端客户，多采用小型货车或电动车派送，因此交通因素影响较小。

2. 人口因素

人口因素影响着快递业务量需求，最终表现为对快递企业各级网点用地、人员和车辆配置规模的影响。研究表明，快递需求量与人是成正比的关系，一般人分布密集区域，快递的需求量就大，快递网点密度就大，网点服务半径也大。尤其是二、三级网点数量，布局区位直接受人口因素影响。

3. 经济发展水平

经济发展水平，一方面影响到居民的收入水平和消费能力，从而影响到快递需求量；另一方面，也反映了企业生产状况和对快递业务的需求。一般，区域内 GDP（国民生产总值）与产业结构直接影响快递业的市场需求，快递业需求量随着生产总值的增长不断增长，而且其增长率要明显高于生产总值的增长率，商业环境越好，越能带动快递业务量的上升。所以，经济发展水平高的区域，快递网点规模、数量、密度都大，尤其是二、三级网点的布局。

4. 网点建设成本

网点建设成本主要由场地租金，快件收集、存储、分拣、配装等设备成本，人员工资等组成，以场地租金区位差异最大，从而对网点建设成本影响最大，是网点布局中要重点考虑的。一级网点因其仓储用地面积大，宜布局在城郊地租较低的区位；二级网点用地需求尤其是存储用地需求小一些，布局中可以次于交通因素考虑网点区位；三级网点用地最小，建设比较灵活，加之其时效性和面向用户，宜在居民区或写字楼附近布局。

5. 政策与法规

政策与法规主要通过企业审批准入、政府规划引导、税收优惠、租金减免和资金扶持等形式影响快递网点布局，如物流产业园规划建设、场地租金减免、税收减免等会引导快递企业的一、二级网点进入规划区域集中布局，会节约一定的成本。但对于三级网点影响不大。

（三）网点布局思路及方法

快递运营网络有主干运输网络、终端取送网络和配送网络。可以看作由不同级别的快递网点、配送线路组成的一种地理网络。主干网络的整个流程都包含在企业内部，因此可以基于成本或费用最低，或所用时间最短来进行选址。但在网点布局过程中不能简单以成本最低为目标，还应考虑到客户的满意度。具体可以采用 GIS（地理信息系统）的网络分析模型进行快递网点布局的路径分析、最佳区位选择分析、最近快递网点服务分析、网点服务区分析等。

四、快递企业业务流程管理

（一）主要环节

主要环节有以下 4 个方面。

1. 运输

快递以交通运输作为基础，实现物品的空间转移，满足以运输方的要求，将物品运输到规定的地点，满足社会的需求。

2. 仓储

仓储具有保护物品及配送的作用，可对托运的物品进行分类，进而提高配送的效率。研究表明，倘若缺少仓储，则导致运输、装卸等环节都受到影响。

3. 装卸及搬运

装卸指的是通过采用机械或者人工方式将托运物品卸下；搬运定义指的是在一定的地点，水平移动托运物品的操作。在具体时间中，两种作业是不可分离的，往往需要同时进行。在托运物品运输过程中，装卸作业是重复多次的，而且具有较高的频率，而且往往需要花费较多的时间，是影响快递速度的重要因素。

4. 派送

派送指的是快递企业按照要求，通过一定方式将托运物品运输到指定用户手上。

除了上述环节外，还有揽件、扫描、包装等环节。

（二）管理要点

1. 优化业务流程

针对快递服务中的业务流程，应尽量减少物品的中转程序，减少倒装倒载，减少物品的损坏，注重对物品的保护和管理。

2. 重视人员素质培养

应全面提升快递工作人员的综合素质，定期培养快递工作人员的法律意识、职业道德等方面，增强其工作责任心以及业务水平，确保快递工作人员在工作过程中不会出现快递包裹毁坏、丢失等情况，提高企业物流服务水平，保证快递企业有一支高水平和高素质的快递专业团队。

3. 完善考评制度

应注重完善公司部门考评制度，明确职能和分工，加强交流，建立奖惩机制，培养快递工作人员的责任心，调动他们的积极性，确保工作质量和效率。

4. 提高信息化管理水平

可以使物流信息管理更加科学、有效，从而使物流运输条理化、有序化，提高运输效率；同时还能加强与客户之间的沟通，满足客户需求，便利客户查询包裹状态等；同时还可以提升服务水平，增加客户对物流的满意度。

本章小结

随着电商的兴起，快递业发展越来越迅速，对服务经济和便利居民都有着越来越重要的作用。本章第一节从快递概念、分类和快递业基本特征入手，进而分析了快递和物流的区别以及快递与电商物流的关系；第二节从快递业产生背景、发展历程和现状、趋势等角度分析了快递业的发展轨迹；第三节针对快递企业基本格局、经营模式、业务流程和网点布局等方面分析了快递企业的运作与管理。

案例分析

安能物流20亿“搞定”快递加盟商

现有的快递网络架构中，多数加盟制的快递公司实行总部—省市—区县—镇乡多层级的加盟管理体制。每增加一个层级的管理，对末端网点的盘剥也增加一层。

“‘四通一达’现有的大加盟商已经挣到钱了，可是末端的快递员和小加盟商却没挣到钱，我们进来就是要做这个行业的颠覆者。”2016年5月14日，上海安能聚创供应链管理有限公司创始人兼总裁秦兴华笑着对《21世纪经济报道》记者说：要打土豪，分田地。要用20亿能撬动“四通一达”的墙角，颠覆快递业。

按照秦兴华的说法，新入场的安能打算用一种创新的快递运营模式，挖“四通一达”（申通快递、圆通速递、中通速递、百世汇通、韵达快递）的墙脚，令快递员们倒戈进入安能的快递版图，目标在2018年发件量超过1200万件。

上海安能业务副总裁祝建辉详细介绍了安能切入快递市场的打法。

按照祝建辉的说法，安能快递的核心模式是：全新的定位与收派服务，成本可较通达系降低40%。

首先快递产品聚焦于0～5kg小包，以淘宝件为主，安能认为这块市场容量巨大、前期投入小，可令网点将车辆购置集中于三轮车，末端派送成本也低。

与末端网点形成呼应的是安能在全国建设300个分拨中心，由网点与分拨中心直接就近对接，初期设计5000个网点，10000个承包区。据悉，这300个分拨中心将全部由安能直营，从而使安能快递网络架构中的层级只有三级，即“直营分拨—网点—承包区”，避免“通达”系那样省市一级的加盟网点对末端增加盘剥机会。

安能快递的第三项颠覆动作是要取消称重、按包操作，祝建辉认为，取消称重是为了规避传统称重，体积是核心点，这样既可以让利网点，又能优化装载，节省资产、人工等投入。除了取消称重费，安能快递还将以包的规格定价＋面单费。以目的省份为要求，将全国划分区间，按不同规格到不同区域包收费。

安能还创新了一种按颜色分拣的方式，采用三种颜色的集包袋集包。红色是散件集包，需要在网点集包后交给始发分拨中心分包；黄包是直接送达转运分拨中心再分包；至于绿包则是一路绿灯开往目的地终点站，一路上不需要再有多余动作。

另外集包不需要称重，而是以集包袋的颜色、规格及目的站来作为定价原则，这就意味着一个集包袋内装得越多，出货就越便宜，分拨中心因提高车辆装载率而降低的成本，还可让利给加盟商。

秦兴华认为，这种集包模式将最大限度地减少操作环节，降低中间的人力成本，从而可以使快递成本大幅下降。

更绝的是，安能宣布将会在全网免除派件费，而实行派费补贴。安能通过融资投入20亿元建立派费基金池用于补贴，派送网点拿到相应派费，根据进减出的差额部分给予派费补贴。

按照安能的盘算，单票快递全部成本可实现1.28元，这一价格至少可以比目前“四通一达”等快递公司的成本降低40%以上。节省出来的利润一部分让利给快递加盟者，另一部分则让利给商家，直接刺激商家的出货量，使安能快件量迅速上升。

除了在价格上给予商家甜头外，安能打算在时效上对标顺丰，提前规划多派区域，如长三角、珠三角、京津冀、川渝这四大经济圈将一日达，800千米以内的主要城市之间也实现一日达，而在1600千米以内的主要城市之间要实现两日达。

可以说，这是颇具挑战也颇具想象力的快递新运营模式。

有意思的是，这一快递网络的建设成本并不高，秦兴华认为可以在其已经成熟的快运网络上迅速嫁接。据其介绍截至目前，安能配送网络的范围已覆盖全国98%的区域，已在全国建立170多个分拨中心，拥有10000多名员工和8000多家认证加盟商和合作伙伴，全国转运中心运营场地总面积达100多万平米，运输车线达2100余条，服务于全国30多个省市、1000多个市县（区）。只需要在这个网络上去进行扩充，比如将分拨中心增加至300个，加盟网点一期布满5000个，就可以具备一定的规模。

其实安能所提出的这些创新思路，确实在一定程度上解决了快递网点长期以来四大痛点：投入高、回报低、加盟网络罚款多、派送压力大。

现有的快递网络架构中，多数加盟制的快递公司实行总部—省市—区县—镇乡多层级的加盟管理体制。每增加一个层级的管理，便是利润的再分配，对末端网点的盘剥亦增加一层。虽然部分快递公司已经意识到多层级管理的弊病，纷纷缩短加盟路径，延伸直营管理触角，但是效果有限。

2016年5月5日，在北京发布的首份《全国社会化电商物流从业人员研究报告》（以下称《报告》）现场，一位来自郑州、加盟"通达"系五年的小加盟商哭诉早年加盟能挣到不少钱，而现在它们这些小加盟商维持收支平衡都很困难，时不时陷入亏损之中。原因之一是收件成本低至两三块钱，且同行之间还不断地打价格战，难以平衡支出。

在收入降低的同时，快递公司还在不断升级服务品质，用罚款的方式强令末端快递员提升服务质量，但同时造成了快递员工作强度和压力增大。据《报告》显示，多数快递员工作时间长达8～12小时，半数快递员的收入在2001～6000元，只有15%的快递员愿意干满三年，近45%的快递员只会干一年到三年。行业快递员流失率严重。

一位不愿透露姓名的业内专家向记者表示，目前快递公司总部挣钱，大省市加盟商也挣钱，但是市县以下的加盟商还能否挣钱就很难说了，而不少末端网点现在维持收支平衡恐怕都有点困难。

在这种状况下，安能这个颠覆者无疑给了末端被盘剥的网点加盟商和快递员不小的希望。

2016年5月14日和5月15日，上海、杭州、无锡三地某个绿色标志的场地纷纷爆满。比如2016年5月14日在距离上海市中心30千米的松山区佘山，中午时分进佘山艾美酒店的一条主干道大塞车，数百辆车排队，此起彼伏的喇叭显示司机们等得已不耐烦。据路口进行疏导的酒店礼宾部人员称，酒店内的停车场已经停满车，后来不少车只好停在本就狭窄的车道一侧，导致进出车辆根本开不动。

造成大塞车的原因是安能快递首场招商会。好奇者甚，怀疑者、探密者与蠢蠢欲动的快递员们共同聚到这个地方，都想听听安能怎么说。据说为了防止网下加盟商倒戈安能，“四通一达”不少快递公司都赶在周末这两天开全网会议，不到会者要被重罚。

安能打算在未来半个月内在全国召开25场招商会，遍挖“通达”系墙脚。这一战役成效如何现在尚难定论，但是安能掀起的讨论却已经充斥整个行业。

（资料来源：《21世纪经济报道》，2016年5月27日）

问题：

1. 你认为安能快递模式与“四通一达”模式的区别是什么？

2. 在这场网点资源的争抢中，你认为安能与“四通一达”谁更有发展前景？为什么？

第十章 行业物流精选案例分析

案例1 东风日产：大连国产零部件海运调达模式

（一）项目背景

1. 项目的提出

作为东风日产“北上”战略的重要布局，大连工厂与现有的广州、襄阳、郑州三大生产基地实现了东风日产南北纵横全新格局。首款P32R车型是作为平衡车型在大连、郑州两地生产，供应商多数落户在华北、华东地区，迫切需要解决从南方向大连长途运输的课题，而且需要尽可能削减长途运输带来的昂贵调达物流费用。同时，大连工厂地处大连保税区，如何充分利用便利的海运物流条件，实现南北海运对流降低成本成为了工厂投产前重要的创新课题。

传统国产零部件运输主要依靠集装箱海运和内陆干线公路运输两种模式。其中集装箱海运，大连地区集装箱线路主要为原材料和大宗物资转运线路，加之工厂建设初期货量少，汽车零部件往华东运输的集装箱费用偏高。而内陆干线公路运输，受到东北冬季季节气候影响，内陆干线道路条件差、雨雪拥堵严重，无法满足工厂生产件运输纳期短、交货时间精度要求高的需要。

基于上述考虑，在大连工厂投产的前一年，SCM（供应链管理）部联合IS（信息系统）、采购组成CFT（多部门合作）团队（以下简称项目组），对大连国产零部件的长途运输进行专项研讨。期望通过导入物流新技术来突破传统运输模式，克服东北季节气候变化、长距离运输道路问题、社会交通问题等影响，为大连零部件运输的成本递减、品质保障做贡献。

2. 国内外现状

据交通运输部发布的数据，国内运输业务中80%为卡车运输。而铁路运输多被用作卡车运输的补充服务，受自然气候影响较大的水运除了少数主机厂如上海通用应用外，主要还是用在了进口零件的运输上。在重型卡车的物流结构中，因运输车辆、运输路线、运输货量灵活多变，运输过程可视、交期可控，能有效地满足主机厂的零部件同期化供给要求，但运输费用却较铁路、水路运输更高。

为降低运输费用，上海通用汽车是国内首家采用国产集装箱近海海运、江运调达运输的公司，运输规模也属于国内行业最大。自2003年运营以来，开发运用了适用于近海运输的包装及防护方式，并实现了集装箱装载仿真系统开发。20世纪90年代开始，日本开始导入海运模式，目前日本日产已拥有4条滚装船，实行零部件甩挂模式，并与商品车共用滚装船，主要在追浜—九州“大动脉”航线对流运输。

集装箱运输虽已实现标准化，但是作业环节多，应用的作业设备多，如何提高集装箱作业效率对主机厂来说是一个需要解决的问题。日本的滚装甩挂运输方式虽已成熟，但国内甩挂车辆标准化程度低，且支持甩挂运输的相关法规还需进一步完善，导致此种模式在我国的使用存在一定的困难。

针对集装箱运输和滚装甩挂运输存在的问题，结合大连工厂地理位置、供应商分布情况，基于APW（销售终端“九千”理论）的理念以及调达物流的特性，在国内汽车主流厂商及东风集团内大连工厂首家采用滚装海运轮渡与公路联运模式，进行生产用国产零部件批量调达取货运输，在满足法规要求的前提下，实现效率的提升及成本的递减。

（二）项目详细内容

1. 总体解决思路

（1）问题解析及方案确立

通过对大连工厂所面临的运输问题及国内外现状的对标研究，项目组通过头脑风暴法以及亲和图的方式将该问题简化如表10－1所示。

表10－1　问题描述及对策

序号	问题	可能的对策
1	干线陆运物流费用高	考虑多式联运方式，实现干线海运运输，降低取货费用
2	冬季路况差	考虑多式联运方式，减少冬季道路高速运输距离
3	华南供应商货量少	可以集装箱班次运输，削减陆运成本，实现少批量多频次发货
4	包装设计不合理	考虑多式联运长途包装形式，确保运输品质，降低货损

在此基础上，项目组确定建立以调达物流的循环取货为基础、公路运输与近海滚装轮船联运的联运模式，进行生产用零部件批量调达取货运输。

于是，根据供应商分布特点，分别以华中/华东供应商圈、华南供应商圈为发货点，构建以下两种运输模式，如图 10－1 所示。

模式 A：华中、华东、华北供应商生产的零部件，采用通过烟台—大连轮渡模式进行多式联运调达运输。

模式 B：华南供应商的零件进行区域集货，按照集装箱班轮模式进行调达运输。

【模式A】采用烟台—大连滚装轮渡运输，显著优化物流里程和时间

模式A	公路运输	海陆联运（RO-RO渡装船）	里程节省
华中（武汉）	1950km（60H）	1300km+170km（52H）	480km（8H）
华北（郑州）	1500km（45H）	900km+170km（39H）	430km（6H）
华东（江浙）	1900km（60H）	950km+170km（50H）	780km（10H）

【模式B】将DL工厂华南地区供应商部品走集装箱海运送抵大连的模式，比原陆运模式节约一定成本

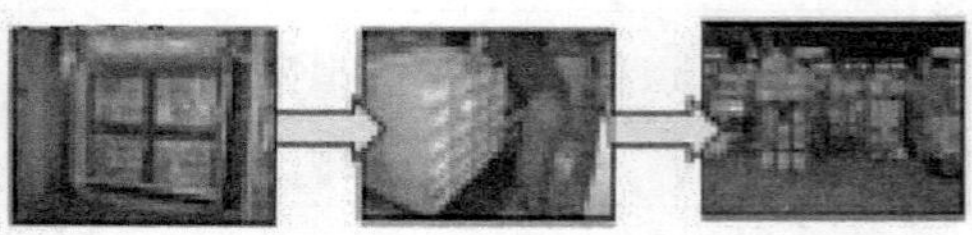

图 10－1　两种物流模式

（2）QCT 分析

为确保方案可行，我们对两种模式进行了 QCT（品质控制）分析，如表 10－2 所示。

表 10－2　QCT 分析

	管理项目	卡车陆运	滚装轮渡＋陆运	集装箱海运
Q	运输品质	行驶距离远，道路不平易颠簸货损较多	大幅削减路程，避免冬季陆路行驶，降低货损	除强风天气外，一般货损较少
	包装品质	需要对部品包装进行加固	与一般陆运方式一样	需要进行海运包装改造
C	包装改善	对于内制（PT）部品加固增加 10 元/台	对于内制（PT）部品加固增加 10/台	增加 34 元/台
	系统投资	无	无	由于原有生产管理系统不支持超过 >7 天的订单发布，需要开发新系统功能支持，约 110 万元
	作业成本	无新增费用	无新增费用	更换标签作业 5 台/元 PCC 作业：无新增费用
	运输成本	无新增成本	预计较陆运降低明显	较陆运费用降低明显
T	交货期	强风天气影响较少	较陆运节省 1～2 天 强风、雾天发生停航	较陆运增加 3～4 天 强风、雾天发生停航
S	作业强度	驾驶员作业强度较高	驾驶员一定时间休息	只需驾驶员段短驳 PCC 人员有一定强度增加
	安全	一般	强风与雨雾停航，其余轮渡行驶较为安全	较为安全

通过表 10－2 可见，两种模式在 Q/C/S 方面具有明显的优势，方案是完全可行的。

2. 详细方案设计

围绕这两种模式，对现有的零部件订单系统进行适应性开发、零件包装方式进行创新性设计，并根据需求进行 PCC（数据业务控制）部品集散中心建设。在系统开发、包装设计等过程中，不断的测试、分析及试运行，逐步进行优化。

（1）运输路线的确定

在近海滚装运输与公路联运的方式中，海运的路线相对固定，但是从华中/华东、华南供应商圈出发的公路运输却有非常多的路线选择。路线选择的关键在于优化运输时间、运输距离、运输货量、运输费用等因素之间的关系。简而言之，这是一个以运输时间、运输距离、运输货量、运输费用等因素为目标的多目标配送问题。为简化问题，我们选取运输费用、配送时间为目标，并采用智能仿生优化算法“蚁群算法”进行求解。

①模型建立

我们将此问题描述为：各供应商与需求到货位置一定、到货需求数量一定、到货时间要求一定、物流车辆载重货量一定，通过合理安排配送路线和车辆数量，使得配送物流费用及配送时间最短。约束条件：a. 任一物流车辆载重货量不能超过额定货量；b. 需求的货量各供应商必须送到；c. 各供应商在指定的时间将货物配送到指定地点。

②蚁群算法介绍

蚁群算法是从模拟自然界中蚂蚁的觅食行为发展而来。蚂蚁在觅食过程中，留下引诱其余蚂蚁跟随的信息素，若有路径距离食物更近，则往返一次所需时间更短，此路径被路经的频率高，更易累积信息素，能吸引更多的蚂蚁。换句话说，累积信息素最多的路线，即最优路线。如图 10－2 所示，由 A 到 B，一开始蚂蚁有三条路线选择，但因中间线路最近，往返速度最快，能累积的信息素最多，最终所有蚂蚁都将由中间路线通行。

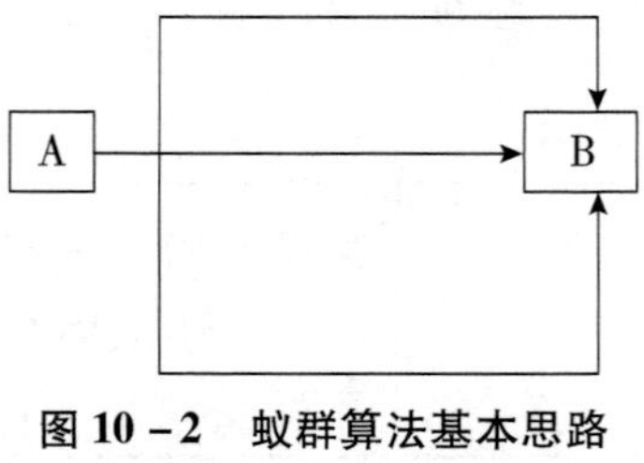

图 10－2　蚁群算法基本思路

按照这种思路，我们基本确定了陆上的物流路线，为保证可行，需要逐一进行验证确认。

③路线及流程确认

滚装轮渡 + 陆运实施范围及路线确认，如图 10 – 3、图 10 – 4、图 10 – 5 所示。

（2）零部件集散中心建立

通过对广州—大连集装箱运输模式的流程分析，以及船期因素的考虑，必须设置仓库以保证一定的库存，应对可能的交货风险。这里主要通过应用重心法、综合成本分析法选择部品集散中心，以实现供应商部品出货地前移，周度均衡分批交货要求。

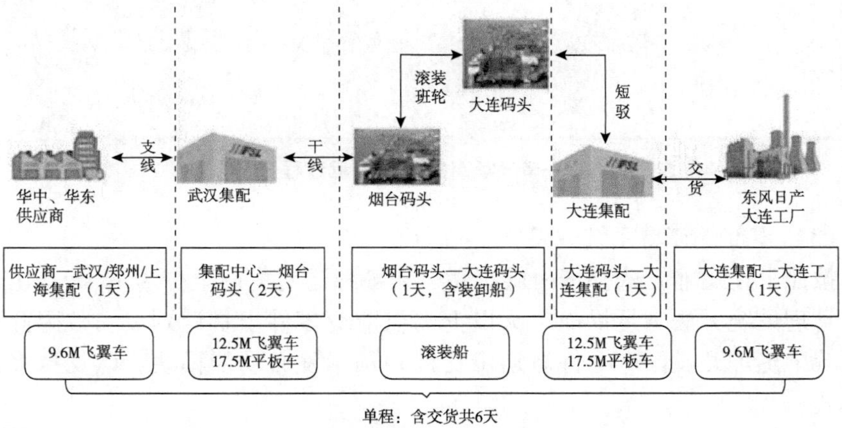

图 10 – 3　滚装轮渡 + 陆运实施全过程分析

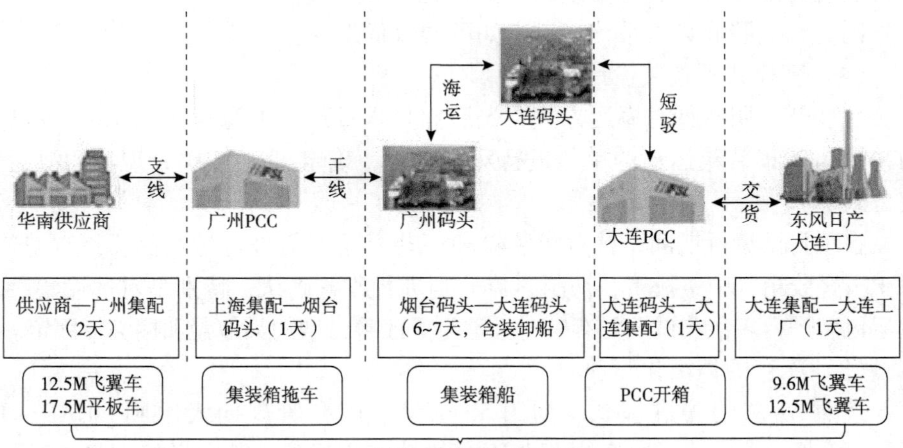

图 10 – 4　重要节点确认

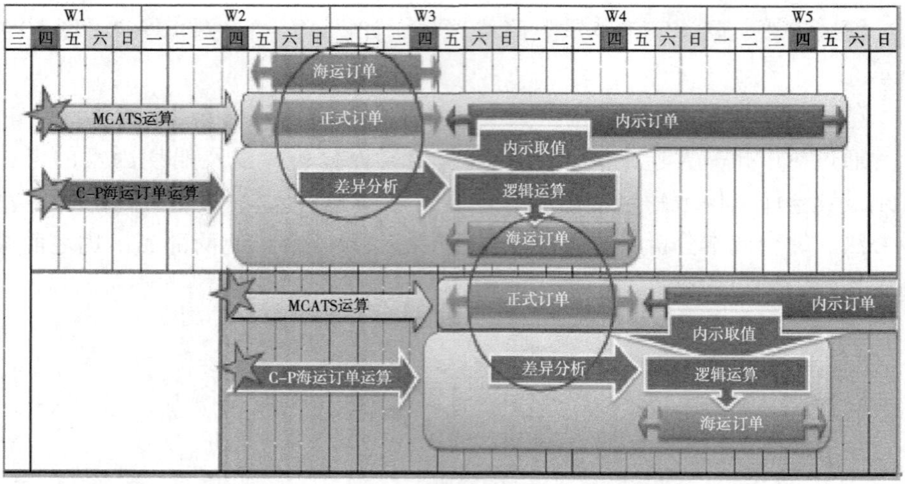

图 10－5 华南集装箱海运过程分析

（3）零部件订单系统开发

按照上述运输方式，华南供应商集装箱海运交货期至少为 11 天，由于原生产管理系统无法满足提前 7 天以上的供应商零件出货计划发布。因此必须在系统中追加开发国产零件海运出货计划预示发布功能模块，以支持多式联运模式。

为与其他零部件区分，还必须对进行多式联运零件的标签、收货单样式进行改造，改变规则、重做条码、重新定义部分内容等。

同时，按照此订单系统，设定如下的取货规则。

（4）新模式下包装设计

包装开发团队针对海运方式，先后向日本日产、上海通用、NCIC 等已成功采用海运集装箱运输的单位进行对标学习，确定了适合 DFL 现状的海运包装方式。

在项目试运行期间，针对集装箱和滚装海运部品进行运输品质逐项排查，对于折叠胶箱、中空板箱、铁制容器分别进行改善确认，特别是对远途集装箱海运包装进行多次测试，并有针对性地重点改善，增加天地盖和捆绑带固定。

（5）库存的精细化管理

按照 APW 的先进理念，利用 5S 管理、库存管理四大原则、CAP－Do（循环管理方式）等手段实现相关库存的精细化管理。其中做好现场 5S 是基础，四大原则是方法，CAP－Do 是管理手段。

①5S 管理

5S 即整理、整顿、清扫、清洁、素养。5S 管理是一切现场管理的基础。

②库存管理四大原则

库存管理四大原则是指：

a. 固定位置；

b. 先进先出；

c. 迅速把握库存量；

d. 通过 MINI（最小）、MAX（最大）把握紧急程度。

实施四大原则，能够轻松地发现问题，在此基础上进行维持或者改善。

③CAP－Do 循环

若库存出现异常，需要分析原因，进行维持、改善或提高。这就需要在日常业务中开展 CAP－Do 循环管理：

C——确认库存的变化；

A——发现异常并加以处理；

P——根据实际需求，修改标准库存或生产计划；

D——依照新的标准库存和生产计划安排生产。

（三）实施效果

大连国产零部件多式联运模式的应用取得了巨大的效果。投资方面，仅系统开发投入 189.39 万元；效果方面，考虑船舶资源及包装设计费用，与预算相比较，单台调达物流成本递减达 263 元。

大连工厂 2014 年 10 月投产，当年 P32R 产量 9988 台，即在 2014 年就节省了调达物流成本 262.7 万元。按照此种计算方式，截至 2015 年 12 月，P32R 产量 69817 台，节约调达物流成本高达 1836.2 万元，累积节约费用共计 2098.9 万元。

另外，多式联运方式的应用，成功解决了因天气问题、道路问题、交通问题带来的纳期及零部件品质问题，同时，滚装海运作为一种绿色物流方式，能有效降低物流环节二氧化碳排放量，深度契合《中国制造 2025》战略，并对树立东风日产企业形象具有积极意义。

（资料来源：http：//www.chinawuliu.com.cn/xsyj/201612/01/317423.shtml）

问题：

1. 根据上述案例背景，日产大连工厂传统零部件公路运输存在哪些问题？提出了什么解决方法？

2. 新模式相对于传统集装箱运输和公路运输模式的优势有哪些？

3. 你认为要想实现零部件采购供应物流的低成本高质量，应关注哪些方面的内容，请用鱼骨刺图进行表述。

案例2　韩都衣舍供应链管理

在传统服装加工厂，一件衣服的生成由若干生产线组成，包括打版、裁剪、缝制、后整等工序。可作为一家互联网快时尚的服装品牌，韩都衣舍在2015年推行一个全新的互联网工业变革：将传统的生产线模块化切分，一个工厂只负责一个工序，届时一件服装的生产将由多个工厂共同完成。

互联网时代服装企业如何转型？韩都衣舍正在尝试让一切变得更快！为了实现这一目标，韩都衣舍CEO赵迎光近期公布了一个让其所有供应商感到震惊的计划——2015年切分生产线、构建完全适应电商需求的工业柔性供应链。在他看来，尽管现有传统加工厂尚能满足电商需求，但本质上仍是按照传统工业模式设立运营的，追求规模经济。而电商短平快的模式却决定了其需要多批次、少批量的生产支持。

由此，线上线下迥异的运营模式诞生出传统工业大产能与电商小订单的巨大矛盾。传统供应链越来越跟不上互联网商业快速多变的节奏。于是，赵迎光决定在2015年率先掀起一场切分传统产业链、以现代工业实现消费个性化需求的全新变革。而这也给每一个供应商出了一道难题。

1. 高效电商

“互联网不只是多了一个渠道，而是一场革命，会颠覆太多的东西。”赵迎光常常说自己是一个拜互联网教徒，他把互联网比作海洋，传统市场比作陆地，在温室效应日渐加重的新时代，互联网必将占据主导地位。当赵迎光把他的改革思路说给供应商听时，供应商老板们普遍陷入了沉思——如果要适应未来电商“更快”的需求，服装加工厂老板们就要面临改变生产流程，改造生产线等未知的市场风险。可不这样做，现有产能要想跟上电商更多批次、更少批量的要求就会越来越艰难。实际上这种变革在电子等产业早已展开，但在服装行业还绝无仅有。而规模越大、体系越成熟的服装工厂，变革起来就越艰难、越痛苦。“互联网与传统的服装企业有着完全不一样的玩法，基于传统模式建立起的生产线、供应链无法适应未来电商批次更多、批量更小的需求。”赵迎光认为，传统服装产业日渐萧条，互联网销售却逐年暴增，切分生产线、重建供应链，正当其时。

传统服装品牌是如何运转的呢？企业要做大，必须线下大量开店，一个全色全码的款式在几百家店销售总共需要几万件。可是，一个款式却并不一定会卖这么多量。以夏装为例，每年10月国内企业开订货会，确定数量款式，后两个月生产，周期总共3个月。实际上，传统企业完全是在赌加盟店和直营店老板的眼光。押对了就赚了，押错了就赔了。实际上，一个品牌推出的 70% ~80% 的款型只能保证成本与盈利持平，盈利的永远只有少数款型，但传统企业却要为大多数款型支付巨额的库存。企业规模越大，门店越多，库存就越多，资金占用越大，运营风险就越大，李宁品牌的衰落很大程度上就是因为产品滞销、库存过多而导致的。

而作为运转最快的电商，韩都衣舍却完全是另一套玩法。高银媛是韩都衣舍旗下最大品牌 HSTYLE 产品一部的主管，她向记者讲述了电商运作的独特模式。仍以夏装为例，线上线下同为每年 10 月确定第一批款式，后两个月生产，次年 3 月上线。不同的是，线上服装首单更多是在试销，每款订单量只有 300 ~500 件。上线后，高银媛根据点击率、收藏率、销量三个指标决定是否追加订单。如一款服装被认定为畅销款，三五天后即可追加订单，批量仍是 300 ~500 件，可反复多次追加；滞销款则立刻打折抛售。如今，韩都衣舍每天高达近百款产品上线销售、平均每款服装订单总量为 800 ~1000 件，一年超过 3 万件，每款服装从设计到上线平均只有 30 天。

2. 倒逼变革

传统品牌每款铺货上万件，就类似于拳击手打出的一记重拳，力道虽大，可一旦落空，风险极大；而电商少批量、多批次的销售更像咏春的贴身短打，一旦击中数拳跟进，一击不中立刻改换套路。传统工厂在每年 3 月已在生产秋装，电商供应链一直到 5 月还在生产夏装，第一批畅销款还在追加订单。传统品牌剩下的是恶性的滞销款，今年卖不掉，明年卖不掉，最后成为呆坏账；而电商的滞销款因首单量少，会在 4 ~6 月销售旺季被抛售。韩都衣舍所剩存货只有 5%，可在第二年售罄。

线上线下迥异的模式，使电商呈现出独特的优势。传统品牌一年最多两三千款，韩都衣舍每年上线 3 万款左右；前者产品从设计到上架需 3 个月以上，韩都衣舍只需 30 天；传统企业售罄率均在 50% ~60%，韩都衣舍可达 95%。然而，电商最初却遭到了传统工厂的冷落。韩都衣舍创始人之一、董事杜廷国就清楚地记得，五年前他带着十几件样衣到一家大型服装厂洽谈合作，可当对方得知十几款服装每款三五百件时，没等样衣箱子打开就把杜廷国送出了门。

原来，中国服装厂从全球市场接到的外单每款可达数万甚至数十万件，周期最长可达半年。为了与之匹配，中国工厂不断扩充生产线、追求规模经济，工厂少则数千、多则上万人。部分大型生产厂难以对接电商源源不断的多批次小批量的订单。直到 2014 年，韩都衣舍还托关系找到青岛某大型服装集团希望合作，但两个月后就因生产频率与电商需求不吻合而暂停。“2012 年前，电商明显处于弱势地位，都是求着干、哄着干，还要打 30% 的预付款。”

生产企划部总监王广颂回忆道："传统大厂单款起订量起码三四千件，电商最多只有一两千件。大厂不愿接，小厂我们又不放心。"2012 年后，服装电商的拐点到来了——全球经济持续萧条，外贸内销每况愈下。如今，中国服装总产值 3. 6 万亿元，内销 1 万亿元，外销 1. 2 万亿元，过剩产能 1. 4 亿元。东莞市嵘康服饰公司每个月产量达一万件，之前所有产能都在生产外单，如今却几乎再也拿不到了，只能全部接电商订单。老板李静介绍道，外贸订单少则数千，多则数万件，生产周期长达数月；电商订单只有数百件，期限仅仅两三周。从大单到小单，企业生产从头到尾都要经历一个艰难的改变。不过李静也坦言做电商订单的好处，传统企业订单周期长、回款难，有的没等催款企业就倒闭了；而电商订单短平快，单件利润高，呆坏账少，回款也及时。

电商以需求为导向，追加订单具有突发性。为了提高快速反应能力，李静把原来数十人组成的大流水线打散成由三五个人组成的若干小组。他感觉，如果说过去企业生产外贸大单有点像兵团化作战，电商时代企业小组制则更像一个个快速反应部队。

近年来，传统外贸、内销两大市场日渐衰退，电商却逆势崛起，越来越多的大中型服装工厂不得不俯下身段接下电商的小订单。目前，韩都衣舍 140 家服装供应商中注册资金 5000 万元以上的工厂已有三四家，一千万元至五千万元的占 6%。

3. 微分订单

不过，赵迎光对现状仍不满足。在他看来，现有的工厂本质上仍是按照传统工业模式设立运营的。未来电商发展趋势是订单将被进一步微分——批量更小、批次更多。未来，百件以内的微小订单将占据主流。因此他决定，从 2015 年开始将主导韩都衣舍，构建完全适应电商需求的全新工业供应链。

事实上，2014 年 9 月，韩都衣舍已在山东进行了组建小微供应链的试验。期间，完整的生产线被打散成多个模块，每个工厂只完成一个工序：打版由韩都衣舍负责，裁剪和后整则由诸城一家供应商承接，缝制交由当地服装厂。一件服装的生产由多个工厂分工协作、共同完成。生产企划部总监王广颂介绍道，这次尝试已经生产 400 多个款，每个款大中小号，两个颜色，单款只有 40 件左右，共 1. 6 万件，总体达到了预期的目标。

韩都衣舍把供应链变革做成了一道高等数学的微分方程——通过切分供应链将订单进一步微分，求解更短的周期、更少的库存和更小的风险。

王广颂解释道，以前一个供应商要兼顾所有工序，因此只要某个工序误工，整条生产线就会停滞，现在工厂只做一个工序，就可以实现效率更高、速度更快、品质更好。

供应链反应速度越快、交货时间越短，上游电商下的订单就更微小，市场空间就越大。以前某一类服装可以做30款，每款200件；未来就有可能上300个款、每款20件。消费者选择面大了10倍，库存也会接近于0。以前供应链生产周期30天，未来10天即可完成。这意味着企业库存周转率提高了3倍，将来1亿元就可以做过去3亿元买卖。

同时，作为主导变革的电商，韩都衣舍还将管理更多个订单，协调前后工序、不同工厂之间的生产节奏。为此，韩都衣舍已着手建立供应商辅助管理平台。未来与供应商合同一旦签订，供应商须将构成这单服装的布料多少米、多少色彩、多少个扣，何时到货、生产进度等所有信息上传，以便随时监控、管理。

不过，切分供应链、微分订单量，供应商与电商都要面临着新的考验。尽管韩都衣舍小试成功，但大量切分生产线、组建小微供应链能否获得预期的效果尚未可知。

但创始人之一、董事杜廷国坚信韩都衣舍能够主导、推动这场供应链的变革。他指出，传统的外贸内销纷纷下滑，供应商已看到了电商是大势所趋。同时，企业获得的订单能够为参与变革的供应商提供利润保障。目前，韩都衣舍订单已经占据了7成供应商的8成以上产能。

根据韩都衣舍的变革计划，2015年年底小微供应链基地将构建完成，满足企业大部分品牌微分订单的需求。2016年年底企业将向全社会所有中小电商开放供应链，使之成为一个全新的工业平台。

（资料来源：《经济观察报》，2015年2月3日）

问题：

1. 传统服装企业生产模式和电商环境下所要求的模式有什么区别，其对库存分别有何影响？

2. 结合案例，你认为电商环境下服装物流的特点是什么，有哪些服务要求？

3. 结合案例背景，谈谈韩都衣舍在供应链管理方面做了哪些变革，变革后的好处都有什么？

案例3　浙江新华书店供应链管理

（一）企业简介

浙江省新华书店集团有限公司是浙江出版联合集团全资子公司，是一家具有出版物总发资质和跨省连锁经营资质的出版物发行企业集团。集团公司注册资本6亿元人民币，下属子公司71家，拥有91家连锁企业（410个连锁卖场、营业面积35.91万平方米），2010年实现销售76.68亿元，位居全国新华书店前列。浙江省新华书店集团以新技术来提高规模效益，实行连锁经营，开拓网络销售，加快企业经营结构调整和市场化步伐，提高市场竞争力和企业整体实力。集团公司以技术为先导，建设信息系统和现代物流：开发了全行业领先的、具有自主知识产权的ERP系统，建设了14万平方米的大型现代化书业物流中心，规范业务流程，统一信息标准，整合行业产品资源和信息资源达160万种，年流转品种100万种，总部常年在架品种达到50万种，建立了全集团信息一体化、库存一体化、市场一体化的连锁经营运作体系。

杭州施必达科技有限公司成立于2006年12月，注册资金100万元立志成为中国最专业的供应链管理和服务的企业。公司本着“服务创新、创造自我、价值领先”的理念，依托先进的供应链管理信息系统，众多的车辆，以及专业、优秀的运营管理人员和专业的操作人员，为众多用户提供了优质的供应链运作和管理服务，赢得了广大用户的信任和支持。

施必达物流为省新华书店提供绍兴地区以及杭州部分城区零担运输配送服务，并在省新华书店物流配送中心设立业务点，现场进行业务受理、分拣、配装、发运工作。目前，施必达物流以省新华书店托运单为物流运输配送作业单据，业务数据需要重新录入物流货运信息系统，双方信息系统没有实现数据交换，运输配送状态、信息不能及时反馈。

浙江长运物流股份有限公司（以下简称浙江长运物流）是杭州长运运输集团有限公司的全资子公司，是一家AAAA级综合服务型第三方物流服务集成商，建有物流货运信息系统。

省新华书店是浙江长运物流的重要客户。双方自2005年开展业务合作，由浙江长运物流为省新华书店提供浙江省内整车运输服务，主要以二个学期的教课辅导书运输为主，具有季节性特点（7—9月、11月—次年1月），年运输量约4万吨，每天约5～30车。并在省新华书店物流配送中心设立业务点，现场进行业务受理、分拣、配装、发运工作。

（二）项目背景

1. 行业背景

2009年3月国务院印发《物流业调整和振兴规划》（以下简称为《规划》）以来，物流业快速发展，产业发展水平不断提升。但随着《规划》的深入实施，一些不适应物流业发展的政策问题进一步显现，制约了产业发展。2011年6月8日国务院总理温家宝主持召开国务院常务会议，研究部署促进物流业健康发展工作。推出了推动物流业发展的8项配套措施，其中谈到

"要鼓励整合物流设施资源。支持大型优势物流企业对分散的物流设施资源进行整合，鼓励中小物流企业加强联盟合作。引导行业系统内的仓储和运输设施开展社会化物流服务，支持商贸流通企业发展共同配送。""要推进物流技术创新和应用。加强物流新技术自主研发，加快先进物流设备研制，制定和推广物流标准，适时启动物联网的应用示范。推进物流信息资源开放共享。"

2. 企业应用背景

随着社会分工的细化，与专业化程度的提高，今后的企业竞争已经不再是单个企业之间的竞争，而将逐渐转向供应链和供应链之间的竞争。靠着以前打价格战，拼价格的时代已经过去了，以后的企业竞争将是以服务为载体，互联竞争和合作的关系。更好的服务、更低的成本、更大的效率，将会成为评价企业的基本指标。所以为了占据市场主动，为了进一步增强企业自身的竞争力就要跳出企业自身，以供应链为着眼点，加强合作伙伴之间的联系，实现伙伴间信息的无缝连接和交换。进一步提高供应链的反应速度和效率，加强供应链的管理水平，节省成本，提高效率。

随着新华书店自身业务的迅速发展，使其对供应链的管理、承运商的掌控以及信息的及时性的要求越来越高。目前新华书店与下游承运商以及上游供应商之间的信息交换还比较原始，这会直接影响新华书店企业本身的效率，以及整条供应链的响应时间和效率。新华书店目前有 12 家承运商以及众多的供应商，每年保守估计约有 20 万张以上的单据的交换和流通。新华书店和承运商之间的交换还是纸质单据的交换（见图 10－6），并且没有实时的信息的交互，货物节点信息的获取，这会直接导致以下三方面问题的发生。

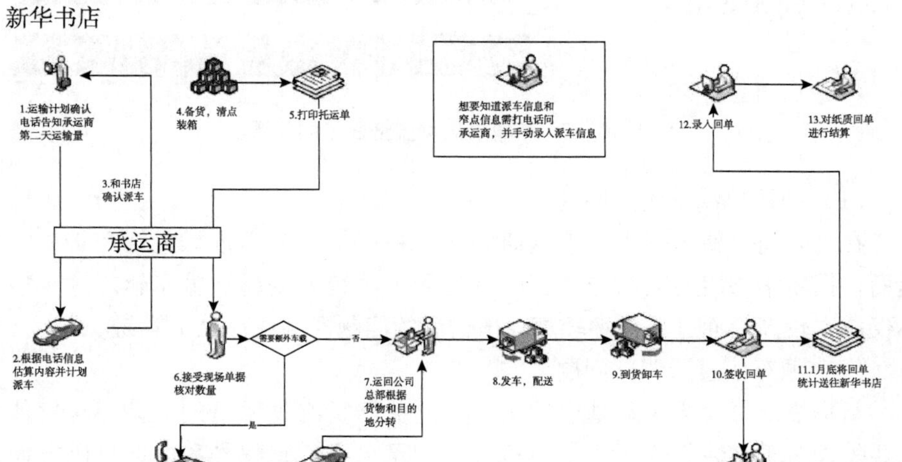

图 10－6 目前新华书店与承运商的交换流程

（1）纸质单据成本高，容易丢失，损坏，统计结算麻烦。

（2）双方人员需要对纸质单据进行人工录入系统，费时，费力。

（3）没有信息交换，无法及时获取节点信息。

克劳利海运服务有限公司财务部副主席曾提出“减少费用的压力一直存在，每个人都在寻找每个单位更高的效率和更低的成本。保持盈利的唯一途径是减少成本。实现的一种方法就是最小化巨量的信息人工录入”。

无论对于新华书店还是承运商来说，巨量的信息录入不仅带来额外的工作量，同时也容易出错，带来不必要的损失。现阶段实现单据的电子化，自动传输以及货物信息的跟踪以及电子回单成为为新华书店为中心的供应链整合的重中之重。新华书店与下游承运商之间采用数据交换前的业务流程，其中包含了多项人工录入、电话沟通、传真确认等效率较低、容易出错的工作内容。

（三）企业需求

1. 新华书店需求

新华书店面临的也是亟须改进的问题主要包含以下四个方面，如图 10－7 所示。

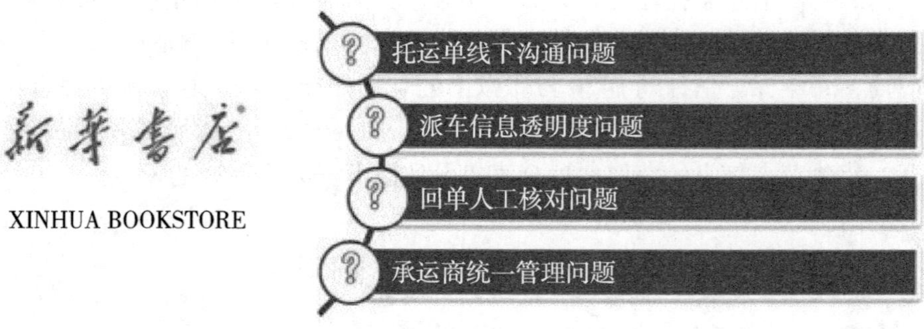

图 10－7　新华书店物流链面临的问题

（1）托运单线下沟通问题

在互联前，新华书店与承运商之间的托运信息基本依靠电话和传真，承运商根据新华书店的电话与传真的信息录入系统并安排运输车辆。这种模式不仅成本较高，而且差错率较高，出错后的问题回溯往往也不容易。

（2）派车信息透明度问题

新华书店每天会接到基层约 7～10 通关于货物到哪里的电话，这使他们需要每天对于来装货的车辆的司机进行记录名字、车牌号和电话号码方便管理和跟踪。承运商电子派车单的上传将会大大减轻新华书店这方面的工作，也使新华书店可以随时查询和联系车辆。

在互联前新华书店对于货物和车辆的信息获取基本靠电话，而且还经常存在驾驶员联系不上等情况，导致新华书店对于货物的掌握力度很低。而基层门店也经常抱怨货物常常不准时送达。通过承运商对于车辆信息和货物信息的及时上传，能提高新华书店对于车辆和货物的掌握力度，及时了解货物节点信息，方便基层店提前做好准备。提高供应链效率，实现供应链可视化。

(3) 回单人工核对问题

纸质回单的结算比较费时，纸质回单又容易丢损，希望可以上传电子回单。

以往的结算方式是纸单和系统进行校对后结算，比较麻烦也容易出错。如果承运商能提供准确的电子回单，能大大提高结算的效率和准确性，也方便于查询。

(4) 承运商统一管理问题

新华书店和承运商的互联可以提高新华书店对于承运商的管理水平，更加方便对于 KPI 计算以及考核。同时进一步加强供应链的合作，增强合作方的信任感，使整体效率提升。

2. *承运商需求*

(1) 托运单人工录入问题

以施必达为例，他们的员工每天光用在单据录入的时间就达 2 ~ 3 个小时，而且这还是仅针对新华书店一家。随之而来的是大量的人力物力消耗，而且易出错。虽然在最后校对时会检查出错误，但是往往又需要大量的时间查找错误以及弥补错误。新华书店直接从系统里传输电子托运单可以完全解决以上问题，并且极大地节省了人力成本、物力成本、时间成本。

(2) 纸质单据及打印成本问题

可以说纸质单据一直都是影响现代物流发展和物流信息化的阻碍，但是出于其本身具备的法律效应和签字效应目前来说纸质单据往往很难取消，毕竟如果真的取消是牵一发而动全身的一项工作，需要多方配合。目前能实现的是逐步将原本以 4 联构成的单据，减少为 2 联，先降低一半成本。待条件成熟后再慢慢取消全部的纸质单据，实现以移动终端为载体的电子签字交换。

(3) 退货流程问题

互联前新华书店的退货流程比较混乱，没有一个规范的流程。并且由于没用规范的流程，退货中遇到的问题往往很难找责任方。在和平台一起制订标准流程后，规范了退货流程，加快了单据流转速度，减少人工录取量。

（4）额外的工作

信息的及时交互提高了承运商的效率，并减少了额外的工作，提高了承运商的综合竞争力。而承运商竞争力的提升，反向也会提升新华书店的竞争力，进而提高整条供应链的竞争力。

（四）解决方案

“目标物流服务有限公司”的CEO（首席执行官）Chris Coppersmith（克里斯·库珀史密斯）说过“与承运公司互通是一种挑战。最根本的问题是没有一个系统或者第三方门户允许我们与所有的货运公司伙伴互通”。确实，要解决前面提到的各项问题，供应链之间的信息互联互通是基础，只有做好了信息的互联与共享，供应链上下游企业之间的协作和优化才能成为可能。实际上新华书店在几年前意识到了这个问题，并且已经做过不少积极的尝试。然而由于下游承运商信息化水平以及数据交换能力和标准的参差不齐，新华书店打通物流链上下游信息通道的进展一直比较缓慢。

国家交通运输物流公共信息共享平台1+3N构架（见图10-8）及近几年在交换基础网络、标准化软件和外部系统接入方面的建设成果，从三方面解决了互联中存在的问题，帮助新华书店快速打通物流链信息渠道。

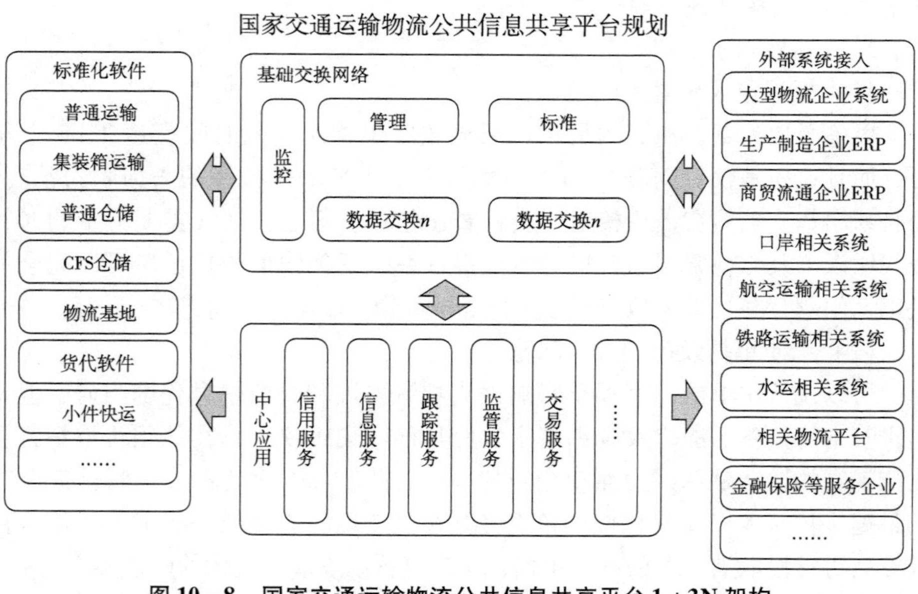

图10-8 国家交通运输物流公共信息共享平台1+3N架构

1. 企业间物流信息交换标准

国家交通运输物流公共信息平台（见图10-9）在2011年6月发布了物流信息交换标准3.0版本，内容包括物流信息交换基础标准（数据元，代码集主要单证、服务函数）、共建基础网络交换指导性文件（物流交换代码、交换接入、服务交换、数据交换单证接口）、服务应用接口指南（跟踪、信用、交易、园区通等）、标准维护机制和测试体系五大部分。

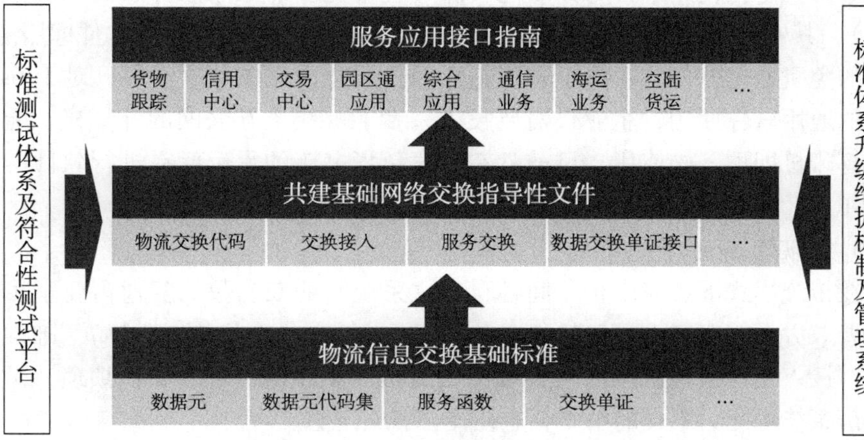

图 10－9　平台物流信息交换标准体系

新华书店与承运商的交换就适用其中主要单证普通运输部分的"托运单""托运单状态变化单""运输回执单"三张业务单据；在实际项目推进中也就是选取了这三个单据与新华书店的实际业务做了匹配，仅根据新华书店实际情况对单据做了总共几个数据元的扩展就能满足其业务需要。遵循了物流信息交换标准，新华书店可以用统一的数据格式面对不同的下游承运商，做到了一个标准，多方交换。

2. 承运商信息系统的接入

承运商的多样性一直是困扰新华书店推进供应链信息整合的大问题，承当新华书店配送的承运商中既有长运物流、佳吉物流等拥有复杂运输管理系统大型物流企业，也有施必达、神州等有一定信息化基础的中型物流企业，更有如圣通、恒茂等基本没有信息化辅助专注于几条精品配送线路的中小型物流企业。如何与它们顺利地进行系统对接是互联互通的关键。

根据企业的不同情况，平台通过几个手段来推进承运商信息系统的接入。

（1）针对已有信息系统的承运商

实际上已有信息系统的承运商也可以分成两类，一类是类似于长运这样已经是平台试点示范的企业，它们的系统已经按照平台的标准完成了接口改造，只需要调整几个企业扩展字段即可；另一类是类似施必达这样有自己的信息系统，但是还没有按照标准进行接口改造的，平台提供改造的接口标准以及改造的技术支持，帮助企业快速完成接口改造。在实际项目推进过程中，长运系统的扩展字段支持花费的改造代价仅仅是0.5个人/月（包括测试工作），施必达的接口标准化改造代价也仅仅是1个人/月。

（2）针对没有信息系统的承运商

平台推荐其使用平台的标准化软件（包括免费的通用软件及商用的推荐软件），其中有专门针对信息化起步阶段中小企业使用的SaaS（软件即服务）模式的免费通用软件，让中小物流企业轻松起步，完成数据互联。对于SaaS模式的通用软件使用，企业仅需要投入一台能够接上互联网的计算机，配备一台打印机即可轻松使用。目前已有四家新华书店的承运商在进行软件的试用工作。

3. 数据交换通道

在传统模式下要完成企业间各自独立系统间的双向数据互通需要至少一方或者双方在互联网上暴露服务接口，如通过FTP（文件传输协议）、邮件等方式，接入企业数量较多时可能各自的通道各不相同。不仅交换烦琐，而且对于信息技术能力不强的中小企业往往会有安全隐患。

平台的基础交换网络提供了一个公共、便捷、安全的交换通道。基础交换网络起到收、发及中转的角色，发送方在系统中根据平台制定的相关标准的单据格式生成报文，发送到交换中心，接受方设定时间定时轮流来平台取报文，报文直接进入接收方系统。平台对于报文只解析信封内容，不对业务内容进行解析。平台保证交换网络足够的带宽，通过物流交换代码、TOKEN（临时令牌）、防火墙，来保证安全性、唯一性。就相当于在互联网上搭建了一个免费、公共的电子信息邮局，处理各方的信息往来，使所有的交换方只需要面对唯一的交换平台，节省了大量接口开发及调试工作。

4. 移动终端应用

物流移动终端应用，皆在为物流企业在运输过程中提供实时的简单操作，以实现节点信息的上传、电子托运单据的接收、实时签收信息的及时回传等。目的是为了极大提高供应链效率，实现节点信息的上传，进一步实现供应链的可视化。其宗旨是为外部系统互联提供最佳的补充，使外部系统互联中各方都是发挥最大的作用，也得到最大的好处。

（五）互联后的效益

1. 改进后的流程（见图10－10和表10－3）

改进之处：

（1）系统自动生成单据，无须人工录入，容易保存和查询；

（2）单据准确率和及时性大大上升；

（3）货物状态节点信息及时掌握；

（4）电子结算提高效率，减少差错。

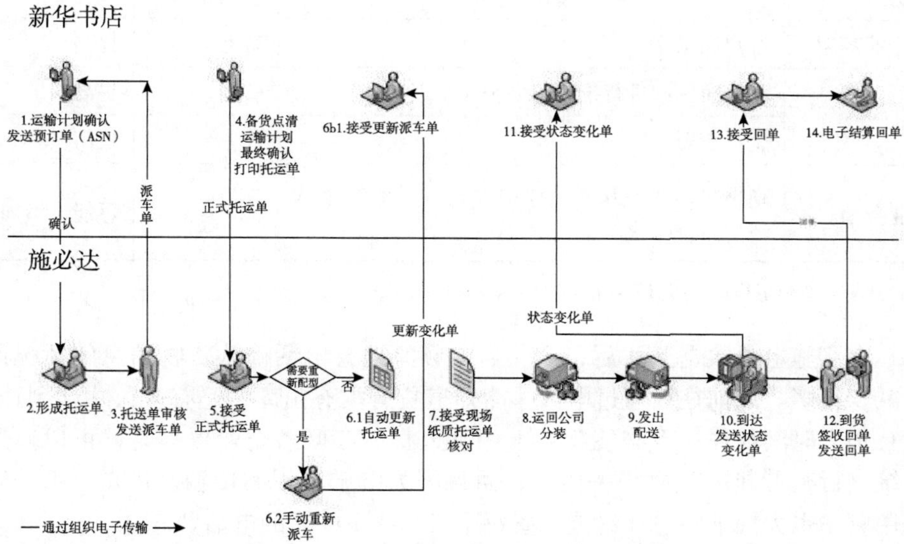

图 10－10　新华书店物流链业务流程（改进后）

2. 互联后对于各方的益处

表 10－3　新华书店项目互联后给上下游带来实际的量化的效益变化

新华书店	实际量化项目	互联前	互联后
成本减少：	通信费用（电话、传真等）	200 元/月	140 元/月
	人力成本（需几人，每人工资）	2×3500 元	1×3500 元
	单据成本（一单的成本，假设取消部分纸质单据）	1 元/单	0.5 元/单
	时间成本（因信息滞后或流程不规范带来的成本以及具体单据处理的时间的人力成本）	625 元/月	55 元/月
效率提高：	录入总体差错率（包括已改正的错误）	3%	0.05%
	派车信息的获取	1 小时/天	10 分钟/天
	单据保存和查找效率	一般	高
	供应链可视化（实时节点信息的了解）	无	可实现
	对承运商的管理和监控	普通	极高

续 表

新华书店	实际量化项目	互联前	互联后
企业声望：	客户满意率	普通	提高
	和枢纽一起进行推广，去企业培训	普通	提高
	企业表彰	无	极高
业务增长：	在枢纽的众多互联企业中寻找可靠的经过认证的新合作伙伴	无	可能性增加

注：以上数值均是平均约数，只针对单家承运商。

在实施电子数据互联后，企业需要频繁地打电话确认货物信息的情况已经减少很多。以前往往通过电话才能知道货有没有出库，还有多久才能到达，而且很多时间往往还未必能联系上相关人员。互联后企业更多时候可以通过系统进行查看即可获取相关信息，而且因为电子单据的传输，传真、邮件等使用频率也大幅下降总体约能节省每个月 50 ~ 100 元的电话费。

互联最大的好处是减少大量的数据录入时间，以前无论是新华书店还是承运商都需要对大量的数据进行录入。甚至可能出现的情况时，承运商就在新华书店驻点，两台计算机很可能离得非常近，但是因为系统没有互联，新华书店把系统托运单打印出来给坐在旁边的承运商，承运商再一个一个字段进行输入。这在很多人看来是很荒谬的一件事，但是确实是目前的事实。在互联后大大减少了数据录入量，节省了大量的人力成本和时间成本，对于企业来说以前需要 2 ~ 3 个人录入单据，目前通常只需要一个人进行一些校对工作即可，同时时间成本上也因为电子传输的及时和准确节约了大量不必要的时间和精力，总体而言人力成本约能减少 3000 ~ 5000 元/月，时间成本约能减少 600 ~ 1500 元/月。用长运的一线操作人员的话来说“习惯了数据传输后，再手工录入那些一张张的单子真是个噩梦”。短短一句话即可点出互联对于企业的帮助。

效率的提升也是互联一大好处，和上面描述的时间成本类似，单据的流转和处理时间在互联前是比较滞后的，而且由于人工录入的问题，错误率往往很高。一个典型的例子是在录入的时候花了 3 小时，在最后校对时发现总数对不上，然后再花了 1 ~ 2 小时进行一张张纸质单据的查找和修正。这样往往非常耗时，也浪费资源，互联后这方面的效率会大大提高，同时电子单据的传输也使单据流转时间节约了 3 ~ 5 小时/天，也更利于保存和查找，企业可以花更多精力处理核心的业务。

供应链的可视化也是项目的一个非常大的效果。通过移动终端的应用，新华书店可以直接了解以前只有通过不停地打电话才能得到的节点信息，大大提高了对于下游承运商和货物的掌控，同时也大大提高了客户的满意度，为下一步更精细化管理提供了基础。

其他方面和枢纽的合作也有助于提升企业的名声和声望，为企业走向世界，和海外客户以及合作伙伴建立良好关系打下基础。同时利用枢纽这个大平台可以寻找更多的车货交易机会，以及认识新的经过信用认证后的合作伙伴，增加业务量。图 10 – 11 形象地描述了物流成本和贸易增长之间的关系。

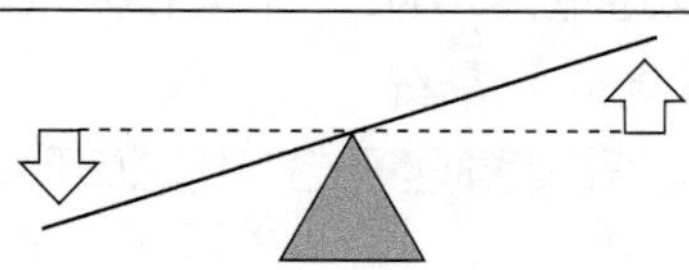

10%的减少在……	导致……
运送成本	14.2%贸易增长
运输相关处理过程成本	2.5%贸易增长
运输相关处理过程时间	1.4%贸易增长
处理过程时间的不确定性	3.1%贸易增长

图 10 – 11　效率成本时间与业务增长

注：由世界银行和美国斯坦福大学的 Hausman，Lee 和 Subramanina 对世界 80 个国家进行研究后得出。

用更为直观的数字来计算假设一年的时间段，互联后新华书店对比互联前总共约可以节省下费用 80860 元，同时效率提高 7% 左右，而以施必达为例的承运商在互联后对比互联前约能节省费用 44616 元，同时效率提高 6% 左右。

以上仅是针对新华书店和施必达为例的概数 KPI 统计。通过枢纽对企业供应链进行整合的好处根据每个企业的大小和承运商的数量都会不同，总体来说潜在的好处包括以下 7 点。

（1）提高供应链效率，减少成本；

（2）减少货物流动和相关服务的纸质单据；

（3）提高循环周期；

（4）减少进入权威机构获取信息的复杂性；

（5）提供贯穿整个供应链的货物和资产可视化的能力；

（6）提供识别提高效率和增加安全性的机会；

（7）提升企业整体形象和声望。

3. 新华书店与企业直连和通过枢纽互联的成本对比

新华书店曾多次提到在通过枢纽和承运商互联前，他们一直想做这件事，但是出于成本、客观条件等原因最终推进缓慢。以下是假设新华书店打算自行和企业进行直连的情境模拟。

新华书店下游承运商为10家，约一半左右的企业没有信息化的系统，但是要实现互联企业必须要上系统，目前主流的一款TMS（终端远程维护管理系统）软件运行加上维护费用约10万元；

因为企业间交换标准及通道的不同，新华书店和承运商直联势必涉及多次开发，每次互联的成本在5万元左右；

在数据交换上新华书店需要搭建平台，包括开发交换软件、购置服务器等。

而通过枢纽进行对接的好处在于：

（1）枢纽为了提高企业信息化水平免费发放一批物流管理软件供企业使用，并提供2~3年的免费维护期。

（2）枢纽采用标准的业务单据进行互联，大幅减少二次开发和 N 对 N 的直连方式的多次开发。

（3）通过统一的标准与各参与方沟通，减少沟通成本。

（4）枢纽提供安全，公共的交换平台供企业进行业务单据的交换，无须自行搭建平台。

（六）项目总结

以新华书店为主的供应链通过枢纽进行互联，让原本传统的供应链实现了信息化互联，通过应用枢纽标准单据和软件，让新华书店可以有效管理整个供应链，监管下游物流企业，提高整条供应链效率。

通过整合把原来要手动处理的业务流程改为自动化、信息化的业务流程，使新华书店可以及时了解货物的节点信息，同时加强对承运商的掌握，以及通过KPI指数对承运商考核。同时对承运商而言大量单据录入工作的减少和单据的及时交换也带来了巨大的好处。

虽然在项目的实施过程中也遇到了许多阻碍，有业务方面的，有技术方面的，有人为原因，也有客观原因。比如将原有流程的调整和信息化系统的应用势必会遭到一些持传统观念的人的阻挠，如何说服和安抚这些人员是项目成功的重要因素。当然这些经验反过来也可以看成是项目的一种收获，可以为今后项目的开展和别的项目的实施提供宝贵的经验。

（资料来源：http：//www. chinawuliu. com. cn/information/201211/27/197916. shtml）

问题：

1. 新华书店是在什么情况下实现的互联，克服了哪些障碍？

2. 你认为新华书店在互联后，原物流链所面临的四大问题是否得到了解决，理由是什么？

案例4 江中药业一体化物流营销案例

黑龙江省哈尔滨市邮政局开发了江中集团的药品仓储集散分拨运输配送一体化业务，由此拉开了江中经销商物流一体化业务发展的帷幕。江中一体化业务开发近一年来，已实现仓储收入、配送。

（一）扫描市场，锁定目标

“立足哈市，兼顾全国”，这是哈尔滨市邮政局在开发物流市场中坚持的原则。哈尔滨局坚持以市场为导向、以用户为中心、以效益为目标的原则，扎扎实实做好市场营销工作，把邮政物流一体化业务真正按邮政物流的核心业务来抓，积极开发包括仓储、运输或配送两个环节以上的一体化物流业务。他们充分利用各种邮政物流服务产品，对潜在用户进行深入开发，尤其注意对医药流通企业的信息采集。日益繁荣的医药市场，为物流业的发展带来了无限商机。药品成为黑龙江省重要的进、出口商品，众多商家看好了这块医药物流市场的“风水宝地”，使出浑身解数进行市场征战。面对白热化的市场竞争，该局面向药品销售连锁店、省内药品批发商等药品经销单位，进行了积极的走访。

在与龙卫同新、人民同泰药店的接触中，哈尔滨局了解到，江中药业健胃消食片、草珊瑚含片、亮嗓等药品和保健食品的进销量很大，为其提供物流服务的是深圳某物流公司。因为哈尔滨邮政局在成立初期与这家公司建立过合作关系，通过调阅物流大用户档案，他们找到了这家物流公司存放江中药品的仓库，掌握了第一手资料。然后，该局制订了相应的物流解决方案，与江西省南昌市邮政局物流公司紧密沟通，在物流公司的大力帮助下，牢牢把握与江中药业的合作契机，全力将江西省药品驻黑龙江省销售部门的物流业务收入“囊中”。

（二）六件“武器”，出击天下

在对江中药业的业务开发中，哈尔滨局亮出了威力强大的六件“武器”，循序渐进，步步为营，最终赢得了客户的“芳心”。

第一件武器是《邮政物流一体化业务需求征集函》。哈尔滨局首先对江中药业的公司基本信息、现有物流配送基本情况、物流操作具体事项、财务结算、信息反馈要求、代收货款、其他物流业务需求等重点情况进行了细致的调查，为建立有效的大用户档案和物流方案设计做足了准备工作。这件武器充分展示了邮政的调研能力和合作诚意，表达了对客户的尊重和了解。

第二件武器是《黑龙江省哈尔滨市邮政局物流大客户信息资料明细表》。他们将采集到的江中药业有关信息进行了分析整理和建档，做好了屡败屡战直至成功的准备，坚定了开发用户的信心。

第三件武器是《江中药业邮政物流解决方案》。他们根据江中药业的实际情况，详细陈述了双方的企业背景、对甲方物流需求的理解、共同的发展与合作的基础、邮政经销商一体化物流实施过程、与邮政合作的优势分析和前景展望等内容，就江中药业所关心的物流问题给出了操作性极强的答案，充分体现了邮政物流的服务特色。

第四件武器是一封《邀请函》。哈尔滨局及时而恳切地邀请江中药业负责人北上哈尔滨进行实地考察，体现了邮政物流经营工作的积极主动性。

第五件武器是一个符合 GMP（生产质量管理规范）要求的仓库以及与药品仓储配送一体化业务相关的计算机设备、网络连接、货物管理、进出口操作等设施。

第六件武器就是全心全意地服务。哈尔滨局以双赢互利为指导思想，以优质的个性化服务让用户感觉到邮政的合作诚意，努力维护客户关系。

这六件武器“出招”后，果然引起了对方的反响。2006 年 7 月 31 日，江中集团代表抵达哈尔滨市考察邮政物流，当日就达成了合作意向，并于当晚 8 点完成了江中药品由全程物流仓库向邮政物流仓库的移仓，实现了邮政物流部门以制造企业派驻本省销售机构为客户的目标。

按照“仓储 + 配送”的核心服务模式，哈尔滨局于 2006 年 7 月 31 日将江中集团当日库存药品盘点后，由全程物流中转库转仓至邮政物流仓库，为客户提供省内运输配送、仓储管理、包装理货、流通加工、信息管理、退货处理、代收货款等服务的省内一体化物流业务。

（三）塑造细节，提升品质

“锁定用户的心，才能锁定用户的腰包。”牢牢吸引用户最有效的法宝就是“个性化服务”。2006 年以来，哈尔滨局从内部管理入手，建章立制，从细节上抓服务，进一步完善和加强现场管理，尽心尽力为客户打造完美的服务，牢牢锁定了大客户。

在内部管理上，哈尔滨局建立了明确的管理流程和工作秩序，确定管理信息的流向，明确工作人员的分工与合作，坚持做到“出入有登记，物品不混装，人员不乱走，摆放达标准，出仓保到位”，对仓储、运输、配送三大环节，实行了三级负责制，对违反制度者，实行转岗和下岗处理，使每一个员工都努力做到不出任何差错，最大限度地发挥员工的主观能动性和积极性。

哈尔滨局选拔得力人员进行专门的信息管理，对江中药品的网上信息及时接收、及时打印、及时分拣、及时运输、及时配送；注意经常与江中集团物流部、南昌邮政物流公司、江中集团黑龙江省代表、江中药品代理商的沟通，及时通报发展中出现的问题，并在第一时间协商进行解决；严格按照业务规定及合同承诺的服务要求进行处理，动态跟踪处理过程并及时向客户反馈；及时、全面掌握第一手资料，确保货物安全，做到及时准确反馈处理情况。针对异常情况，他们认真分析原因，不断改进项目作业流程，直到问题解决，确保客户的满意。

与此同时，哈尔滨局积极向药监部门汇报、沟通，取得支持，并按照《药品经营质量管理规范》（即 GSP）对现有的邮政仓储资源进行改造，取得资质，为医药经销商提供了储存、拣选、理货、退货等医药物流服务平台。

（四）收获与启示

1. 摸排市场、重点公关

建立营销网络，规范营销流程，对信息进行分类，避免出现市场空白点。有重点地进行公关，要选准客户合作的“切入点”进行全力公关，运用邮政信誉品牌和网络资源等独特优势，进行科学策划。

2. 积极开展经销商物流业务，提高邮政物流供应链服务能力

哈尔滨局积极向医药经销商推介邮政医药物流操作经验，争取为其提供省内非拆零“仓储+配送”服务，有利于促进省内一体化物流业务的快速发展，形成差异化优势，对于邮政物流的生存和长远发展，具有非常重要的意义。

3. 注意与兄弟单位的沟通联系

广泛关注各类经营信息，强化大用户档案管理，不放过任何一个发展新用户的机会。对于江中集团非常严格的返回执要求，哈尔滨局也积极加强与省内兄弟单位的互助，避免对运费结算的不良影响。

4. 以客户为中心不断提高服务水平

用心维护，是邮政物流业务开发的法宝。邮政与物流大客户合作后，就必须迎合客户的自身利益发展需求，把握自身特点，突出中国邮政的联动协作优势，提供切实可行的“个性化”物流解决方案，展示出邮政网络资源的

核心竞争能力，取得良好的战绩，从而获取自身的经济效益。

（资料来源：http：//bbs. pinggu. org/forum. php？ mod = viewthread&tid = 3488770&page = 1）

问题：

1. 你认为在设计物流服务方案时，需要了解客户的哪些资料和信息？

2. 结合你的知识，你认为符合 GMP 要求的仓库与普通仓库有什么区别？

3. 结合案例背景，在开发客户时，你从哈尔滨局六大物流影响武器中得到哪些启示？

案例 5　海尔物流管理分析

一、海尔物流发展及现状

（一）海尔集团

海尔集团是世界第四大白色家电制造商。旗下拥有 240 多家法人单位，在全球 30 多个国家建立本土化的设计中心、制造基地和贸易公司，全球员工总数超过 5 万人，重点发展科技、工业、贸易、金融四大支柱产业，已发展成全球营业额超过 1000 亿元规模的跨国企业集团。海尔集团在首席执行官张瑞敏确立的名牌战略指导下，先后实施名牌战略、多元化战略和国际化战略，2005 年年底，海尔进入第四个战略阶段——全球化品牌战略阶段，海尔品牌在世界范围的美誉度大幅提升。海尔已跻身世界级品牌行列，其影响力正随着全球市场的扩张而快速上升。

（二）海尔物流发展动因

1. 国际化战略需要

海尔创立世界名牌的国际化战略目标，要求海尔持续批量地生产出高质量的产品，而保持大批量生产条件下产品质量的一致性，又要求必须从原来分散在各事业部的局限于国内的采购活动，改变为整个集团集中的国际化采购。这种迅速走向国际化的作业，提高了物流成本，也增加了物流复杂性，海尔面临全球物流壁垒的挑战，这种全球化的作业，使得海尔必须站在供应链管理的观点上去系统管理由大量的不同国家的供应商及经销商所组成的复杂供应链。

2. 供应链网络建设需要

1998 年，海尔在美国设厂遇到的第一个问题就是必须和美国市场联网，信息化和物流的瓶颈困惑使海尔意识到从海尔的国际化到国际化的海尔，首先要做的事情是建立全球供应链网络，而支撑这个网络体系的正是现代物流。

3. 订单经营模式的需要

订单是现代企业运作的驱动力。如果没有订单，现代企业就不可能运作。要实现这个订单，就必须靠订单去采购，为订单去制造，为订单去销售。如果要实现完全以订单去采购、制造、销售，一定离不开现代物流系统的支撑。如果没有物流，就不可能有订单的采购；如果没有订单的采购，就意味着采购回来就是库存；如果没有订单的采购和制造，就等于天天在制造库存。而没有订单的销售，就是处理库存，唯一的出路就是降价处理。

（三）海尔物流经营现状

海尔物流的目标是成为世界一流的物流增值服务提供商。目前除集团内业务外，海尔物流已经开始为华普、长城电脑、郎酒、雀巢、乐百氏等提供不同要求的高质量物流增值服务。海尔物流希望利用自己高品质的服务为所有企业建立起高效的供应链体系。

二、海尔物流发展模式

（一）以订单为中心流程再造

海尔现代物流的起点是订单。海尔把订单作为企业运行的驱动力，作为业务流程的源头，完全按订单组织采购、生产、销售等全部经营活动。从接到订单时起，就开始了采购、配送和分拨物流的同步流程，现代物流过程也就同时开始。海尔的物流改革是一种以订单信息流为中心的业务流程再造，通过对观念的再造与机制的再造，构筑起海尔的核心竞争能力。海尔物流管理的“一流三网”充分体现了现代物流的特征：“一流”是以订单信息流为中心；“三网”分别是全球供应链资源网络、全球配送资源网络和计算机信息网络。“三网”同步流动，为订单信息流的增值提供支持。

（二）供应链管理

海尔在进行流程再造时，围绕建立强有力的全球供应链网络体系，采取了一系列重大举措。一是优化供应商网络：将供应商由原有的 2336 家优化到 978 家，减少了 1358 家。二是扩大国际供应商的比重：目前国际供应商的比例已达 67.5%，较流程再造前提高了 20%。世界 500 强企业中已有 44 家成为海尔的供应商。三是就近发展供应商：海尔与已经进入和准备进入青岛海尔开发区工业园的 19 家国际供应商建立了供应链关系。四是请大型国际供应商以其高技术和新技术参与海尔产品的前端设计。目前参与海尔产品设计开发的供应商比例已高达 32.5%。供应商与海尔共同面对终端消费者，通过创造顾客价值使订单增值，形成了双赢的战略伙伴关系。

（三）信息化及网络化建设

现代物流区别于传统物流的特征是信息化与网络化。信息化贯穿于海尔物流发展的全过程。在资源重组阶段，海尔实施了 ERP（企业资源计划）系统。在供应链管理阶段，海尔建立了 B2B 的采购平台，并建立起与集团 CRM（客户关系管理）系统的无缝接口。在物流产业化阶段，海尔实施了大物流 LES 系统。

（四）先进的物流技术和设备

先进的物流技术和设备是物流高效率的实现手段。高效率的物流运作还需要先进的物流技术与设备来实现。海尔先进的物流技术集中体现在它的两个物流中心。该中心立体库区共有货位 18000 余个，是当时国内自行研制开发的规模最大、功能最齐全、科技水平最高的自动化物流系统。该物流中心包括原材料、成品两个自动化物流系统，采用了激光导引、条码识别、无线数字通信、红外通信、智能充电、工业控制、现场总线和计算机网络等国际先进技术，成功集成了具有国际先进水平的工业机器人、巷道堆垛机、环行穿梭车、激光导引车、摄像及语音监控等先进的自动化物流设备。该系统对原材料和成品自动化仓储与收发的全过程实施完全的控制、调度、管理和监控，并与海尔集团的 ERP 系统实现了信息集成，以最少的人机接口实现了最大的物流自动化。

（五）企业内物流到第三方物流

在完善企业内部供应物流、生产物流的基础上，海尔建立了现代化的企业供应链以及物流体系。销售物流及分销物流的发展，以及与其他组织的战略联盟建设，使海尔有能力开展第三方物流业务，完成使海尔物流从企业物流变为物流企业这一战略转型，使海尔物流成为本集团另一个具有核心竞争力的业务。

三、海尔物流经营特色

（一）先进的企业文化和管理理念

1. JIT（准时制生产方式）思想

正是因为有“一流三网”的支撑，海尔得以用 JIT 采购、JIT 原材料配送、JIT 分拨物流，实现同步流程。即在海外推进本部从全球营销网络获得的订单可以同步传递到产品事业部和物流推进本部，物流本部按照订单安排原材料采购、配送，产品事业部组织安排生产；产品下线后再通过物流的配送网络送到用户手中。比如美国海尔销售公司在网上下达一万台的订单，订单在网上发布的同时，所有的部门都可以看到，并同时准备到位。不用召开会议，不用层层传递，每个部门都会同步接收到与订单有关的信息，大大缩短了订单的响应周期。

2. OEC（“海尔之剑”）模式

OEC 管理是海尔独创的有效管理模式，它是指对每件事、每个人，每天进行全方位的管理，每个海尔员工都需要对本日工作进行总结，对比目标，找出问题点或工作的最短板（木桶原理），及时采取纠偏措施。OEC 和日清在海尔集团内部已经实施多年，是海尔成功发展的重要基石。

3. 看板管理

海尔集团实行了内市场链制度。每个员工都有一个市场，下道工序就是用户，每个人都有下道工序，每个部门也有下道工序，这就是市场。原来每个部门都有一个上级，现在所有部门的上级都是市场。市场链的实施大大激发了员工的活力和创造精神，为海尔实现新的目标，特别是保证物流改革的成功，打下更为坚实的基础。实行市场链后，把外部市场竞争内部化，形成整体协同，扁平化组织，使各环节能够明确服务的目标，相互连接，相互咬合，进行紧密的协作，并可以分清责任，提高效率，对实施物流改革有非常重要的推进作用。

4. 创新精神

海尔发展的动力源泉在于创新。海尔认为：强化以人为本的管理，其实质体现在管理人员的创新精神上。海尔与国际化大公司在技术、资金等方面都有差距，海尔的优势是速度、效率和创新。张瑞敏总裁指出：“如果管理者没有了上升空间，也将失去生存的空间。”正是在创新精神的激励下，从高层管理者到车间工人，从研究开发人员到贸易采购的业务员，都在不断寻求新的突破。海尔每两天一项的专利技术、不断涌现的车间小发明、海尔的新产品推出速度等，无一不是创新精神的反映。海尔目前进行的物流改革，对原有运行机制和组织结构进行了巨大创新，减少了条块分割。

（二）战略联盟建设

1. 开展与物流相关企业的强强联合

海尔与国家邮政总局、中远集团、和黄天百等企业合作，在国内调配车辆可达 16000 辆，合作形成我国最完善的物流服务体系。

2. 与供应商变买卖关系为战略合作伙伴关系

海尔通过不断地整合内部资源来获取更优的外部资源，目前海尔国际化供应商的比例已达 82%。海尔与供应商变买卖关系为“公平、互动、双赢”

的战略合作伙伴关系，双方共同面对市场，并引进国际化供应商参与前端设计，不仅提升了双方产品的技术领先性和新品开发速度，而且使海尔与供应商成为快速满足市场需求的双赢共同体。

（三）工业园区产业链建设

海尔建立一流的家电产业链。海尔的千万级的整机制造厂吸引了组件厂、部件厂、零件厂与材料加工厂来青岛周边地区建厂。如海尔冰箱、空调千万级别的制造规模，吸引了日本三洋、中国台湾瑞智等国际化供应商先后建立起压缩机总装厂；随着压缩机产业规模的逐步扩大，吸引了为压缩机制造的电机厂、漆包线厂与热保护器厂等为压缩机配套的零件厂在压缩机厂周边建厂；而这些零件厂又吸引了五金件冲压、钢板剪切、铜材厂等原材料与原材料基加工的工厂建厂，从而形成了一条从组件、部件、零部件及原材料加工工厂的完整的家电产业链。充分获得本地的政策优势，以及实现产业一体化，拉动地方经济社会发展。

（资料来源：http：//3y. uu456. com/bp_ 6634o1njp91j03v4hzf5_ 2. html）

问题：

1. 你如何看待海尔的“一流三网”物流模式？

2. 海尔的物流中心采用了哪些先进的技术和设备？你认为其好处是什么？

3. 海尔物流带给我们哪些启示？

案例6　“双11”后看菜鸟：生态型物流平台对快递集群升级价值

2017年的“双11”可谓是破纪录的一年，各家快递物流企业纷纷再创战绩新高，销售额、订单量、发货量再度迈上新台阶，而在“双11”快递物流企业背后的物流生态型平台企业表现值得梳理。

一、2017年“双11”，菜鸟网络的四个亮点

1. 配送速度更快（见表10－4）

表10－4　菜鸟2013—2017年“双11”签收1亿包裹所用时间　（单位：天）

年份	2013	2014	2015	2016	2017
菜鸟	9	6	4	3.5	2.8

2. 业务量更可观（见表 10 - 5）

表 10 - 5 菜鸟 2013—2017 年“双 11”订单量 （单位：亿件）

年份	2013	2014	2015	2016	2017
菜鸟	1.56	2.78	4.67	6.57	8.12

3. 国际化加深

菜鸟生态连接了全球 231 个仓库服务于“双 11”跨境物流，在马来西亚落地了 e WTP（电子世界贸易平台）首个海外枢纽，在东南亚部署了智能机器人仓库，通过海外仓和本地化运营的物流网络，俄罗斯、法国、西班牙、荷兰等国和东南亚地区都陆续实现了 72 小时送达。

4. 物流更绿色

2017 年“双 11”在全球设立了 20 个绿仓，在重点城市，菜鸟驿站全面启动纸箱回收以及菜鸟绿色生态林 10 万棵树的投入，菜鸟先人一步，着重于未来绿色物流的发展。

二、生态型物流平台上快递行业的发展

对于快递企业而言，订单的增加意味着业务的增多，即使在这样的情况下还能创造新的纪录，在这背后与菜鸟构建的生态型物流平台是分不开的。

1. 生态型物流平台靠这些玩转

生态型物流平台并不是简单地管理数据，它是对于各家合作伙伴供应链的集中整合，包括了供应链上各环节的信息，同时利用自身的数据优势不断吸引新的商家，使得各方信息能够在这个平台上有序规律地运行，菜鸟已经成为了“生态型供应链服务平台”。如图 10 - 12 所示。

菜鸟构建的生态型物流平台包括线上和线下两大部分，线上采用大数据驱动供应链的信息流通，促进物流升级；线下拥有现代化的仓储，提供技术场地的支持。线上线下相辅相成，成就了菜鸟网络打造的“新物流”生态群。

（1）线上物流基础设施

搭建物流数据平台及工具，打通阿里电商体系、物流公司、商家、消费者之间的数据，使得供应链所有环节都可以进行数据共享，构筑了菜鸟网络基于大数据服务的“天网”。

（2）线下物流基础设施

①仓储基地：菜鸟至今为止拥有覆盖全国 250 个城市的仓储网络，超过 90000 条的配送线路，仓储面积（峰值）达 500 多万平方米。搭建了连通全国的高标准仓储体系，形成“地网”，为商家提供仓储相关的服务。

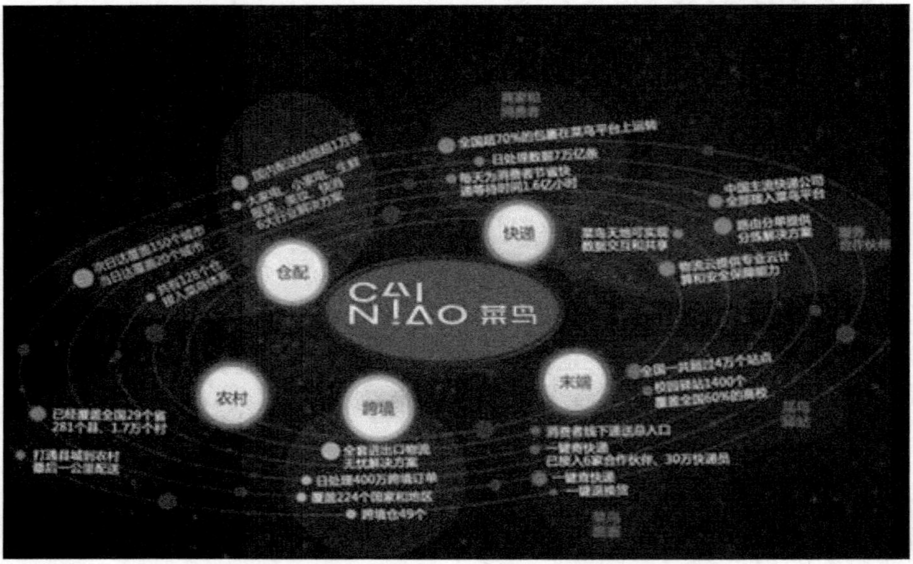

图 10－12　菜鸟生态物流平台示意图

②末端配送：菜鸟驿站：菜鸟驿站就是菜鸟网络实体服务店，截至 2016 年年底，全国共有 4.7 万家菜鸟驿站，覆盖全国主要城市和 70% 以上高校。通过 O2O（线上对线下）＋便民服务＋物流服务三方结合，更好地服务客户，这就是“人网”。

（3）无人化助推智能升级

为进一步缓解末端配送的压力，菜鸟和京东相继推出末端配送机器人，菜鸟的代表性机器人就是：配送机器人——菜鸟小 G；安检机器人——无人机，并且还在不断地升级。虽然各家企业目前并没有大规模投入使用，但随着技术的革新，智能机器人的投入使用相信只会是时间问题。

天、地、人三网覆盖了整个供应链上所有的流程，为平台上的快递企业提供及时有效的物流服务。

2. 生态型平台助推快递产业集群升级

在菜鸟构建的这个生态型物流平台上，快递企业是不可缺少的一环。随着近年来电子商务的井喷式发展，快递产业也在飞速地成长，但不管是电商还是快递，规模形成后不可避免地遇到了瓶颈。基于这种情况，阿里几经探索后，决定联合快递产业，打造一种新式物流，借助互联网技术突破电商和快递的瓶颈，生态型物流平台应运而生。

经过传统的产品供应链到供应链金融再到如今的生态型供应链，菜鸟构建的物流平台不再拘泥于企业的层面，它对于整个快递产业起到了集群升级的作用，比如“桐庐帮”公司的集体上市。

（1）五家“通达”系快递上市，有阿里助攻

菜鸟联盟里包括了很多企业，2015—2017 年，两年左右民营快递顺丰和“四通一达”纷纷上市，六家上市企业中“四通一达”都是菜鸟联盟的成员。由此可见，菜鸟在快递公司上市方面可以说起着莫大的促进作用。

表 10－6　　菜鸟联盟上市企业 2016 年业绩

企业	营收（亿）	增率（%）	净利（亿）	增率（%）
中通	97.89	60.8	21.65	76.8
申通	99.82	29.45	12.62	64.97
韵达	73.61	45.66	11.76	120.63
圆通	168.18	39.04	不详	不详
百世	87.66	68	－13.63	－28.7

注：百世于 2017 年 9 月上市。

通过以上数据（见表 10－6），我们可以对比出公司上市后，营收出现较大幅度的增加。

（2）在上市路上的企业，也有菜鸟助攻

菜鸟联盟中，未上市的企业包括德邦物流、远成快运、国通快递、快捷快递、全峰快递、优速快递等。

德邦物流：德邦被称为快运界的顺丰，公路物流市场大哥大，2015 年加入菜鸟网络，开始涉足快递行业，转型进军快递市场，同年德邦的主营零担业务增速开始提升。

远成快运：远成集团是物流界老兵，但在快递市场是新兵。2014 年成立远成快运进军快递市场，2016 年远成快运网络已覆盖 31 个省、直辖市、自治区及所辖地州县区域；2017 年已拥有自有车辆超 8000 台，可控车辆 20000 余台，全国有 200 个转运分拨中心，9500 个网点，覆盖 100% 省市、自治区，90% 地级市，80% 县级市。远成快运于 2017 年与菜鸟深度合作，并开始承接阿里系三大平台的“双 11”订单。

优速快递：2014 年与菜鸟合作，业务量也有了较好体现。2016 年 6 月完成 3.1 亿元 A 轮融资，2017 年 1 月 1 日获得总额达 20 亿元的银行授信和 A + 轮融资。通过以上数据，可以看出，菜鸟对快递企业在业绩、融资、开拓市场等方面都有一定的帮助，借助菜鸟，快递企业可以更快地实现自身的发展。

(3) 生态型物流平台的资源整合

①基础设施的共享：菜鸟在线下拥有达500多万（峰值）平方米的仓储基地，超过90000条配送线路，这对于加盟和入驻的快递企业而言，就是可用的资源，省时省力。

②避免无用的竞争：在这个平台上，因为信息的共享，各快递企业可以专注服务核心竞争力的提升，根据自己的实际情况选择能够完成的项目，节省了人、物、财。

③借用品牌的优势：加盟和入驻的企业可以享有菜鸟的品牌优势，菜鸟已经具有了知名度，企业在开展业务时会带来相应的便利。而且，一个具有知名度的企业会受到政府的重视，会有相应的扶持。

(4) 大数据赋能支持快递产业完成升级

①市场预测的千里眼：菜鸟网络日接收物流详情超8亿条，日处理数据量9万亿条，覆盖全国70%的包裹，利用这些数据以及商家的优惠活动等条件，通过智能算法对各商品进行预测，可使大多数包裹运距缩短至500千米以内。

②资源协同的协调员：菜鸟网络构建的生态型物流平台（见图10－13）集合了所有参与者、所有环节的实时信息，可以协调参与方，使用最少的资源来完成业务，避免了信息不共享造成的资源浪费问题，包括以下四点。

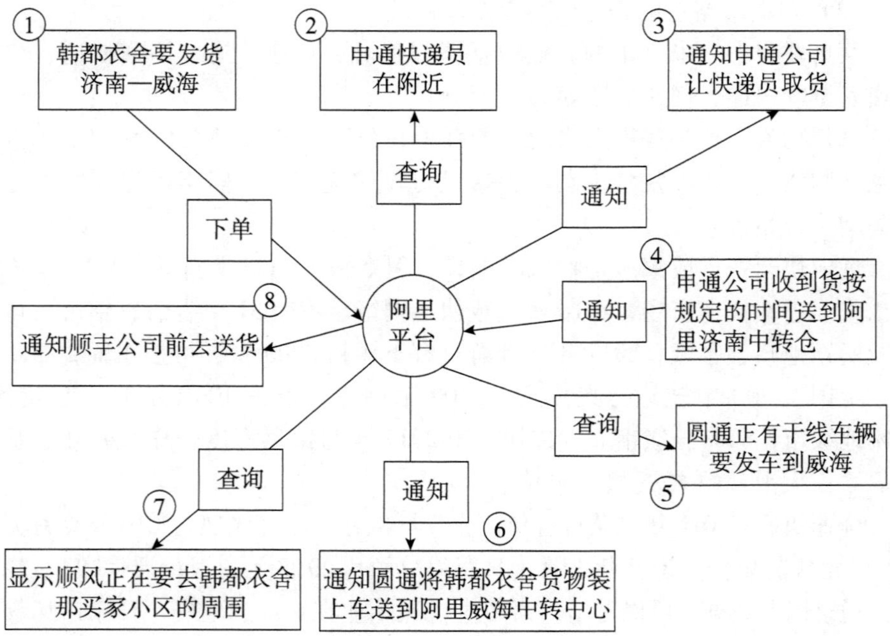

图10－13　菜鸟协调资源

a. 消费者的物流数据：消费者收货地址、服务选择、对物流公司的评价数据等；

b. 商家的物流数据：菜鸟拥有超过3000家的合作伙伴，这些企业的信息包括商家发货地、发货速度、商家总体以及每个合作伙伴的时效/评分/投诉等、商家对物流公司的选择偏好等都会显示在平台上。

c. 物流公司数据：全国主要物流公司向菜鸟实时推送包裹跟踪数据，菜鸟通过对这些数据进行分析挖掘，解析出物流公司的“路由网络”。

d. 社会及气象数据：通过和国家气象局的合作，采集了全国的天气预测和实况的数据，提前72小时预测；交通路况方面，通过和高德合作，可以使用高德的强大数据资源：高德地图已经采集了5700万个门址信息，能提供650万千米导航道路数据、超400种道路属性信息，覆盖中国31个省（直辖市）与中国香港、中国澳门特别行政区。

③技术支持：与菜鸟合作意味着快递企业可以同时享有菜鸟的人力、技术、信息等资源，保证了快递企业在完成自己本来业务的同时可以接触到更高层面的资源，有利于促进企业的发展。

三、生态型物流平台对快递产业升级的亮点

菜鸟打造的生态型物流平台最大的成功在于它可以造就一个集体的成功，现在快递产业的成功只是在于企业的层面，菜鸟却可以集合多家企业之力促进整个快递产业的升级，这是值得学习的。

（1）大数据驱动快递精准高效服务：据统计2016年电子面单渗透企业后使得中转错分率平均降低40%，电商物流数据详情完整率超过80%，2017年电子面单的渗透率超过80%，韵达已经达到90%，出错率的降低、完整率的提高和渗透率的增加都表明快递企业在介入大数据后更加精准高效可视化。

（2）利他主义下供应链共赢新生态：菜鸟帮助了5家快递企业成功上市，为更多的企业提供资金、技术的支持，帮助企业降低运营成本，同时菜鸟本身也从中得到了巨大的数据优势，开拓了新的市场，菜鸟这种产业联合的思想突破了行业本身的瓶颈，打造了共赢的局面。

（3）整体推进供应链智能化升级：数据显示，2016年以智慧物流为指导的电商物流年度增速超过50%，发展迅速。作为其中的佼佼者，菜鸟的研发产品被多次提及：“智能路由分单”使得仓库分拣效率普遍提高50%以上，自动化流水线改变了传统作业模式。使用菜鸟智能打包算法，以2017年双“11”当天产生的8.12亿包裹算，全行业一天可节省4100万箱子。这些创新产品使得各家企业纷纷加大研发力度，促进整个供应链的升级。

（资料来源：《现代物流报》，2017 年 11 月 29 日）

问题：

1. 你如何理解菜鸟物流与电商及菜鸟物流与快递企业的关系？
2. 你认为生态型物流与传统物流的区别有哪些？
3. 你认为打造生态型物流平台需要哪些条件？

案例 7　刘强东：中国大量的企业利润，被物流吞噬掉了

京东集团 CEO 刘强东日前在耶鲁北京中心发表演讲，阐述了京东 12 年以来三大业务战略的制订过程。其中，京东商城采取自营、自建物流，目的是降低供应链成本，增加供应链效率，提升用户体验；京东金融通过大数据分析，目的是简化流程，降低违约率，提高投资人的项目成功率；农村电商采取“3F 战略”，即工业品下乡、农民金融、田间到餐桌，目的是消除产品区域倒挂。

“大家都说京东的核心竞争力是物流和用户体验，有人说我们产品保真，有人说我们比线下的连锁店价格低了很多。”

“我今天把整个京东 12 年以来每个业务战略的制订过程给大家详细讲解一下，其中就两个字——价值。我们所做的一切都是基于我们每项业务到底能够带来什么价值，而且一定要是独有的价值。如果你今天制定战略，不能超越市场上的已有价值，或者没有带来额外的独有价值，那么我认为这些战略一定是行不通的。”

一、京东商城

战略：自营 + 自建物流。

价值：降低供应链成本，增加供应链效率，提升用户体验。

拿京东最早的 B2C（企业对顾客）电子商城业务——京东商城来说，我们之所以强调要自营，而且要坚持自建物流，核心目的是通过技术手段来降低供应链成本，提升供应链效率。

中国经济在改革开放 30 多年后，取得了巨大的成功，但是整个中国的社会化物流成本却奇高无比，美国大概 7% ~8%，日本 5% ~6%，而中国在 2014 年还是 17% 以上，也就是说中国大量的企业利润被物流吞噬掉了。据我们统计，中国每一件商品从走出工厂大门，到达消费者手中，中间要搬运 5 ~ 7 次，耗费了很多成本和时间。

所以整个京东商城的战略制定就两点，前端是用户体验，后端是供应链成本和供应链效率。

十几年前我们就说过，如果有一天我们能够把整个中国的供应链成本大幅度降低，效率大幅度提升的话，我们坚信京东商城一定可以成功。

今天我们已经上市了，我们已公布了五个季度的财务报告，2015 年第二季度的财报也已公布。过去三四年以来，京东集团整体的综合运营费用率只有 12% ~13%。如果我们把金融集团，把其他所有跟京东商城无关的业务全部剥离的话，我们的成本是低于 12% 的。

电子产品是客单价比较高的，如果以同样的 3C 和家电作为衡量标准的话，以国美和苏宁为例，它们的财务报表上显示综合运营费用率超过 15%，而我们综合运营的成本大概只是相当于它们的一半。这就是过去十几年来，很多人说很难跟京东竞争的原因。一家公司每销售 100 块钱，要为此付出 15 块钱的成本，另外一家公司每 100 块钱的销售额只付出 8 块钱成本，谁有竞争优势一目了然。

对于电商和传统零售商来说，衡量供应链效率最核心的因素就是库存周转率，也就是说每采购一批货平均需要花多少天把它卖掉。同样去看国美、苏宁的财报，它们的平均账期是 100 多天，意味着家电厂商把一批货给了它，要 100 多天之后才能拿到钱。它们的库存周转天数大概是六七十天。而京东的库存周转天数只有 30 多天（根据京东过去几个季度的财报显示，大约在 34 天），我们整个内部的运营效率跟传统的零售行业相比，整整提高了一倍。

这其实还是不可比的，因为传统零售商的库房管的 SKU（库存量单位），也就是产品品种数大概只有 1 万到 5 万种，超过 5 万种的很少。但是京东今天在库房管理的 SKU 数量，产品品种数已经超过了 200 万种，是它们的七八十倍，甚至上百倍。就是说你的产品品种数量是它的 100 倍，但是你的库存周转率只用它一半的时间。

外行的看热闹，懂行的看本质。看一家公司，你能不能成功，就看你的价值贡献多少。我们的价值在于成本巨低，所以我们能够持续不断地为消费者提供低价。如果世界上任何一家公司，特别是零售商，它的账期低于库存周转天数的话，这家公司必死无疑，哪怕它有巨额利润，也一定会死。对于这个行业来说，现金流有的时候比净利润还要重要，一旦现金流为负，那是很可怕的。

二、京东金融

战略：大数据分析。

价值：简化流程，降低违约率，提高投资人的项目成功率。

我们再来看看京东金融有什么价值。首先，回归到行业来说，中国的实体经济需要什么样的金融服务？这是我们最初设置金融产品，不断问自己的一句话。其次，中国的消费者需要什么样的金融产品？也就是说我们要做出什么样的产品才能真正为供货商、消费者创造价值？

举一个例子，比如说“京保贝”，说白了就是供应链金融，这类产品本身已经产生几十年了，但是我们给它做了一个很大的产品再造。

大家知道在中国银行贷款有一些难点，比如，有一大堆的审核审批、资质证明，要签很多合同，导致中国大量的中小企业，特别是民营企业想贷款很难。还比如，好不容易你花了这么多时间精力，你跟银行贷了 100 万元，但是银行设置有固定的还贷周期。

基于此，我们推出供应链金融产品——“京保贝”和“京小贷”。首先，在任何时候，大家都可以进行贷款，只需要三分钟就可以收到我们的现金。其次，在还款方面，我们可以按日结算利息。你可以不断地去贷，不断地还，你甚至可以设置自动还款功能。

整个贷款过程没有信贷员，没有任何分支机构，只要客户同意，我们不需要签任何纸质合同，我们通过数据分析，可以知道你的产品是在上升还是下降，我们甚至能算出来你的利润是超出还是低于行业平均利润。

京东白条也同样如此，我们实际上不是对人进行授信，是对网络 ID（身份证）进行授信。我们通过大数据分析，对每一个 ID 号做出信用度的评估，我们的利率比信用卡 18% 左右的平均年化利率还要低一些。这个产品我们做了一年多，按照 90 天、60 天以上的预期违约率，到今天，我们的违约率比银行的信用卡还要低。我相信今天在座的应该有京东白条的用户，当然在 ID 背后是一个守信的人。

我们现在做了产品的众筹，公司真正要做的是股权众筹。找融资总是很难的，投资人要为自己的回报负责，他不是一个慈善家，他判断起来其实也很难，即使是一个超级聪明的人，也不可能对每个商业模式、每个创业者、每个行业都能够做出非常精准的判断。但是京东的股权众筹，通过对行业的、个体长年的数据积累，从数据分析层面，提高投资人的项目成功率。

三、农村电商

战略：3F 战略，即工业品下乡、农民金融、田间到餐桌。

价值：消除产品区域倒挂。

我是农民出身，在农村生活到 18 岁，所以我对农村的理解相对来说是比较深刻的。中国有一个很大的产品区域倒挂，就是越富有的地方，产品和服务的价格反而越低；越贫穷的地方，产品和服务的价格反而越高。于是，我们在农村推出3F战略。

首先是工业品下乡。我们希望能够抹平城乡产品和服务的价格差，让每个农民花费最少的成本买到质量最优的原材料。经过中国农业部认证的国家级种子基地只有3个，一粒真的种子从种子基地到农民手里，中间隔了省种子站、县种子站、乡镇种子站等，每家加价10%～20%，农民拿到手的价格就翻了很多倍。所以我们希望能够把种子、化肥、农药等，利用京东完善的物流体系，从工厂送到田间，确保种子是真的，还为农民节约大量成本。

其次就是农民金融。迄今为止，中国农村的利率，两分利、三分利是非常普遍的，而农民对金融的强需求与低收入是相冲突的。尽管近年来中国农民的收入有质的提升，但因为农民的生活惯性问题，几乎每个农民在一生当中都会有多次借债现象。所以我们希望像京东白条一样，通过大数据分析，直接给农民进行授信，你一分钱都不用给，先把种子化肥农药拿回家播种去，你赚了钱之后再连本带利还回来，而且我们的利率低于他们平均借贷利率的一半。今天我们已经为数十万农民带来了金融的服务，我们相信这有价值，有价值都能够成功。

最后就是Farm to Table（田间到餐桌），就是我们要做的生鲜。永辉超市利用十几年的时间在中国建立了一套最好的生鲜供应链系统，直接从田间到餐桌，跟我们的战略如出一辙，于是我们投资了永辉。以后我们可能会跟永辉共享一个供应链，一个线上销售，一个线下销售。

过去生鲜在中国的核心问题是，第一，中间环节太多，所以农民种东西很苦，赚不到钱，消费者也很苦，要花四、五倍的价格买到生鲜食品，链条太长。第二，因为信息的高度不对称，特别是中国超高分散化的农业，导致农民对农产品市场需求的情况并不了解。

但是我们有信息和数据，我们不仅可以有消费数据，还可以有农作物原材料的数据，比如可以根据季节的不同，提前三个月预测北京市平均每天能够消化多少农产品，在三个月之前我们跟农民签订合同，把物流运输的车辆车次等在系统里做好统筹。

现在整个京东在全国各地，每天任何一刻在大街上跑的车是8000辆以上，已经覆盖了2000多个区县，都有我们自己的员工，都有我们的站点，都有我们最后那个末梢的分支机构，在几乎不需要花费额外成本的情况下，我们能够非常精准地把农产品运到北京市。前一天晚上运到，连夜进行分拣，第二天早上10点钟之前送到北京市每个老百姓家里面去，因为它有价值。这是我们的目标。

我们为什么推出了很多产品和服务，大家仔细想想，京东到今天为止，我们推的每一个产品和服务，最核心的就是这个产品和服务到底能不能带来独有的价值，能不能解决一个痛点，小到消费者痛点，大到一个社会问题。我们坚持认为，只要你的产品和服务真正能够解决社会的某一个问题，那么你的这个项目就一定可以成功。

当然后续要靠你的运营管理能力，也有人得到了风投，但后续的管理能力没有跟得上，也有可能失败，但是战略始终是一个创业者或者一家公司成功的关键，这是第一步，没有这一步，后面的所有都是零。

（资料来源：《钛媒体》，2015 年 9 月 1 日）

问题：

1. 结合案例背景，你认为中国的物流成本高的原因有哪些？
2. 京东为何要自建物流系统，带来了哪些好处？
3. 你如何理解京东物流与京东商城、京东金融的关系？

案例 8　互联网推动下智能物流将走向何方

在过去，中国的物流几乎一直都是中国邮政一家说了算。不过由于服务水平质量较差、速度效率慢等原因，在电商的冲击下，中国邮政物流很快就已经跟不上时代的发展。在淘宝、天猫、当当等电商模式的兴起下，顺丰、中通、申通等各类第三方快递公司迅速崛起，与此同时京东商城的迅猛发展也带动了自建物流京东物流的壮大。在看到京东物流的成功之后，各大电商平台也开始纷纷自建物流，不过自建物流成本之高并非一般公司能力所能承受。到了今日，整个物流又呈现出了物流 O2O（线上对线下）混战江湖的局面，并试图引导未来物流的发展。

一、物流 O2O 缘何兴起

今天，唱衰 O2O 的大有人在，但美团、百度糯米、大众点评的规模却足以让人惭愧。O2O、智能、大数据定将会成为互联网改造传统行业、升级传统行业的三把利剑，只是每一个 O2O 细分领域最终能够容纳的平台不会超过 3 家，物流 O2O 同样如此。今天物流 O2O 已经开始全面流行，并将会在未来的几年时间逐渐走向成熟，对于它的兴起，主要有五大原因。

第一个原因：到了移动互联网时代，各类 O2O 的兴起，带动了上门服务的流行。诸如外卖O2O、便利店O2O、医药O2O、超市O2O、生鲜O2O、鲜花O2O、蛋糕O2O……铺天盖地而来，随之而来的则是非常严重的物流配送问题。很多上门服务O2O平台都无法顺利完成商品的配送问题：自建物流前期成本太高；依托线下商家自己配送服务水平难以保证，且有相当部分商家不愿自己配送；依托顺丰、圆通、申通等第三方物流近距离配送也不现实。于是，与各种上门配送服务相关的物流O2O趁机兴起。

第二个原因：目前在国内存在一个比较严重的现象，国内大部分的货车司机都是个体司机，他们承担着国内主要的货运量。但是这些货车司机接业务大都是通过熟人朋友的关系以及每个城市的货场，这就导致了很多货车司机大部分时间并没有接业务，而有相当部分发货人却苦于找不到货车，整个行业存在严重的信息不对称问题。如何解决这种信息不对称问题，物流O2O就有了存在的价值。

第三个原因：电商的高速发展已经验证了当前的物流已经难以满足它的配送需求，尤其是遇到电商促销日，比如京东“618”、天猫“双11”等购物狂欢节，物流配送无法按时送达几乎成为了每一次电商促销日各大电商平台最头疼的问题。不管是自建物流的电商平台，还是依托第三方物流的电商平台，在这个时候都急切需要一些兼职或者临时性的物流配送人员，但是短时间上哪去找那么多人配送，众包模式物流O2O出现则能有效解决突增性的大量物流需求。

第四个原因：油费、过路费、货车维修保养费等成本逐年递增，导致了很多货车司机在返程时存在大量的成本浪费，如何能够让货车司机在返程尤其是长途货运返程时同样能接到单，提升运营效率，节省运营成本，基于LBS（基于位置服务）的货运O2O也就成为了车主们急切需要的平台。

第五个原因：目前物流行业整体普遍存在服务水平质量低现象，广大用户除了对顺丰物流的服务水平比较认可之外，对于其他诸如圆通、韵达等物流都是一肚子苦水，不过顺丰物流的价格也偏贵。整个行业的物流服务水平都急切需要提升，需要新的物流平台和模式来替代传统物流，互联网与传统物流相结合则是一个不错的选择。

二、物流O2O模式之争

并不是说所有物流O2O就一定会代表着整个物流行业未来的发展方向，物流O2O同样也存在相当的市场痛点，比如计费标准问题、交易安全问题、线下货车资源整合问题、跳单问题等。所以又涌现出了不同模式的物流O2O，每一种模式有它的优点，同时也有它的缺点。

（一）全民众包模式

提到物流 O2O，可能很多人对于众包模式都会有所了解，以达达、人人快递、京东众包、闪送、快收等为代表的众包模式受到了诸多快递人员与消费者的欢迎。

不得不承认，全民众包的快递 O2O 模式在一定程度解决了大批就业问题，这是这类平台对于社会的贡献。目前在国内有相当一部分的闲散人力、同时也有相当部分人员工作之余也想赚到更多的收入，这类 O2O 平台无形之中会就受到这部分人群的欢迎。无论是白领阶层、学生阶层、公务员、企业老板、下岗工人，还是自由职业者，只要愿意，符合基本条件者，都可以申请成为该类平台的自由快递人。

此外，对于顺道送快递的人员来说，这种模式也将大大降低平台的运营成本，同时也能提升寄送效率。一般来说，传统快递上门取快递的时间至少要半个小时，发货的话需要至少 1 个小时，但众包模式都是匹配离用户最近的快递人员，能提升发货速度。除了闪送所推出的专人快速配送价格会比较高之外，其他众包相对来说配送价格也会比较低。

不过这种全民众包模式会存在两个非常严重的问题。第一个问题是用户货品的安全性无法保证，即便是平台在最开始对快递员的资质进行严格审核，还是无法避免这类问题的发生。对于一个快递员来说，如果该用户发送的货品比较贵重，就有发生占为己有的可能。而闪送所谓的全程监控实际上也只是手机客户端的位置识别，这个位置识别并没有多大意义，如果该快递员想作弊，收到货品后完全可以把 GPS（全球定位系统）关闭，闪送难道还会派专人 24 小时盯着每一个快递员？很明显，这种全程监控并不是一个解决货品安全的好办法。当年淘宝推出了支付宝担保交易和商家诚信金，有效解决了交易信任问题，但众包 O2O 物流却不同于淘宝。

第二个问题则是配送的专业性不够，快递自然要涉及上门取件、上门送件，众包模式在对送件人与取件人的服务水平及质量上也会存在不足。目前几大众包模式平台除了闪送在前期对快递人员进行系统培训之外，其他平台都只是通过认证的方式，有的偶尔也针对部分快递人员进行简单培训。

（二）物流公司众包模式

与全民众包模式不同，PP 速达、运宝网则采用的是针对物流公司的众包模式。PP 速达通过与国内 12 家大型快递公司达成合作，运宝网则集合了 8000 家专线物流公司。

当前线下传统物流公司正在受到全民众包模式物流 O2O 的冲击，传统物流公司缺乏线上的流量来源，这类众包平台通过把它们的物流人员资源整合到一起，能够给它们带来用户，它们自然也就比较愿意接入。

同时，相比全民众包模式而言，这种物流公司的众包模式可以在一定程度上保证货品的安全问题。全民众包模式全部都是由独立的个人组成，一旦货品出了问题就难以找到负责人来承担，但是物流公司众包模式不一样，即便是出了问题也能找到物流公司来承担责任。此外，物流公司的快递人员都经过公司系统严格的培训之后才正式上岗，在服务的专业性上面相比全民众包模式的快递人员要强。

不过这种物流公司的众包模式平台，也会存在两个比较严重的问题。首先就是流量入口问题，一旦这类平台没有足够的流量作为支撑，就很难为其他物流公司导入真正的用户。既然不能带来用户，这类平台也就失去了存在的价值与意义。尤其是在平台发展初期的时候，缺乏品牌效应，还要面对众多物流 O2O 的竞争，没有足够的资金实力砸市场，难以发展壮大起来。

其次就是跑单问题，做流量入口平台最需要防范的就是为他人作嫁衣。很多全民众包模式平台几乎都把所有的收入全部给快递人员，这样就在一定程度上避免了跑单现象，但是物流公司众包模式却不同，一旦客户比较认可某一家公司的服务之后，就会经常指定这家物流公司为其发货。

（三）自建物流模式

与众包模式不同，趣活美食送是一类自建物流团队的配送平台，不过与传统自建物流队伍的公司不同，这类物流平台主要以服务 O2O 配送为主。目前，趣活美食送主要为广大消费者提供特色美食和餐厅外卖服务。

当前，在国内众多的 O2O 领域，物流配送是胜负关键的重要因素。对于这类 O2O 平台来说，依托第三方物流配送将帮助平台节省大量的运营成本，同时依托这种专业的物流配送，也能大幅提升平台的运作效率和用户体验。就光拿外卖来说，目前几大外卖平台几乎都是采取自有物流团队和借助趣活美食送这种第三方物流结合的方式。

自建物流相比众包模式而言，所有的快递人员都是平台自己招聘过后再进行统一培训的，这样有利于配送服务的标准化建设。无论是从专业的角度来看，还是从服务水平、质量上来对比，自建的第三方物流相比众包模式的零散物流更有保障。

不过对于趣活美食送这类的第三方自建物流的 O2O 配送平台来说，在前期的成本会相当高，这个成本不是一般公司所能承受的。而且这种 O2O 物流配送单子的利润非常低，只能靠规模制胜，也就是前期盈利会比较难，如果平台前期不具备足够的资金实力，很可能难以继续经营下去，这一点从众多的校园物流 O2O 配送经营困难就可以看出。

由于扩张成本非常高，这种自建物流的 O2O 配送模式相比众包模式而言，在前期的规模扩张速度上会进展缓慢，很容易失去市场先机。一旦其他的平台在某一个城市已经建立起了规模和壁垒，这个时候要打进该城市的难度与成本就会更高。

（四）货运 O2O 模式

1. 同城货运

神盾快运、运拉拉、1 号货的、蓝犀牛、速派得等则是一类同城货运 O2O 平台也正在受到资本的追逐，这类平台的出现就是为了解决货主与车主之间信息不对称而诞生。

首先，从整个市场需求的角度来看，同城货运还是具有相当大的市场规模。货主与车主之间的信息不对称问题给了同城货运 O2O 一个巨大的生存空间，通过智能匹配与推送，这类 O2O 平台能够在第一时间匹配离用户最近最适合的车主去为货主服务，既节省了货主的时间成本，也提升了车主的运营效率。所以，数据分析与智能匹配对于货运 O2O 来说至关重要。

其次，对于广大的私家货车主们来说，目前存在两个比较严重的现象。一个现象是目前国内整体的货车市场体量非常大，可是却有相当一部分货车主们并没有什么盈利收入来源，货运 O2O 的出现定然会受到这些车主们的大力欢迎；另一个现象就是返程的浪费，目前油费、货车维修费等成本都在不断上升，如何降低返程的空载率提升利润率成为了车主们焦虑的问题，货运 O2O 同样也满足了这部分车主的需求。

目前国内同城货运的 O2O 平台非常之多，据统计，当前整个国内的货运 O2O 平台已经多达 200 家，还有很多同城、长途兼做的货运 O2O 平台，市场的竞争将十分惨烈。

货运对于大部分的货主来说，实际上是一个低频事件。很多货主一年难得会叫几次货主，大部分的货运需求都是来自一些工程、企业间的需求。这还不算什么，最妨碍货运 O2O 的发展壮大实际上还是源于信任问题。对于货主来说，要将如此重大的一批货物全部交给司机运送，多少会有些不放心，这一点实际上与物流众包模式非常像。这样就要求平台对于货车司机端进行严格把控，同时对于整个运送过程也要有严格的监督，否则一旦出了问题，平台难辞其咎。

货运 O2O 的标准化问题就更难把控了，每台货车的大小不同、所承载的重量不同、货主们发送货品重量大小也相差较大、价格变化幅度也会比较大……整个货运 O2O 市场存在太多的不确定因素和非标准化因素。此外，对于很多有着货运需求的企业来说，一般都需要长期稳定可靠的货运司机，一旦通过平台找到了合适的货运司机，发生跳单的可能概率就会非常大。

2. 抢单模式

不可否认，滴滴、快的的抢单模式创造了一种成功的商业模式，这也受到了货运 O2O 平台诸如货拉拉、罗迹物流等平台的效仿。与同城货运 O2O 平台的智能匹配模式不同，货拉拉、罗计物流则采用车主抢单的模式。

不过对于货运的抢单模式，打车是高频事件，叫货车却是低频事件，一个低频的事件如何才能调动货车司机的积极性？难道这些货车司机在每天接不到几单的情况下也会像出租车司机一样踊跃去抢单？对于一些大城市来说，还稍微好点，毕竟人口集中，需求相对来说也会多一点，而在一些小城市需求根本就无从谈起。所以说，所谓的货车抢单模式仍然只是智能匹配，无法实现滴滴、快的的叫车规模效应，并不是任何行业都能适合滴滴、快的叫车模式，还需要根据行业的特性来决定。

3. 跨城货运

区别于同城货运，诸如快狗速运、云鸟配送、货车帮、运满满、物流小秘等平台并不只做同城货运市场，同时它们也会做长途货运市场，而运策网、省省回头车则专注于做中长途返程货运。在解决车主与货主的信息对称问题上，跨城货运 O2O 与同城货运的出发点是一致的。

不过相比同城货运而言，跨城货运的不确定性就更大了。首先就是货品安全问题，货品的安全系数要比同城货运更低，同城货运如果是比较贵重的货品，货主还可以跟着货车一起随行。但是长途货运舟车劳顿，同时在高速上的危险系数也增加了，货主很难随同，也无法追踪监测车主的实时动态，货品的安全问题毫无疑问将是个大问题。要打破信任障碍对于长途货运来说至关重要。

其次则是司机的人身安全问题，长途货运开车时间长，很多司机都有可能会疲劳驾驶。尽管很多平台都与保险公司达成了合作，但是一旦货车司机在中途出现了交通事故，平台是否要承担一定的事故责任，这个目前在法律上也存在一定的空白。

此外，与同城货运一样，诸如服务的标准化问题、跑单问题等也都是长途货运 O2O 所要面临的问题。

三、物流的未来

从整个物流行业的大形势来看，虽然目前各类物流 O2O 都面临着一定的挑战，但是线上与线下结合的物流 O2O 最终仍然将是大势所趋。不可否认，物流 O2O 的全面兴起也将会对整个传统物流造成相当的冲击，这一点从传统物流纷纷转型 O2O 就可以看出。

（一）传统物流转型 O2O 面临的痛点

虽说传统物流企业在品牌积累、线下门店、资金实力上都具有一定的优势，但是传统物流转型 O2O 面临的几大痛点会成为它们实现成功转型的最大障碍。

其一，传统物流转型 O2O 最先面临的挑战就是体制上的困难。任何一家企业要改革的话，必然会受到来自各方利益的束缚，要成功实现转型就必须打破过去的制度与利益。自从顺丰嘿客开始布局以来，包括韵达、圆通等多家快递企业也都相继通过资本入股或者合作的形式进入 O2O 市场，不过目前还没有哪一家传统物流成功转型 O2O。

其二，转型 O2O 的话，所有的传统物流公司在线上都缺乏一个强大的流量入口作为支撑。尤其是在移动互联网领域，传统物流并没有任何优势可言，只能借助于第三方力量，最后有可能只会成为物流公司众包模式的附庸。

其三，在互联网运营上经验的不足、人才的缺失也将会成为传统物流转型 O2O 的绊脚石。对于传统物流公司来说，大部分人还停留在过去的思维当中，尤其是不懂一家互联网公司要如何运营。

（二）物流 O2O 的未来将会形成三大阵营

对于未来整个物流的发展，将会紧紧跟互联网相关，而且将会分成三大阵营。

第一大阵营是电商系。目前几乎所有的传统物流诸如圆通、申通等快递公司很大一部分都是依托于电商，而京东物流则主要服务于自家的京东商城。不过这一类阵营正在受到物流 O2O 的冲击，最大的威胁则来自全民众包模式。

第二大阵营则是货运系。虽然货运 O2O 存在非常多的难点，但是货运 O2O 能够解决信息不对称这个行业痛点，这些难点最终将无法阻挡货运 O2O 的前进，未来在货运 O2O 领域一定也会崛起新的垂直巨头。

第三大阵营则是 O2O 服务系。通过依托各种外卖 O2O、蛋糕 O2O、鲜花 O2O、便利店 O2O 等发展起来的物流体系，一种是自建物流团队模式，另一种则是众包模式，目前这两种模式的 O2O 都占有一定的市场空间。

综上所述，刘旷认为传统物流将会继续借助电商在未来的物流格局中继续占有一定的市场份额，但正在受到来自众包模式和借助 O2O 服务兴起的物流平台冲击，未来的物流 O2O 将会形成电商系、O2O 服务系以及货运系三大阵营。

（资料来源：百度百家，2015 年 9 月 7 日）

问题：

1. 结合案例，你认为物流众包模式的优势和劣势分别是什么？

2. 你认为传统物流和 O2O 物流的区别是什么？是否应该转型？

3. 结合案例，你认为传统物流转型 O2O 的条件及障碍是什么？

案例 9　看生鲜电商 Grub Market 如何解决物流难题

几周前，我在硅谷的工程师好友想给女朋友做顿生日晚餐。苦于工作太忙，没时间买菜，他通过 Grubmarket. com（食物市场网）订购了食材，并在 2 小时内完成烹饪。菜式包括：烤新鲜三文鱼、煎带子、酸豆角肉末、洋葱肥牛、炒青菜和盆栽蛋糕。据他说，从订购食材到送货上门，整个过程不超过 24 小时，而且食材总价比在超市购买便宜至少 1/3，且很新鲜。因为好奇，我也注册了这个网站，发现该网站免费送给注册用户的三磅蔬菜，比平时我在湾区 Whole Foods（美国超市名称）、Trader Joe's 及 Safeway（美国超市名称）几家食品零售商买的都要新鲜。

看起来，这也是一个想在垂直领域对亚马逊发起挑战的创业公司。生鲜服务 Amazon Fresh 是目前亚马逊正在全球力推的业务，除 2014 年 5 月大手笔 2000 万美元砸向上海美味七七成为其小股东进入中国外，他们还在美国市场营销方面做了很多事。

但虽有资金优势，亚马逊面临的问题是：

第一，移动电商目前增速是整个电商市场增速的三倍（2014 年二季度数据），这给很多新进入者机会；

第二，移动电商这种即时又类目垂直的业务模式，很容易摧毁老综合类电商长期建立的品牌（因为不知道怎么选择），迅速在用户心中确立“心智定位”。

第三，也是很重要的一点，目前硅谷正发生的覆盖全产业的一些新趋势，使创业公司从起点即能够更灵活构建和调配资源，如 Grub Market，其物流核心理念即用到利用城市闲散劳动力构建服务的“Lyft”模式，及大数据应用。

Grub Market2014 年年初上线，主要致力连接本地化农贸食物的生产者和消费者。从商业模式看，它没有新奇的地方，每单生意，收取卖家一笔 15%～25% 的交易费，但如果仔细看下这个团队的人员配置，有点儿意思。通常，电子商务模型会涉及三个环节，一平台、二仓储、三物流，美国电商两大模型 eBay（易贝）和亚马逊在这三个环节处理方式不同，其中 eBay 几乎不涉及供应链；而亚马逊以供应链著称，它有仓储和强大的物流。

从上游供应商看，Grub Market 更像是个亚马逊，它服务于小 eBay，即一个个小农场主，如已达成合作的冬季果树农场，这是湾区一个以家庭农场方式经营的小企业；但中端，Grub Market 走的又是 eBay 路线，它回避仓储，没任何库存，卖家直接与下单用户对接；而到了下游，它又回到了亚马逊，但是个非常“奇怪”的亚马逊。

据 Grub Market 创始人、前 eBay 员工徐敏毅透露，公司目前 12 人，其中技术 5 个，递送 2 个。也就是说，技术人员约占其总人数 1/2，而物流人员则才不到 1/6。这是因为，它的 5 人技术团队主要工作是利用大数据整合 GPS（全球定位系统）地图及数据。这是硅谷已经明显发生的趋势，前一阵外卖领域投资很热，但外卖物流背后整个大背景或者说概念提升都是大数据的应用。

实际上，所有涉及物流层面的行业，硅谷新秀都在通过大数据重塑旧概念。具体做法为：通过分析用户数据，使物流能预测哪个区、什么时间用户订单会怎么样，以提前调整运力并缩短用户等待时间。这里也包括运输的路线优化。而所有这一切核心，都是对城市交通和物流的数据收集，及处理和分析这些数据的能力。

不过 Grub Market 配送人员之少，仅占公司总人数的 1/6，除数据优化外，这里还涉及物流环节另一个很重要问题，那就是“The last mile”。

WebVan——硅发布曾报道过美国历史上最大一互联网泡沫，这可能也是人类历史上最大的互联网泡沫。从 1999 年出现到辉煌上市，到 2001 年成为美国最轰动的破产公司。

WebVan 首先要解决的是人类一个原始欲望，即不用出门也能马上吃到想吃的新鲜东西。但它的做法堪称疯狂，它想让用户在网上订购的豆浆，在变坏前就送到用户手里，WebVan 甚至承诺：可以 30 分钟内送货上门。

20 世纪末，美国风险投资商和华尔街疯狂向其注入超过 8 亿美元投资，其中包括基准资本、红杉资本、软银资本、高盛和雅虎等，它们进入目的是：鼓励 WebVan 迅速建立自己的基础设施。所谓基础设施是指，为更方便运输，WebVan 成立初就动用大笔资金，在旧金山、洛杉矶、西雅图、芝加哥等地建立一套昂贵的运输中心。

这里一个背景是：食物很多需要被保存在特别温度中并快速传递，否则非常容易腐烂。但要做到这点，就意味企业必须有大量库存及运输工具。从这个意义上说，WebVan 自建仓储和运输中心是对的。

但 Webvan 必须知道，它面对的是一个利润空间已经很窄的食品行业。面对传统零售商的直接竞争，Webvan 不得已必须以非常接近基础雄厚的传统超市商品价格吸引消费者。

虽然通过盲目扩张，它已让自己销售额占美国总市场份额的46%，但据分析师估计，当时Webvan不得不靠自身承受力吸纳消化每单10美元至15美元的额外成本，才能将货物送至用户手中。这也使它的盈利变得不可能。

实际上在汇集产品和消费者问题上，传统超市系统是个很不错的方式，因为在这种方式下，营销与物流环节中至关重要的"The last mile"，是消费者在经历（消费者步行或驾车到超市），而不是企业产品在经历，这意味可以节约大量成本。

那如果消费者只想坐在家里，到底该怎么解决"The last mile"问题？Grub Market找到的方案是：利用城市闲散劳动力。

徐敏毅指出，Grub Market以后会用大数据同时整合进同一区域的闲散劳动力时间，让他们把递送食品作为副业。也就是说，如果我们采访写稿子外有点空余时间，也可以去申请报名充当一下外送人员，顺便赚点儿零花钱。

Grub Market可能是第一个把这一理念应用到移动生鲜电商的创业公司，但这背后其实是硅谷普遍在很多行业层面呈现的另一趋势。其他涉及行业还包括外卖公司和租车服务，比方说Uber在美国最大竞争对手Lyft（打车软件）。

Lyft与Uber在司机层面的核心差异为：Uber（打车软件）载客司机主要还是专业司机，但Lyft一开始就是以城市闲散私人车主为主，比如说有一天当你叫了一辆Lyft，搭载你的很可能是有着其他职业的非专业司机，所以当你乘坐Lyft和Uber时，会明显感觉到文化差异。Lyft被描述为更健谈、社交化，以及乘客总坐在他旁边的前座；相比较，Uber司机则倾向安静，并总是把前座坐背挺直，以让后面的后座有更多空间。

最后，Grub Market所以能做到价格更便宜和食物更新鲜，是因为它采取直销模式，即上游供应商剔除了很多零售中间链条，从而节省下被每个环节瓜分的利润/等待时间，但农产品直销在中国已有很多，这里不再讨论。

据徐敏毅透露，目前Grub Market平台有165个卖家、1500个食品种类，用户数则在5000左右，以硅谷大软件公司员工为主，比如谷歌和Facebook等，其中60%是华人。

Grub Market目标是能做到当天递送，但其目前还处于一个非常早期阶段，许多想法尚在概念层面，不少创新也可能面临组织形态方面的挑战。

（资料来源：硅发布，2014年9月23日）

问题：

1. 你如何理解移动电商的概念，结合案例你认为移动电商和传统电商在做生鲜食品方面相比的特点是什么？

2. 你认为生鲜食品电商成功的关键在于什么？

3. 你认为Grub Market提出的“The last mile”解决方案：利用城市闲散劳动力，是否可行？原因是什么？

案例10　联通与圆通合推“圆卡”，运营商频繁跨界背后原因何在

近日，圆通速递官微推送了一篇文章，宣布与中国联通合作推出“圆卡”。除了套餐的优惠之外，圆卡的最显著特点是寄快递送流量，在通过快件收取赚足积分之后，还能根据积分在使用圆通业务时获得不同程度的折扣。

一个是快递公司，另一个是运营商，看似八竿子打不着，但如果抽丝剥茧仔细分析，会发现二者之间其实有着千丝万缕的联系，事实上，这种表面上看起来不搭调的跨界并非个例，而是运营商与不同行业企业的跨界频繁发生，其中以互联网企业尤为突出。

从本质上来看，这种合作方式能使运营商和互联网公司都从中获利，并且起到相互促进的作用。在合作中，双方也能互惠互利，各取所需，最终达到“双赢”。对于消费者而言，这种合作也能带来一定的好处，虽然也存在一些缺陷。但就长远的发展而言，此类跨界合作还是有诸多益处的。

一、联通圆通合推圆卡送流量，能得到怎样的利益

作为定制卡，圆卡最大的特点就是寄快递送流量。通过圆通的网络平台寄送快递，每寄一笔能获得30M（兆）全国流量，每月最高可获600M（兆）流量。

其实早在2017年9月，圆通就与联通合作在上海开设了首家门店，地址就在上海联通塘桥营业厅。该营业厅不仅是圆通速递的代收点，也是邮寄快递的线下门店，还能办理联通业务，圆通和联通推出了各种优惠活动。

在这一过程中可以看到的是，圆通在发布此信息之时不仅宣传了联通营业厅可收寄快递的功能，也着重介绍了联通的优惠活动。双方通过自身的客户资源和品牌效应为彼此引流。联通营业厅为圆通提供线下服务，解决快递“最后一公里”的问题，同时也起到了帮助圆通宣传的效果。圆通则给联通用户提供折扣，增加联通用户的忠诚度，也将自己的客户导流至联通营业厅。

在物流发达的今天，“最后一公里”成为了许多物流终端面临的难题。近几年，快递公司和电商平台为缓解此问题采取了一些措施，最常见的就是与周边的小卖部、便利店等达成合作，方便用户。但这种合作方式存在很大的

局限性，因为双方只是单纯的合作关系而不能相互促进，这种关系松散且难以长久，最好的方法就是找到另一途径加强联系。

圆通和联通的合作恰好就巩固了这种关系。虽说运营商和互联网之间的跨界合作已有先例，但尚无与快递公司合作的先例。这一形式能使双方的合作深化，扩大圆通的终端服务，也扩大联通业务的影响，从而实现互利共赢的局面。对消费者而言，能够享受到性价比更高的服务。

前段时间，中国联通进行了混改，在此前亏损的局面下求转型。作为第一家央企集团层面的“混改”试点企业，承担的责任似乎更大一些。联通与BATJ（百度、阿里巴巴、腾讯、京东）进行合作，随着互联网基础设施的不断发展，联通也在改革中获益良多，与几家互联网公司的合作关系也为行业提供了更多发展的可能。

例如，联通与阿里联合打造了“中国联通智慧生活体验店”。在2016年和百度签订了合作协议，联通对百度糯米的生活服务流量、手机百度的检索流量，以及百度地图的LBS流量进行有效整合，从而为新的O2O时代提供一个方向。而此类合作为此后更广泛的合作奠定了基础，圆通也能利用联通的线上优势，打通更多环节，提升效益。

从本质上看，联通与圆通的合作结果是信息带动物流，物流承载信息，促使成熟的平台化运作模式出现。这为通信和物流的合作提供了不错的范例。

移动互联网时代之下，运营商与互联网公司乃至硬件厂商的跨界合作确实是不错的发展途径。但在这个过程中也会出现一些问题，例如，关系如何处理、政策是否支持等。

二、频繁跨界背后，是运营商向流量服务转型的迫切需求

随着时代的发展和变化，运营商营业厅的状况不容乐观。与前几年相比，去店里充话费的人减少，办号业务也逐年下滑。记得笔者大学时期，每到开学营业厅就会排起长长的队伍，现在这种情况却越来越难以见到了。

一位中移动内部人员透露，如今全国三大运营商的营业厅数量逐年减少，社会代理店的补贴也并无增加，主要原因就是互联网和移动支付的冲击。缴费、办号、更换套餐等业务都能在网上完成，而线上用户和实体店用户重合率尚不足10%。

虽然线下实体店仍在某些方面被需要，销售渠道也还在，如宽带办理、针对附近用户提供上门服务等。但转型迫在眉睫，而与互联网企业的合作就是一种积极的尝试。京东、阿里巴巴、圆通与联通合作的体验店的出现，实现了运营商线下渠道与互联网公司平台和业务的融合。

当然，新型业务的核心不止融合，数据的通畅更为重要。所以注重渠道的同时，也不能忽视数据的通畅和商业模式的创新。如果忽略了这些，那么合作不仅难以发挥效率，相反还会增加负担。

近年来，运营商与互联网企业合作已然成为趋势。2014 年 9 月，中国移动旗下的第三方支付机构中移电商与美国运通举行战略合作启动会，通过“和包”可实现快捷海外购物。2016 年，日本手机运营商 NTT DoCoMo 在中国开展网购业务，在中国移动经营的购物网站上进行销售。中移动负责物流、手续、配送等事宜。这意味着中移动进入海淘市场。

2016 年年初，中国电信宣布在下属营业厅开始销售智能电视。智能电视与光纤宽带形成与网络融合的终端，相当于捆绑手机和移动网络。

实际上，通信业的本质就是人与人、人与自然之间通过某种行为或媒介进行的信息交流与传递的行业，快递、通信甚至于互联网在实质上都具备相同之处。所以运营商与具有交流精神的互联网中的企业进行合作，是顺应潮流的做法，看似不搭调的组合，却能为行业的未来提供全新的发展道路。

（资料来源：最极客，2017 年 12 月 21 日）

问题：

1. 你如何理解跨界融合？你认为快递还能和哪些领域进行融合？

2. 结合案例，你认为“圆卡”是否能运行成功？为什么？

3. 试思考跨界融合这一趋势背景，对于物流发展的影响。

参考文献

［1］花永剑，王娜．快递公司物流运营实务［M］．2 版．北京：清华大学出版社，2017.

［2］王菲，罗维，等．电子商务物流实务［M］．北京：清华大学出版社，2017.

［3］欧阳小青．医药物流实务［M］．北京：中国医药科技出版社，2016.

［4］胡燕灵，马洪娟，王英伟．电子商务物流管理［M］．2 版．北京：清华大学出版社，2016.

［5］王萍，胡祥卫．汽车物流管理［M］．北京：北京理工大学出版社，2015.

［6］于宝琴．电子商务与快递物流服务［M］．北京：中国财富出版社，2015.

［7］杨以雄．服装物流管理教程［M］．上海：东华大学出版社，2013.

［8］温卫娟．行业物流管理［M］．北京：清华大学出版社，2013.

［9］张涵，白光利．消费品行业物流探索与实践［M］．北京：中国财富出版社，2012.

［10］中国物流与采购联合会冷链物流专业委员会，国家农产品现代物流工程技术研究中心．中国冷链物流发展报告（2017）［M］．北京：中国财富出版社，2017. 7

［11］中国物流与采购联合会，中国物流学会．中国物流发展报告（2016—2017）［M］．北京：中国财富出版社，2017.

［12］中国物流与采购联合会医药物流分会．中国医药物流发展报告（2016）［M］．北京：中国财富出版社，2017.

［13］中国物流与采购联合会汽车物流分会．中国汽车物流发展报告（2016）［M］．北京：中国财富出版社，2016.

［14］王炳南．国内外电子商务的现状与发展［J/OL］．（2017 - 06 - 29）http：//www. npc. gov. cn/npc/xinwen/2017 - 06/29/content_ 2024895. htm.

［15］2017 年中国医药制造业发展现状及未来发展趋势分析［DB/OL］.（2017 - 8 - 10）http：//www. chyxx. com/industry/201708/549493. html.

［16］2017 年中国医药流通行业运行情况分析［DB/OL］.（2017 - 3 - 7）http：//www. chyxx. com/industry/201703/501492. html.

［17］苏雨农. 高盛预测：汽车行业未来十年发展趋势［DB/OL］.（2017 - 2 - 28）http：//auto. gasgoo. com/News/2017/02/28084648464870007953 C302. shtml.

［18］2016 年中国图书行业发展现状分析及未来发展趋势预测［DB/OL］.（2017 - 1 - 16）http：//www. chyxx. com/industry/201701/487394. html.

［19］2016 年中国快递行业发展现状及发展趋势预测［DB/OL］.（2016 - 6 - 20）http：//www. chyxx. com/industry/201606/424773. html.

［20］2016 年中国物流行业市场现状及发展趋势预测［DB/OL］.（2016 - 5 - 4）http：//www. chyxx. com/industry/201605/412599. html.

［21］我国电商物流行业发展现状及形势分析［J/OL］.（2016 - 3 - 30）http：//www. chinawuliu. com. cn/zixun/201603/30/310845. shtml.